西方经济理论本土化研究

□王军旗 张 康著

企业管理出版社
ENTERPRISE MANAGEMENT PUBLISHING HOUSE

图书在版编目（ＣＩＰ）数据

西方经济理论本土化研究 / 王军旗, 张康著. -- 北京：企业管理出版社, 2016.5

ISBN 978-7-5164-1266-4

Ⅰ.①西… Ⅱ.①王… ②张… Ⅲ.①西方经济学—研究 Ⅳ.①F091.3

中国版本图书馆CIP数据核字(2016)第086334号

书　　　名：	西方经济理论本土化研究
作　　　者：	王军旗　张 康
责任编辑：	申先菊
书　　　号：	ISBN 978-7-5164-1266-4
出版发行：	企业管理出版社
地　　　址：	北京市海淀区紫竹院南路17号　　　邮编：100048
网　　　址：	http://www.emph.com
电　　　话：	总编室（010）68701719　发行部（010）68701073
	编辑部（010）68456991
电子信箱：	emph003@sina.cn
印　　　刷：	虎彩印艺股份有限公司
经　　　销：	新华书店
规　　　格：	170毫米×240毫米　16开本　19印张　294千字
版　　　次：	2016年5月第1版　2016年5月第1次印刷
定　　　价：	96.00元

前　言

　　本书是为适应高等院校素质教育要求，扩展学生的人文社科视野，帮助学生体会运用西方经济理论分析当代中国经济现实，从而提高分析解决实际问题的能力而著的。全书共分11章，93节，共计20余万字，内容涵盖西方经济理论本土化过程中的主要方面，包括人口理论、制度经济理论、规模经济理论、存在理论、市场经济理论、公共选择理论、产业组织理论、国际贸易理论、非均衡理论、经济增长理论等内容，集中体现了我国改革开放30多年来，在不断坚持发展马克思主义经济理论的基础上，引进、吸收、比较和借鉴西方经济理论中有益成分和有用成分的历史进程。

　　书中重点选取了西方经济理论中一些常见的政策分析工具，对如下一些现实问题进行了具体分析，包括目前正在试行的"单独二孩"人口与计生政策、上海自贸区建设与制度创新、经济发展方式转变、农村土地流转与各地的"土地托管"试点、市场"决定性"作用与地方政府的"权力清单"、国内反垄断调查与行业监管、我国入世以来的"双赢"与"共赢"、"一带一路"发展新战略以及生态文明建设等，集中反映了党的十八大特别是十八届三中全会以来的新精神、新探索和新举措。

作者希望帮助读者通过阅读本书掌握相关分析思路，然后延伸拓展，对于现实中的经济政策能够有更加直观真切的感受与认识。激发起越来越多经济学专业领域内，也包括非经济学专业领域内的读者学习了解西方经济理论和思想的兴趣，并促进这一知识领域的进一步拓展。

目 录

第一章 西方经济理论与马克思主义经济理论

马克思主义经济理论作为无产阶级革命学说的重要组成部分，从 19 世纪中期产生之日起，就一直受到广泛的关注，并作为无产阶级对抗资产阶级的理论武器，在国际共产主义运动史上发挥了极大的推动作用。20 世纪 30 年代以来，伴随着"凯恩斯革命"的爆发，西方经济思潮迭起，尤其是 20 世纪下半叶以来，马克思主义经济理论受到西方经济思潮的严重挑战。那么，当代西方经济理论形成了哪些思潮？这些思潮对马克思主义经济理论带来了什么样的挑战？针对这些挑战，作为马克思主义理论工作者怎样坚持和发展马克思主义经济理论？这是本章所探讨的基本内容。

1.1 西方经济理论的三大思潮

西方经济理论是在 16 世纪后产生并发展起来的，在其发展过程中形成了许多流派，但概括起来不外乎三大思潮。[①]

思潮之一：经济自由主义思潮

①厉以宁教授曾认为，当代资产阶级经济学界存在着国家干预主义和经济自由主义两大思潮。我们认为，除了这两大思潮外，还有混合主义经济思潮。厉以宁教授的观点参见经济科学出版社 1985 年 8 月出版的《简明西方经济学》第 185 页。

经济自由主义思潮的最早倡导者是古典政治经济学理论体系的奠基者亚当·斯密。亚当·斯密是一位英国学者，他所处的时代正是瓦特发明蒸汽机的欧洲工业革命时代。经过多年的观察和思考，他于1776年出版了《国民财富的性质和原因的研究》一书。他在书中指出，增加国民财富的途径在于增加资本积累，在于扩张市场，在于社会分工。由于有了社会分工，人们可以专门从事他们擅长的工作，精益求精地改进生产技术，从而可以用较少的劳动投入生产出更多的社会财富。亚当·斯密从抽象的"人的本性"出发，提出了满足人类利己本性的经济自由主义思潮，认为只有在经济自由的条件下，资本才能得到最有利的利用，社会福利才会得到最大的增进。然而，人们在从事经济活动时，由于追求的是个人利益，并没有促进社会利益的动机。在这种"一切听其自由"的社会里，人们是受一只"看不见的手"的指导，来实现他们完全不放在心上的促进社会利益的目的。他写道：每一个人"他通常既不打算促进公共的利益，也不知道他自己是在什么程度上促进那种利益。……由于他管理产业的方式目的在于使其生产物的价值能达到最大程度，他所盘算的也只是他自己的利益。在这个场合，像在其他场合一样，他受着一只"看不见的手"的指导，去尽力达到一个并非他本意想要达到的目的。也并不因为事非出于本意，就对社会有害。他追求自己的利益，往往使他能比在真正出于本意的情况下更有效地促进社会的利益。"[1]亚当·斯密赞扬的那只"看不见的手"实质上是倡导经济自由主义思潮。在他看来，充分发挥市场的自由调节作用，就要把国家这只"看得见的手"收回来，国家少过问经济。亚当·斯密也认为国家"设立一个严正的司法行政机构"，"建立并维持便利社会商业、促进人民教育的公共设施和工程"。亚当·斯密把矛头直接指向重商主义，力图通过"自由放任"排除一切封建障碍，促进资本主义自由发展。

亚当·斯密以后，在西方经济学界占统治地位的是新古典经济学，其主要代表是以马歇尔为代表的剑桥学派。该学派认为，资本主义社会是完美的、

---

[1]亚当·斯密.国民财富的性质和原因的研究：下卷〔M〕.北京：商务印书馆，1972：25.

和谐的，通过自由竞争的调节可以永远实现充分就业。因此，他们在假设的充分就业前提之下，从事于资源配置的研究，政策上主张自由放任。20 世纪 30 年代的大危机，给经济自由主义思潮泼了一盆冷水，打破了"看不见的手"的神话，伴随着凯恩斯主义的兴起，经济自由主义思潮逐渐退居西方经济理论的次要地位。但是，当人类社会进入 20 世纪 70 年代的时候，西方发达国家奉行凯恩斯主义政策的结果相继陷入"滞胀"泥坑，凯恩斯经济学说的正统地位发生了动摇，货币主义、供应学派和合理预期学派相继流行起来，并先后成为英、美等发达国家的官方经济学，经济自由主义思潮再次掀起高潮。

货币主义（monetarism）是经济自由主义思潮中最重要的经济学流派，它产生于 20 世纪 50 年代，在 20 世纪 60 年代发展成为一个完备的理论体系，成为与凯恩斯主义分庭对抗的经济学流派，其代表人物是 1976 年诺贝尔经济学奖获得者弗里德曼。弗里德曼在 1962 年出版的《资本主义和自由》以及在 1975 年出版的《自由选择》中比较系统地表述了他的经济自由思想。他认为，市场经济能很好地实现个人利益和公共利益，因为在这种经济中，价格制度起着重要的调节作用，"价格制度使人们能够在他们生活的某个方面和平地合作，而每个人在所有其他方面则各行其是"。"在买者和卖者之间的自愿交易中——简单地说就是在自由市场上——出现的价格能够协调千百万人的活动。人们各自谋取自身利益，却能使每一个人得益。"在他看来，价格制度之所以既能实现经济自由，又能促进公共利益的提高，其原因在于价格发挥着三大作用："第一，传递情报；第二，提供一种刺激，促使人们采用最节省成本的生产方法，把可得到的资源用于最有价值的目的；第三，决定谁可以得到多少产品，即收入的分配。"① 这三个作用是紧密相联的。弗里德曼认为，自由市场经济本身趋向于稳定，国家对经济生活的干预有弊无利，国家通过制定扩大政府开支政策消除失业是徒劳的，只有保证市场机制的作用，让经济从国家干预和由此造成的破坏之下恢复起来，经济本身才会自动吸收就业的力量。

---

①米尔顿·弗里德曼，罗斯·弗里德曼.自由选择〔M〕.北京：商务印书馆，1982：18—19.

20 世纪 70 年代中期，在美国经济学界崛起了供应学派，其代表人物是阿瑟·拉弗、万立斯基、保罗·罗伯茨、诺尔曼·图尔、罗伯特·蒙代尔等。这一学派也属于经济自由主义思潮，它依据萨伊定律，重申在资本主义经济中，只要让市场充分发挥作用，全面的生产过剩是可以避免的，国家对经济的干预，只能使市场受到更大的冲击，从而使通货膨胀和失业更加严重。①

合理预期学派是 20 世纪 80 年代发展起来的美国资产阶级经济学派别，这一学派认为，市场经济的运行有其自身的规律性，它主要受人们的心理活动的支配，不受外界力量的支配。政府作为一种外界力量对私人经济进行干预，只有在不存在合理预期的前提下才能发挥作用，假定人们对政府的经济政策的实施及其后果已经掌握了充分的信息，并相应地做出了预防性的对策，政府所实施的各种调节措施，实际上难以奏效。合理预期学派由此推论，政府越是背离常规行事，它在社会公众心目中的信誉就越差，公众越要设法对政府可能采取的政策进行估计和采取预防性的对策。要使经济保持稳定，唯一有效的做法是顺其自然，一切让市场经济自发调节，市场经济的自发调节是稳定经济的唯一有效方式。

经济自由主义思潮学派林立，论述角度和方法也有差异，但在推崇市场经济、充分发挥市场经济的调节作用、反对政府干预经济生活等方面具有相同之处。

思潮之二：国家干预主义思潮

国家干预主义思潮最早起源于重商主义。那时候，资本主义处于发展初期，封建残余势力还比较强大，需要依靠资产阶级国家的力量来发展经济。因此，作为对资本主义生产方式最早的理论研究的重商主义就属于国家干预主义思潮。

20 世纪以后，垄断资本主义代替了自由竞争的资本主义，在 20 世纪 30 年代以后，国家垄断代替了私人垄断，这就为国家干预主义思潮的兴起创造

①米尔顿·弗里德曼，罗斯·弗里德曼.自由选择〔M〕.北京：商务印书馆，1982：18–19.

了历史条件。1929—1933年连续四年的经济危机给了资本主义世界致命一击，迫使资产阶级经济学家重新思考市场经济的缺陷问题，"凯恩斯革命"顺应历史发展的潮流而爆发。1936年凯恩斯《就业利息和货币通论》一书的出版，标志着现代宏观经济学的正式诞生。凯恩斯认为，社会就业量取决于有效需求的大小，而有效需求又是由消费需求和投资需求构成的，二者又受到边际消费倾向递减、资本边际效率递减和流动偏好三大心理规律的制约。在凯恩斯看来，最后的自变量中的心理上的消费倾向和收入，决定消费需求。由交易动机、预防动机和投机动机所决定的心理上的流动性偏好和货币数量，决定均衡的利息率水平。心理上对资产未来收益的预期和利息率，决定投资需求。心理上的消费倾向决定投资乘数的大小，从而决定投资增量对收入的影响。由消费需求和投资需求构成的总需求和现有生产要素所决定的总供给，决定一国短期均衡的就业和收入水平。凯恩斯认为，资本主义社会的病根在于有效需求不足，有效需求不足又引起了就业不足和非志愿失业，仅仅依靠市场机制的自发力量不足以使有效需求提高到充分就业的水平，只有需求（特别是投资需求）增加了，才能刺激生产，增加生产。为此，可以通过扩大政府支出、减税和货币扩张等措施来刺激有效需求。这些措施在达到充分就业以前，既可以刺激产量和就业量的增加，又不会带来通货膨胀。

凯恩斯理论有一个致命的弱点，这就是它虽然指出了产生失业和经济波动的原因，但没有进一步解释清楚为什么在出现有效需求不足时，厂商不能够立即对工资和价格进行调整，从而适应变化了的总需求，实现新的供需平衡。为了解决这一问题，新古典综合派和新古典宏观经济学派进行了长期的探索，取得了一些进展。以萨缪尔森为代表的新古典综合派对凯恩斯的宏观经济理论和新古典微观经济学进行了综合，试图弥补凯恩斯理论之不足。但是，这种宏微观机械的组合，只是为微观经济制造了一个"充分就业"的宏观环境。从微观出发重构宏观经济学大厦，就成为新古典宏观经济学派的研究课题。该学派利用理性预期的假说，把市场出清的瓦尔拉斯均衡理论和方法作为分析宏观经济理论的一般方法，从微观分析中推导出宏观理论，并发展成为一种全新的具有微观基础的宏观经济学。新凯恩斯主义借鉴了新古典宏观经济学派的成功经验，把微观、宏观经济学融为一体，开辟了一个新的理论研究领域——非均衡分析，建立了一个非市场出清的宏观经济模型，并得出了与新古典宏观经济学迥然不同的结论：一定程度的政府干预是必不可少的和有效的。[①]

国家干预主义思潮影响最大的另一个学派是新制度学派。这一学派认为，资本主义现在的弊端在于制度结构方面的失调，如果不从制度与结构方面着手调整和变革，资本主义社会中所存在的各种问题也就无法得到解决。20 世纪六七十年代，现代产权学派的崛起，为制度分析注入了新的活力。该学派认为，在现实经济生活中，财产权结构、交易成本、不完全的信息和有限制的理性等制度性因素对经济行为或经济活动具有重大的影响。按照制度经济学家的定义，财产权是在决定财产的占有、转移、应用中所产生的人们之间所认为的行为关系。财产权的确定是对人们在相互作用中必须遵守的事项或没有遵守但必须承担成本的事项所规定的行为准则，市场经济中交换程度和贸易条件都受现存的财产权结构的制约。交易成本问题也是市场交换或市场经济中的一个重要问题，通常把构筑或改变一个制度或组织所花费的成本和应用制度或组织所花费的成本看成是交易成本。当交易成本为零时，个人便能凭借自己的头脑探查出现在的和未来的一切经济结果。然而，现实世界中交易成本不可能变成单纯的价格机制的操作，并使得那些用于降低交易成本的不同制度安排具有必要性。

思潮之三：混合主义经济思潮

当经济自由主义思潮和国家干预主义思潮围绕着市场机制和政府干预究竟孰优孰劣的问题进行长期论战的时候，一些独具慧眼的西方经济学家看到了这两种思潮的局限性，提出了混合经济理论，并逐渐形成了混合主义经济思潮。

所谓混合经济，就是既能充分发挥市场机制的调节作用又有国家对经济生活进行干预的经济。这一思想最早可追溯到德国的新历史学派，该学派的重

---

①何国华. 现代西方主流经济学发展的新趋势〔J〕. 经济评论：增刊，1995：1.

要代表人物瓦格纳认为，国家是最重要的"强制共同经济"，是"自由交换经济"的补充者和修正者。20世纪30年代，凯恩斯在倡导国家干预主义思潮的同时，也提出了"让国家之权威与私人之策动力互相合作"的设想。后来的汉森进一步发挥了凯恩斯的这一思想，提出了"双重经济"的概念，他很有见地地指出，大多数资本主义国家的经济，不再是单一的纯粹的私人资本主义经济，而是与私人经济同时存在着日益增加的社会化，实质上是一种双重经济。

混合主义经济思潮的典型代表人物是瑞典经济学家林德伯克，他提出的"混合经济"理论，对瑞典政府开辟既不同于传统的资本主义制度，也不同于社会主义制度的"第三条道路"提供了新颖的思路。林德伯克认为，现代国家的经济制度区分为三种模式：一种是以中央计划体制为主体的集权经济模式；另一种是以市场体制为主体的分权经济模式；第三种是介于集权与分权之间的混合经济模式。这三种模式各有其特点：从所有制方面看，集权经济模式以公有制为主体，分权经济模式以私有制为重心，混合经济模式则介于二者之间，实行"公"私混合的所有制结构；从运行机制方面讲，集权经济模式侧重于行政性计划管理，分权经济模式偏重于市场制度，混合经济模式介于二者之间，略偏于市场制度，实行计划与市场的有机结合；在国家性质方面，集权经济模式多是社会主义，分权经济模式多是资本主义，混合经济模式则兼有资本主义与社会主义两种因素。林德伯克认为，集权经济模式与分权经济模式都有其难以克服的弊端。单纯的集中经济模式会造成社会资源配置不当、投入产出不均衡、经济缺乏活力、效率低下等一系列经济病症，而单纯的市场经济模式也解决不了交流情报、配置资源和协调决策的问题。因此，传统的西方市场经济制度和社会主义计划经济制度都不理想，而理想的社会经济制度应该是计划与市场有机结合的"混合经济"结构，其实质就是寻求集权和分权的最佳组合。为此，必须解决好三个问题：一是充分了解社会消费偏好；二是根据社会消费偏好在各个生产部门配置资源；三是协调生产企业和居民用户的决策，使生产与需要之间建立起联系，力求达到二者相符。①

　　对混合主义经济思潮鼓吹最起劲的另一个经济学家是美国的萨缪尔森，他在那本举世闻名的《经济学》教科书中一再强调指出：美国的经济是"国家机关和私人机关都实行经济控制的混合经济。具体说来，在所有制结构方面，以"生产工具私人企业或个人所有为主"，以生产资料的政府所有为辅；在国民经济运行方面，实行"看不见的手"与"看得见的手"相结合，私人制度通过市场机制的无形指令发生作用，政府机构的作用则通过调节性的命令和财政刺激得以实现。由此出发，萨缪尔森认为，现代市场经济有消费者、厂商和政府三个市场主体，政府并不是凌驾于市场之上的异己力量，而是现代市场经济的有机组成部分，政府对经济生活的干预不是强加于市场经济的外生因素，而是现代市场经济的固有属性。

1.2 对坚持和发展马克思主义经济学的思考

　　思考之一：马克思主义经济理论本身不是封闭的，而是开放的理论体系，它在批判地继承古典政治经济学的基础上得以创立，也可以在借鉴西方经济思潮的合理因素中求得发展，因为马克思主义经济理论本身是批判的、革命的，它会随着实践的发展而发展。不可否认，西方经济理论"对于社会经济问题的是非、优劣、当否等问题，都会自觉或不自觉地以对于这个经济制度有利有害，作为价值判断的基础"，②因而带有庸俗、不科学的成分，在政策主张上也是为资产阶级服务的。但是，我们应当看到，西方经济理论也有其合理、科学的因素，对其进行"取其精华、去其糟粕"的制作加工，吸收其合理内核，有利于马克思主义经济理论的发展。在理论上，借鉴发展经济学、制度经济学、福利经济学的有关内容，丰富马克思主义经济理论；在运行机制方面混合经

---

①王东京，张宝江，杨明宜. 与官员谈西方经济学〔M〕.南宁：广西人民出版社，1998：242.

②陈岱孙. 现代西方经济学的研究和我国社会主义经济现代化〔J〕.北京大学学报，1983：3.

济思潮的若干观点值得重视，在强化市场机制这只"看不见的手"的作用时，注意"看得见的手"的协调，两"手"并用的结果，有利于经济运行的健康发展；在研究方法上，西方经济理论中的定量分析、实证研究也可供马克思主义经济理论工作者参考和借鉴。

思考之二：西方经济思潮对马克思主义经济理论的挑战，为马克思主义经济理论的发展开辟了广阔的前景。从本质上讲，马克思的《资本论》科学而又系统地阐述了资本主义经济运行的规律，给人类社会留下了最宝贵的精神遗产，也是马克思主义经济理论工作者取之不尽、用之不竭的理论宝库，其立场、观点和方法，都是需要我们坚持的，正如有的同志所指出的那样："马克思主义历来包括两个方面的内容：一是马克思主义的立场、观点和方法；一是马克思主义具体学说。马克思主义的立场、观点和方法是稳定的，而它的具体学说是不断发展的。因此，我们所说的马克思主义主要是指它的立场、观点和方法。可以说，马克思主义就是无产阶级的立场、辩证唯物主义和历史唯物主义的观点，历史的辩证的方法。无产阶级的立场，就是以无产阶级和广大劳动人民的利益为最高利益，不搞少数人的利益；辩证唯物主义和历史唯物主义的观点，就是客观地、实事求是地看待自然和社会的存在和发展，不搞唯心主义和主观主义；历史的辩证的方法，就是在发展、变化、联系中看问题的方法，不搞形而上学。这样的立场、观点和方法，就是马克思主义。信仰这样的立场、观点和方法，就是信仰马克思主义；坚持这样的立场、观点和方法，就是坚持马克思主义。至于马克思主义的具体学说是要发展、变化的[①]。"从马克思主义经济理论来说，似乎也应该包括两部分：一部分是马克思主义经济理论的方法；另一部分是马克思主义经济理论的个别原理和结论。那么，什么是马克思主义经济理论的方法呢？按照马克思的论述，俄国评论家考夫曼做出了深刻的分析："在马克思看来，只有一件事情是重要的，那就是发现他所研究的那些现象的规律，而且他认为重要的，不仅是在这些现象具有完成形式和处于一定时期内可见到的联系中的时候支配着它们的那个规律。在他看来，除此而外，

---

① 胡培兆.什么是马克思主义〔J〕.理论前沿，1997（4）.

最重要的是这些现象变化的规律，这些现象发展的规律，即它们由一种形式过渡到另一种形式，由一种联系秩序过渡到另一种联系秩序的规律。他一发现了这个规律，就详细地来考察这个规律在社会生活中表现出来的各种后果……。所以马克思竭力去做的只是一件事：通过准确的科学研究来证明社会关系的一定秩序的必然性，同时尽可能完善地指出那些作为他的出发点和根据的事实。为了这个目的，只要证明现有秩序的必然性，同时证明这种秩序不可避免地要过渡到另一种秩序的必然性就完全够了，而不管人们相信或不相信、意识到或没有意识到这种过渡。马克思把社会运动看作受一定规律支配的自然史过程，这些规律不仅不以人的意志、意识和意图为转移，反而决定人的意志、意识和意图……。既然意识要素在文化史上只起着这种从属作用，那么不言而喻，以文化本身为对象的批判，比任何事情更不能以意识的某种形式或某种结果为依据。这就是说，作为这种批判的出发点的不能是观念，而只能是外部的现象。"[1] 这就是人们常说的马克思主义辩证法思想，是马克思主义经济理论工作者必须遵循的方法。

限于当时的历史条件，马克思所做出的个别结论，需要我们运用马克思主义的方法论进行新的概括和提炼，我们没有必要搞经院哲学，因为经院哲学扼杀了马克思主义经济理论的生命力，妨碍了马克思主义经济理论的发展，是与马克思主义经济理论的基本精神相悖的。《资本论》出版100多年了，列宁的《帝国主义论》出版距今也有80多年了，世界发生了翻天覆地的变化，不仅出现了社会主义，当代资本主义也远不是马克思时代的那个样子了。对于新的世界情况，西方经济理论进行了新的解释，有的西方马克思主义经济学家，坚持马克思主义经济理论的辩证法，结合当代资本主义新特点，提出了丰富和完善马克思主义经济理论的一系列主张，值得我们参考。还有的属于非马克思主义经济学家阵营，他们对马克思主义经济理论提供了挑战，这种挑战本身就是发展马克思主义经济理论的一次重要机遇，尤其是斯拉法理论体系对马克思主义理论的数量分析，对马克思主义者发展马克思主义经济理论具有重要的借

---

[1]马克思.资本论：第1卷〔M〕.北京：人民出版社，2004：20—21.

鉴意义。

思考之三：西方经济思潮从不同的角度对现实经济生活中存在的问题进行了论证，提出了许多很有见地的观点，其中的许多观点与马克思主义经济理论具有共同点。例如，马克思和凯恩斯的宏观经济分析，都强调资本主义经济危机的关键性因素在于需求不足，都强调资本主义生产的盲目性是资本主义经济波动的重要原因，都强调收入分配的两极分化是资本主义的重要弊病之一，甚至在分析方法上也有某些相似之处。再比如，马克思转化程序中的生产价格和斯拉法体系中的生产价格都担负着分配剩余价值的任务，生产价格的任何变化都影响着剩余价值的分配。从分析方法上说，斯拉法的体系是和马克思所应用的逻辑的历史的分析方法相吻合的。还有斯威齐和巴兰合著的《垄断资本》一书，论述了垄断资本主义条件下经济剩余的产生和吸收，发展了马克思主义剩余价值理论。也应该看到，西方经济理论与马克思主义经济理论的立场、观点不同，其出发点和落脚点也有很大的差异。摆在马克思主义经济理论工作者面前的重要任务，并不在于拘泥于马克思主义经济理论的教条，也不在于为了显示其权威性，视西方经济思潮为洪水猛兽，而在于寻找二者的结合点，吸收西方经济思潮中反映社会化大生产和市场经济规律的科学因素，推进马克思主义经济理论在新的历史条件下更上一个台阶。

思考之四：马克思主义经济理论活的灵魂就是实事求是，它要求在实践中不断发展，在挑战中进一步完善。马克思的《资本论》之所以能成为巨著，一个重要的原因，就是马克思大量运用最新的实证材料。即使如此，连马克思本人也不能保证，所得出的结论就绝对有把握。马克思在给友人的一封信中写道："从早晨九点到晚上七点，我通常是在英国博物馆里。我正在研究的材料多得要命，虽然竭尽一切力量，还是不能在六至八个星期之内结束这一工作，而且常常有各种各样的实际干扰，这是在困难条件下过日子所不可避免的。但是，'不管这一切的一切'，工作很快就要结束。无论如何应当在某一天把它结束。民主派的'头脑简单的人们'靠'从天上'掉下来的灵感，当然不需要下这样的功夫。这些幸运儿为什么要用钻研经济和历史资料来折磨自己呢？"[1]
马克思对待理论的态度为我们树立了光辉的典范。作为马克思主义经济理论
工作者，应该坚持实事求是、一切从实际出发的思想路线，敢于冲破思想禁区，
对新的社会现实进行新的理论概括，创造性地发展马克思主义经济理论。

　　思考之五：故步自封、教条主义地对待马克思主义经济理论是马克思主
义工作者遭到西方经济思潮抨击的根源所在。比利时经济学家曼德尔曾指出：
"近50年来，一些以马克思主义者自命的人仅仅满足于用一些《资本论》摘
要来重复马克思的教导，而这些摘要越来越和现代实际脱节。马克思主义者
们没有能力把马克思在前一个世纪完成的著作适用于20世纪后半叶。"[2]斯威
齐和巴兰也指出："马克思主义者也常常只是重复同样的公式，似乎自马克思
时代或者至少自列宁时代以来，没有真正发生过新的情况。结果，马克思主
义者没有解释重大的发展，甚至有时认识不到它的存在。"[3]应该说，这种批评
是有道理的，"注释式"的研究方法，是马克思主义经济理论发展的大敌，其
结果只能使马克思主义经济理论研究步入死胡同。出路在于创新，所谓创新
就是立足于现实经济生活，分析经济生活本身提出的重大问题，并根据对这
些问题的研究，提出新的理论观点，这既是发展马克思主义经济理论的要求，
也是马克思主义经济理论工作者义不容辞的义务。

---

①马克思，恩格斯．马克思恩格斯（资本论）书信集〔M〕．北京：人民出版社，1976：43.

②曼德尔．论马克思主义经济学〔M〕．北京：商务印书馆，1979：4.

③Paul Sweezy and Paul Baran，Monopoly Capital·P·3.

第二章 西方人口理论与当代中国人口"新政"

2.1 "令人恐怖"的《人口论》

在西方经济学界，最早正式开展人口研究的莫过于英国资产阶级庸俗经济学家马尔萨斯（1766—1834）。这位土地贵族家庭出身的神学硕士，在其青年时代就遇上了产业革命。机器的广泛应用，造成小生产者大批破产，被机器大工业所排挤的大批小手工业者和因农业资本主义化而失去土地的广大农民，沦为雇佣劳动者。加上欧洲连年不断的战争和饥荒，导致食物价格一再上涨，失业工人的增多使工资趋于下降，社会矛盾异常尖锐。1789 年，法国大革命爆发，雅各宾派专政表现出劳动人民的强大能量。这对英国产生了巨大震动，大大促进了英国人民的斗争热情。于是，当时西欧出现了一股改革社会的激进思潮。英国的葛德文（1756—1836）在 1793 年出版的《政治正义论》发生的影响最为广泛。在这本书中，葛德文论证了消灭私有制的必要性，指出私有制是一切灾难的主要根源。1794 年，法国的康多塞（1743—1794）出版了《人类理性发展的历史观察概论》一书，该书提倡财产平等，反对私有财产制度和政府组织，主张进行理性的社会变革。这些观点对英国统治阶级构成巨大的威胁，迫切需要一种新的理论与之抗衡，时势造就了马尔萨斯。

据历史资料记载，马尔萨斯的父亲是卢梭的朋友，对法国大革命极为赞赏，经常在餐桌上向自己的儿子宣传葛德文和康多塞的激进思想。在炉边谈话中，马尔萨斯不同意父亲的观点，想方设法驳倒老马尔萨斯。辩论告一段落，马尔萨斯把自己的观点记录下来，准备寄给朋友。在撰写的过程中，他觉得自己的论据意想不到地充分，于是决定印成小册子，匿名发表。这就是1798年年初发表的《论人口原理和它对于社会将来的影响，附关于葛德文、康多塞及其作者的臆测之评论》。由于这本小册子道出了英国统治者的心里话，因此一经发表就轰动了整个英国。为了修订这本小册子，马尔萨斯从1799年起到北欧、法国和瑞士等地调查，广泛收集材料，于1803年以真名发表出版了第二版，并把书名改为《论人口原理或人口在人类幸福之过去及现在影响的见解，附预测关于解除或减少由人口原理所生祸害的研究》。第二版和第一版相比，不仅篇幅大大增加，由过去的5万字增加到20万字，而且内容和着眼点也有所区别。第一版着眼于社会"将来"的改善问题，第二版则集中力量于"过去"和"现在"的研究，内容上则强调了所谓"道德抑制"的作用。但万变不离其宗，其基本观点和结论是一样的。

1. 级数理论

马尔萨斯的人口理论是从下述两个假定条件出发的："第一，食物为人类生存所必需。第二，两性间的性欲是必然的，且几乎保持现状。"[①]

在马尔萨斯看来，这两个假定无可辩驳，是一个已知量，并且使人口的增减受自然法则支配。人口在无所妨碍时，以几何比率增加，而生活资料只以算术比率增加。为了进一步说明这个观点，马尔萨斯用数字做比方："随便假定世界有多少人口，比方假定有十亿吧，人类将以1、2、4、8、16、32、64、128、256、512那样的增加率增加；生活资料却将以1、2、3、4、5、6、7、8、9、

---

①马尔萨斯.人口论〔M〕.北京：商务印书馆，1959：4.

10那样的增加率增加。"① 马尔萨斯把这两个不同的增长率结合起来,对人类社会未来的人口与生活资料的不平衡比例进行了预测,认为,在两个世纪以内,人口对生活资料的比率将会是256∶9,在3个世纪内,将会是4096∶13,两千年后,生产物虽有极大量的增加,这一差额将无法计算。

2. 平衡理论

马尔萨斯从两个前提出发,提出人口增殖与土地生产力之间必须保持平衡。他从两个方面阐述了这一思想:一是人口随着粮食的增加而增加,他说:"在其他条件不变的场合,我们断言,一国所生产的人类食物量多少,可以决定该国的人口多寡,食物分配的宽啬。……产谷国的人口比牧畜国的人口更多。产米国的人口比产谷国的人口更多。"接着他又援引亚当·斯密的话说:"设马铃薯成了普通人所爱的植物性食物,耕作的土地又不较今日种谷的土地为少。英格兰必能维持多得多的人口;结果,不要多久的时间,人口就会更多。"② 二是人口的增加必然受到食物的限制。"饥馑似乎是最后而又最可怕的天然手段。"他说:"人口增加力,既如此超越土地生产人类生活资料的力量,人类自然不免在某种形态下发生夭死的事情。人类的罪恶,又是使人口减少的有利的积极的机关。那是破坏大队中的前卫,屡屡单自遂行这可怕的作业,设若在这扑灭人口的战役中,它败了,就有疾病季、流行病、黑死病,以可怕的军容冲前来,扫除几千人。设仍不能完全成功,于是有巨大而无可避免的饥馑,为其后卫,予以有力的打击,使世界的人口与食物平衡。"③

3. 抑制理论

马尔萨斯认为,人口数量和所需生活资料数量之间存在着巨大的差额,为了弥补这一差额,必须把人口数量减少到食物可供养的限度之内。限制人口增长的因素包括两大类:一是预防的抑制;二是积极的抑制。按照马尔萨斯的解释:"预防的抑制是人所特有的,它是指理性约束人们无力养育子女时

①马尔萨斯. 人口论〔M〕. 北京:商务印书馆,1959:8.
②马尔萨斯. 人口论〔M〕. 北京:商务印书馆,1959:42.
③马尔萨斯. 人口论〔M〕. 北京:商务印书馆,1959:43.

不早婚或不结婚；积极抑制包括由罪恶与苦难而产生的会缩短人的寿命的各种原因，如各种不卫生的职业，剧烈的劳动，严寒酷暑的煎迫，极度的贫困，对儿童恶劣的保育，大城市的拥挤，各种过度行为，普通疾病和传染病，战争、瘟疫和饥荒，等等。这两种抑制会互为消长地变动。在自然环境有害于健康或死亡率很高的那些国家里，预防的抑制不会占优势。相反，自然环境合乎卫生，预防抑制又盛行的国家里，积极的抑制不占优势。"① 这就是说，随着人类文明的发展，抑制会由积极抑制向预防性抑制转化，由罪恶和苦难向道德抑制转化。因此，马尔萨斯一改第一版认为只有增加人口的死亡率才能抑制人口增长的看法，主张通过降低人口出生率如晚婚、晚育、少生、优生等来控制人口增长。

4. 权威理论

马尔萨斯在其人口理论中，强调了政府的权威作用，他认为："尽管自然法则无疑是使人口增长必然受到经常而巨大的抑制的原因，然而，人类和社会制度也负有非常巨大的责任。"② "首先，人类和社会制度肯定要对目前地球上人口稀少负责"。"其次，人类对抑制的性质和起作用的方式上却有着巨大的、十分广泛的影响。"③ 在抑制人口增长上，"政府和人类（社会）制度并不是在消除人口所必然受到的抑制方面可以发挥巨大作用，而是在对这些抑制加以引导，尽量减少给社会道德和幸福造成的损害方面发挥巨大作用。"④

马尔萨斯的人口理论，不仅对以后西方人口理论的研究产生了重要的影响，而且对当今世界许多国家人口政策的制定起到了巨大的启示作用，他提出的道德抑制的主张甚至直接被一些国家当作本国的基本国策。但是，像《人口论》那样遭受过如此多的非议十分罕见。据说，葛德文把它称为"令人恐怖的恶魔，常使人类希望破灭的黑暗"。英国研究马尔萨斯的经济学家博纳在其《马尔萨斯及其业绩》一书中写道："亚当·斯密留下了万人赞赏而无人阅

---

① 宋承先. 西方经济学名著提要〔M〕. 南昌：江西人民出版社，1989：119.

② 马尔萨斯. 人口论〔M〕. 北京：商务印书馆，1959：178–179.

③ 马尔萨斯：人口论〔M〕. 北京：商务印书馆，1959：178–179.

④ 马尔萨斯：人口论〔M〕. 北京：商务印书馆，1959：178–179.

读的著作，马尔萨斯留下了无人阅读而万人痛骂的著作。"

从总体上讲，马克思对马尔萨斯人口理论是持批判和否定态度的，认为马尔萨斯的《人口论》是一本攻击法国革命、英国的改革思想及对工人阶级的贫困进行辩解的小册子，其反动性在于为地主阶级的利益服务，在于用抽象的人口规律掩盖资本主义社会的剥削实质，代表着历史倒退的倾向。但是，马克思并没有对马尔萨斯的人口理论做简单的、全盘的否定，而是充分肯定了它的积极意义："他的理论在两方面有意义：①因为他用残酷的说法来表达资本的残酷的观点；②因为他断言在一切社会形式下都有过剩人口这一事实。"①恩格斯也指出："马尔萨斯的理论是一个不停地推动我们前进的、绝对必要的转折点。由于他的理论，总的说来由于政治经济学，我们才注意到土地和人类的生产力，而且只要我们战胜了这种绝望的经济制度，我们就能保证永远不再因人口过剩而恐惧不安。我们从马尔萨斯的理论中为社会改革来教育群众，才能够从道德上限制生殖的本能，而马尔萨斯本人也认为这种限制是对付人口过剩的最容易和最有效的办法。"②

从马尔萨斯开始，在西方经济学界，逐步形成了一门以研究人口运动过程中人口与经济相互联系及其变化的客观规律为对象的新学科——人口经济学。

2.2 适度人口论

按照西方经济学家的解释，所谓适度人口就是一个国家或地区的理想的人口数目，这样的人口能够给社会带来最大的经济效益。

早在 16 世纪初叶，空想社会主义创始人托马斯·莫尔就在 1516 年出版的代表作《乌托邦》中，提出了理想人口的上下界限问题。他认为，为使城

①马克思，恩格斯.马克思恩格斯全集：第 30 卷〔M〕.北京：人民出版社，2005：609.
②王东京，张宝江，杨明宜.与官员谈西方经济学〔M〕.南宁：广西人民出版社，1998：6.

市人口既不稀少也不过密，规定每家成年人不得少于 10 名，也不得多于 16 名。每一个城市须有 6000 个这样的户，郊区除外。未成年的儿童人数则不规定，这个标准或人数很容易遵守并保持，办法是将人多的户中超过标准的人拨入人口增加较少的家庭。但全城的人口增加得过多，他们就向其他缺人的城市移民。①

后来，米尔也于 1848 年阐述了适度人口的思想。他认为，适度人口就是人口达到一定密度后，劳工联合体的基本利益能够得到满足，就人民的平均条件而论，所有进一步的增长都会倾向于自身的损害。

卢梭把适度人口理解为领土面积与人口数目的合理比例，认为保持这种比例可以使国家变得真正雄伟。他指出："一个政治体，既可用它的领土面积，也可用它的人口数目来衡量，而在这两种衡量之间有一个比例，可使国家变得真正雄伟。"②

到了 20 世纪初期，"适度人口"概念才第一次用科学术语表达出来。瑞典经济学家牛特·索贝尔特于 1910 年写成了《适度人口》一书，使这一理论系统化。英国的埃德温·坎南从静态的角度来研究适度人口，并给适度人口下了这样一个定义：在资源、技术分配等经济条件不变的情况下，按人口平均的产量达到最大值时的人口数量。他提出的静态适度人口理论遭到了欧洲大陆经济学家的批评，认为这种如同允许的静态概念只是纸上谈兵。

第二次世界大战以后，由于人口压力的不利影响逐渐得到更加广泛的承认，西方经济学界对适度人口理论的研究再次掀起高潮，而且随着科学技术的迅速发展，变量的作用更加明显。法国人口学家索维把研究的重点放在动态适度人口方面，在其代表作《人口通论》一书中，提出了"适度人口增长率"的概念，并具体阐述了适度人口的目标，他写道：

"……幸福是无法放到公式里去的，人们心目中所想的，可能有几种更精确的目标。

①托马斯·莫尔. 乌托邦〔M〕. 北京：商务印书馆，1982：60-61.
②卢梭. 社会契约论〔M〕. 北京：商务印书馆，1962：57.

（1）个人福利，或者说，是一些满足人们需要的事情。这些事情总起来就是经济学的对象。这是经济目标。

（2）增加财富，或者说，迅速提高的福利。如果说幸福依赖于财富的及时增加，厨师依赖于财富本身，那我们一定要问：在一个人数不断增加（或减少）的人口中，能使财富增加得最快的人口数该是多少？

（3）就业。适度人口才能使所有适合工作的适龄者充分就业。我们将会看到，这个定义只能适用于存在私有财产的制度。

（4）实力，或者说，各种能用于集体目标的手段。这可以是军事力量，但不一定就是军事力量。

（5）健康长寿。这和财富是两回事，尤其是在发达的社会里。

（6）文化知识。文化知识可以看作是财富的一种形式，但在实际生活中会产生另一种不同的适度人口。

（7）福利总和，或者说得更确切些，适合于分配的全部人口的总收入。

（8）寿命总和，即人口数与人口平均寿命的乘积。

（9）居民人数。这里，适度人数和最高人数是一回事。

还可以设想另外一些目标，如社会和谐（当然受人口数影响），家庭稳定，等等。"[1]

在上述目标中，"个人福利""增加财富"和"就业"都是经济目标。研究适度人口，就是通过人口变动适度节奏的分析，来研究经济目标。通过研究，西方经济学家得出这样一个结论：在人口增长很快或人口下降这两极之间，必然存在一种中间的人口状态，这就是适度人口，它可保证人民生活水平达到最大可能的增长率，这就是适度人口增长率。[2]西方学者提出的适度人口计量标准和适度人口增长率的理论模型，对我国人口政策的制定有重要的影响。

---

①索维．人口通论：上册〔M〕.北京：商务印书馆，1978：55-56.
②张文贤．人口经济学〔M〕.上海：上海人民出版社，1987：20.

2.3 马寅初的新人口论

马寅初是我国著名的经济学家、教育家和无党派爱国人士。1954—1955 年，这位年过 72 岁的老人先后三次到浙江实地考察，详细调查了农村人口增长和粮食生产的发展情况，看到了人口自然增长率 2.5% ~ 3%，有的地方高达 5% 的严峻形势，并写成了题为《控制人口与科学研究》的发言稿，于 1955 年全国人代会上提请浙江小组讨论，许多代表不同意马寅初的看法，有的还认为马寅初所讲的是马尔萨斯那一套。考虑到当时的政治空气不适于提这样的问题，马寅初自动把发言稿收回。

1957 年 2 月，在最高国务会议上，马寅初畅谈了我国的人口问题，受到毛泽东、周恩来等中央领导同志的重视。6 月，在一届人大第四次会议上，他又系统地阐述了他对人口问题的主张。7 月 5 日，《人民日报》以人大代表书面发言的形式全文发表，这就是他的《新人口论》。

《新人口论》观点鲜明，证据确凿。概括起来，基本观点有以下几个方面：

首先，"我国人口增殖太快"。1953 年，我国进行人口普查，总人口已达 6 亿零 193 万 8035 人，出生率为 37‰，自然增长率为 20‰。以后几年，马寅初估计"恐怕有出入"，全国人口增长的速度很可能加快了。其原因他列举了七个方面：①结婚人数增加，"生育的机会增多了"；②医疗卫生和各项福利事业的发展，使婴儿死亡率下降；③人民生活的改善，使老年人的寿命延长；④"国内秩序空前安定"，"人民死于非命的减少"；⑤社会主义制度从根本上解决了娼妓问题，"尼姑与和尚大半还俗结婚"；⑥多子多福的旧思想、旧观念根深蒂固；⑦政府奖励一胎多婴。马寅初认为，"诸如此类，都是增加出生率，减少死亡率的因素"。因此，马寅初判断："近四年来人口增殖率仍可能在 20‰以上。"①

其次，控制人口数量，提高人口质量。马寅初分析我国人口增殖太快同国民经济发展之间存在的主要矛盾是：①同加速资金积累之间的矛盾；②同提高劳动生产率之间的矛盾；③同提高人民生活之间的矛盾；④同发展科学事业之间的矛盾。

马寅初认为，人口不仅有量的问题，还有质的问题。他指出："我国人口的数量与质量之两不相称，几乎无人不知。现在我们已进入了原子能的时代，不把人口的质和量尽快地适当地统一起来，很难完成原子能时代的任务。"② 他把人口的数量和质量联系起来考察，说明控制人口数量和提高人口质量是相互联系、相互促进的，明确提出要"提高知识水平""提高人口质量"。他认为，在一穷二白的中国，资金少，人口多，把人民组织起来，作为一种资源，不是没有好处的。但人多也是一个极大的负担，保全这个大资源、去掉这个大负担的方法是提高人口的质量，控制人口的数量。

再次，实行计划生育，反对人工流产，运用行政的、法律的、经济的、宣传教育的一切手段，保证一对夫妇最多只生育两个小孩。为了有效地控制人口的增长，马寅初提出了切实可行的三步走方案。他指出："第一步，要依靠普遍宣传"，破除宗嗣继承观念，破除"早生贵子""五世其昌""不孝有三，无后为大"等封建思想。第二步，等宣传工作收到一定效果以后，再修改婚姻法，实行晚婚，"大概男子 25 岁，女子 23 岁结婚是比较适当的"。第三步，"如果控制人口的力量还不够大，就辅之以更严厉、更有效的行政力量"，③ 生两个孩子有奖，生三个孩子要征税，生四个孩子的要征重税，生一个孩子有奖，以税作奖，不会加重国家负担。

马寅初的新人口理论，并未引起人们的高度重视，却被一些人说成是"地地道道的马尔萨斯主义"，是"中国的马尔萨斯"。理由是他把人看成了消费者，

①马寅初.新人口论〔M〕.广州：广东经济出版社，1998：3-4.

②马寅初.新人口论〔M〕.广州：广东经济出版社，1998：50.

③马寅初.新人口论〔M〕.广州：广东经济出版社，1998：98.

没有看到人是生产者，是"见口不见手"。按照"人手论"的观点，就应该是人口越多，劳动力就越多，生产越多，积累越多，发展越快。有人甚至认为，"人口"一词本身就含有马尔萨斯的味道，应将"人口"改为"人手"。面对艰难的环境，马寅初自始至终毫不动摇，正如他所讲的那样："我虽年近八十，明知寡不敌众，自当单枪匹马，出来应战，直至战死为止，决不向专以力压服而不以理说服的那种批判者们投降。"[①] 马寅初先生的这种坚持真理、无私无畏的治学精神，在中华人民共和国史上写下了光辉的一页。

2.4 人力资本理论

1. 人力资本理论的产生

西方人力资本理论萌芽于英国古典政治经济学，他们从劳动价值论出发，认为劳动是衡量一切商品交换价值的尺度，提出对财富增长起决定作用的是劳动生产率的提高。当他们分析到劳动在价值形成过程中的作用和分工在提高劳动生产率方面的作用时，实际上已涉及人力资本问题的研究。

19世纪40年代，德国资产阶级经济学家、历史学派的先驱者李斯特在1841年出版的代表作《政治经济学的国民体系》一书中，以英国古典政治经济学说反对者的身份考察了教育在经济发展中的作用。他认为：古典学派只把单纯的体力劳动看做是唯一生产力，而"像牛顿、瓦特或开普勒这样一种人的生产性，却不及一匹马、一头驴或一头拖重的牛"，[②] 这显然是错误的。尤其值得注意的是，李斯特采用了"物质资本"和"精神资本"这两个概念。他指出：人类的"物质资本"是由物质财富的积累而形成的，"精神资本"则来自智力方面的成果的积累。他写道："各国现在的状况是在我们以前许多世代一切发现、发明、改进和努力等累积的结果。这些就是现代人类的精神资本。对于前

---

① 马寅初.新人口论〔M〕.广州：广东经济出版社，1998：67.
② 李斯特.政治经济学的国民体系〔M〕.北京：商务印书馆，1961：126.

人的这些成就怎样加以运用，怎样用自己的心得来加以发扬光大；无论哪一个国家生产力的进退，都决定于对这方面领会的深切程度。"①李斯特在这里所谈到的"精神资本"，在某种程度上接近于当代西方经济学家所使用的人力资本概念。李斯特还指出，由于考虑到智力方面的成果的积累对经济发展的促进作用，所以应当把教师、作曲家、音乐家、医师、法官和行政官列入生产者之列，因为这些人"能够使下一代成为生产者"，能够促进这一代人的道德和宗教品质，能够提高人类的精神力量，能够使人继续保持他的生产力，能够使人权和公道获得保障，能够确立并保护公共治安，能够使人们获得精神上的愉快享受，进而提高人们的生产情绪，而且他们的生产力要比那些养猪的和制药丸的单纯体力劳动者的生产力高得多。由此，李斯特得出这样的结论："一国的最大部分消耗，是应该用于后一代的教育，应该用于国家未来生产力的促进和培养的。"②

然而，从经济学说渊源来考察，当代西方经济学中的人力资本概念和人力资本理论，既不是直接来自英国古典学派的劳动价值论，也不是直接来自德国历史学派先驱者李斯特的生产力学说，而是直接来自19世纪末期形成的资产阶级庸俗经济学中的所谓新古典学派。③新古典学派采用微观经济分析方法来研究生产和消费问题，以及研究资源在各种竞争性用途中的分配。根据新古典学派的理论而发展起来的生产函数概念、资本生产率概念、边际收入产品概念等，为以后人力资本理论的形成和发展准备了必要的前提。

2. 人力资本的界定

在当代西方经济学界，研究人力资本理论有两位代表人物：一位是1979年诺贝尔经济学奖获得者西奥多·舒尔茨，其代表作有《由教育引起的资本形成》（1960年）、《教育和经济增长》（1961年）和《用于教育的投资的收益率》（1967年）；另一位是美国芝加哥大学教授、1992年诺贝尔经济学奖得主

---

①李斯特.政治经济学的国民体系〔M〕.北京：商务印书馆，1961：126.

②李斯特.政治经济学的国民体系〔M〕.北京：商务印书馆，1961：23.

③北大经济系编写组.国外经济学评介〔M〕.上海：上海人民出版社，1982：5.

加利·贝克尔，他 1964 年出版的《人力资本》一书在西方各国广为流传，有很大影响。

按照舒尔茨的解释，人力资本作为资本的一种形式，它与物品的区别在于：它既不能被买卖，也不能被当作财产，但它与物品一样，能够对经济起着生产性的作用，使国民收入增加。美国经济学家斯坦利·恩格尔曼补充和发展了舒尔茨提出的人力资本定义，他指出，人力资本的所有权不能被转让，或人力资本不能被当作财产来继承和买卖的论点并不适用于一切社会中的人力资本，而只适用于自由劳动者。①

恩格尔曼对人力资本的解释与舒尔茨的不同之处，在于强调人力资本的特点并非体现于物品之上，而是体现在人的身上，但就人力资本的意义、作用和形成途径方面，他们的观点基本上一致。舒尔茨和恩格尔曼都认为，把教育当作对人力的一种投资，这是就教育在增加国民收入方面的作用而言的，并不意味着贬低教育的崇高意义。舒尔茨写道："把教育当作可以增加人力资本存量的活动之一的分析，绝不否定他们的立场的正确性；我的看法并不是想要说明教育不应当为这些文化目的服务。我所指的是，某些教育除了达到这些目标而外，还可能改进人们工作和管理自己事务的能力，并且这种改进可能增加国民收入。因此,这些文化的和经济的作用可以是教育的共同的结果。我对教育的这种看法，绝不是损伤或贬低教育在文化方面的作用。这种作用是理所当然的。现在的任务是要确定：教育（它可以适当地被看作一种能够被识别和被估算的资本）是否还带来某些经济上的好处。"②

恩格尔曼认为，人力资本的形成是多方面的，教育是其中的项目之一。他写道："这并不意味着在说明经济增长时，教育是人力资本形成的唯一的或者甚至是最重要的形式。保健事业的发展（尤其是婴儿死亡率的下降）、移民入境、国内迁移，以及关于专门技艺和解决问题能力的在职训练，全都对居民

---

①北大经济系编写组．国外经济学评介〔M〕．上海：上海人民出版社，1982：8.

②福格尔，恩格尔曼．美国经济史的重新解释：纽约版〔M〕.1971：258.

一生生产率的提高起了主要作用。"[1] 因此，他认为，按照人力资本的定义，国民收入不仅要包括教育、保健、在职训练和迁徙的费用，还应当包括怀孕和生育子女的费用。

3. 人力资本投资在经济增长中的作用

诺尔斯在发表的《工业化初期美国的资本形成：问题的重新考察》论文中，着重分析了人力资本投资对经济增长的作用。他认为，一国工业化有赖于提高物质资本生产率，亦即引进先进的技术和提高组织的效率，而要提高物质资本生产率，必须有技术人员和熟练工人，亦即必须加强对人力资本的投资，否则工业投资收益率是低的，甚至是负的，工业化也就不可能进行。他接着说："在某些场合，通过回顾联系和前瞻联系并未使国内工业得到发展，这可能归因于它的自然资源的价格较高；但更主要的是缺乏对人力资本的投资。由于人力资本是与物质资本相互补充的，所以缺乏对人力资本的投资就造成工业中物质资本的低的边际生产率。"[2]

诺尔斯认为，无论过去或现在，企图进行工业化的国家所面临的难题，与其说是储蓄供给的不足，不如说是工业资本投资收益的低下。关键问题正是工业资本的低生产率。低资本生产率的原因之一在于组织的效率和规模。在诺尔斯看来，影响工业中物质资本生产率的一个重要的限制性的因素，就是与物质资本结合在一起的其他生产要素的数量和质量。自然资源是重要的，但对工业发展而言，它是人力资本和物质资本之间的补充。尽管我们人力资本的投资收益的知识依然有限，但看来它仍然是了解工业重要的基本特征之一的关键所在。

一个国家人力资本的形成途径，除了教育外，还包括国外人力资本的移入。但国外人力资本流入在一个国家人力资本形成中处于何等地位？西方经济学界流行着这样一种观点，认为美国主要依赖国外人力资本的流入。诺尔斯通过

---

①福格尔，恩格尔曼. 美国经济史的重新解释：纽约版〔M〕.1971：255.
②福格尔，恩格尔曼. 美国经济史的重新解释：纽约版〔M〕.1971：277.

大量的实证资料说明，在美国这样的国家中，工业化过程中的技术队伍也主要是由本地出生的人补充的，因为由国外移入的劳动者主要补充着非熟练劳动力。假定美国不依靠正规教育和在职训练来培养本国的专业人员和技术工人，美国是不可能迅速实现工业化的。

20世纪60年代以来，一些西方发展经济学家从各个不同侧面考察了人力资本对经济发展的重要作用。

第一，人力资源的差异是资本吸收能力高低的一个重要因素。20世纪40—50年代，在物质资本技术论的指导下，一些发展中国家大量吸收外国资本，并未产生理想的预期效果。相比之下，遭受严重创伤的西欧和日本，在利用外资方面都获得了巨大的成功。据一些发展经济学家研究，其原因就在于人力资源存在着巨大差异。西欧、日本在战争中物质资本毁坏严重，但并未消灭具有较高文化教育水平和生产技能的人民，其资本吸收能力很高，一旦有大量的物质资本可供利用，经济就能快速发展。发展中国家由于教育十分落后，劳动者的生产技术水平和管理水平极为低下，资本吸收能力低，大量引进外国资本，并不能较快地提高经济效率。因此，要使不发达国家经济较快地发展，仅仅增加物质资本投资是不行的，必须在增加物质资本的同时扩大人力资本的投入，使两种投资平稳地增长。[1]

第二，劳动者素质的高低是导致经济增长快于投入增长的最主要因素。20世纪50—60年代，西方经济学家对经济增长的因素进行了深入的实证研究，提出了"余值增长率"的概念。所谓余值增长率就是国民收入增长率大于国民资源增长率的余额。据舒尔茨的估算，美国1929—1959年的余值增长率大约为3/5，其中教育的收益占这个余值的3/10到1/2。丹尼森计算出，教育、医疗卫生、知识的增进等因素对经济增长的贡献加在一起，占余值增长率的60%以上。

第三，劳动者收入水平的高低取决于接受教育年限的长短。西方经济学

①谭崇台.发展经济学〔M〕.上海：上海人民出版社，2000：183.

家认为，一个人所受的教育年限与他所获得的收入成正比变动关系，接受教育的年限越长，所获得的收入越高，而收入水平基本上反映了劳动生产率水平，因此，人力资本是促进经济增长的关节点。

第四，在职培训的效益。贝克尔在分析人力资本的形成时，特别强调了在职培训的作用。他认为，工人通过直接在生产中学习新技术，固然能够增加人力资本存量，但这个过程非常缓慢，一个比较主动的办法是在职培训。与投资于机器、设备、厂房相比，只要投资于人力资本能取得更高的收益，在职培训对企业来说就是有利的。同时"培训会增加两项的支出，减少现期的收益，但是，如果它可以大幅度地提高未来的收益，或者大幅度地降低未来的支出，企业就乐于提供这种培训"。① 为了说明这个问题，贝克尔进一步将培训分为两种：一般培训与特殊培训。所谓一般培训，就是职工接受培训所获得的知识、技能，不但对本企业有用，而且对其他企业也是有用的。特殊培训又称专门培训，它可以大幅度地提高本企业的生产率，但对其他企业的影响很小，或根本没有影响。一般培训的受益者是职工，因为他所掌握的技术，可以带到其他企业，从而增加职工自己的收入。所以，一般培训的费用，应该由职工支付，如果让企业承担，企业就有可能由于雇员的流动而蒙受损失。相比之下，特殊培训的好处，则大部分被企业占有。因此，企业应该为此支付成本。

乔治·约翰逊研究的是在劳工市场结构不完全性的既定前提下，能否采取间接干预的方式使劳工市场更好地发挥作用。在这些间接干预方式中，他着重探讨了人力训练问题。他认为，人力训练计划可分为政府直接从事的或由政府出资补助的两种，受训练的对象可以是青年人或技术水平低的成年人。由于青年人不愁将来没有机会受到教育和获得比较熟练的技术，所以研究的重点可放在技术水平低的成年人身上。乔治·约翰逊所得出的结论是：对技术水平低的成年人进行训练并使他们的技术水平提高，将对整个社会有利。这是因为：在人力训练后，总产量是提高的，总收入是提高的，受到了训练的成年人的

---

①王东京，张宝江，杨明宜.与官员谈西方经济学〔M〕.南宁：广西人民出版社，1998：30.

收入也会提高。同时,由于失业人数的减少和政府用来发放失业补助金的减少,政府支出将会减少。假定政府支出的其他项目不变,由于政府用于失业救济金的支出减少,于是可以少征税或降低税率,这样受训练的成年人以外的其他社会集团将因此而增加其净收入。

杰克曼和莱雅德也认为,职工培训是长期劳工市场政策的有效措施之一。它的特点在于:它之所以提高非熟练工人的相对工资,并不像前两项措施那样采取扩大对非熟练工人的需求的办法,而是采取减少非熟练工人的供给的办法,因为通过职工培训,非熟练工人中有一部分人转入熟练工人一类。结果,非熟练工人供给的减少使非熟练工人的工资增加,熟练工人供给的增加使熟练工人的工资下降。假定非熟练工人的工资供给弹性大于熟练工人的工资供给弹性,那么,实行职工培训的措施可以使效率不变甚至增加,也就是使非熟练工人的福利、熟练工人的福利、纳税人的福利三者之和不变甚至增加。因此,进行职工培训对社会是有利的。①

2.5 成本—收益论

这一理论把人口出生率决定因素置于微观经济理论结构的分析之中,主要探讨人们生育子女数量多少以及生育转变的机理性问题。

早在 20 世纪 30 年代,马歇尔(A.Marshall,1842—1923)就在《经济学原理》一书中,阐述了生产费用和边际费用,确立了均衡价格理论及其均衡方法,为孩子成本—效益理论的形成提供了研究方法。兰德里(A.Landry,1874—1956)和汤普森(Warren Thompson,1887—1973)创立人口转变理论时,已将生育转变与社会发展联系起来,为其后的生育率微观分析开辟了道路。真正对生育率微观分析构成体系提出孩子成本——效益学说的,当首推美国的

---

①杰克曼,莱雅德.长期劳工政策的效率问题〔J〕.经济学报,1980(8):338.

莱宾斯坦（Havey Leibenstein）。

　　莱宾斯坦为美国哈佛大学教授,他在 1957 年出版的《经济落后与经济增长》论著中，明确提出对生育孩子进行成本—效益分析，当夫妇决定所希望的子女出生人数时，将使有限子女人数带来的效用和负效用保持均衡状态。20 世纪 70 年代他又出版了《超经济人》《超经济人：经济学、政治学和人口问题》等著作，提出了基本理论和框架结构。他认为：家庭规模的确定由父母对生育子女数量选择完成，而是否需要生育某边际孩子由预计该孩子的支出成本与可能提供的效益比较决定。他将孩子的成本分成两部分：一部分为直接成本，就是直接花费在该孩子身上的养育费用和教育费用。具体说来，就是从母亲怀孕到将子女抚养长大以至生活自立所花费的衣、食、住、行、医疗、教育、婚姻、交往等方面的费用。另一部分为间接成本，就是为养育子女而放弃的父母的收益，或者说，是指父母特别是母亲因怀孕、生育、抚养子女所付出的机会成本。

　　对于孩子，家庭付出的直接和间接成本是必不可少的，不过付出成本的目的，最终是为了从孩子那里获得一定的效益。莱宾斯坦分析家庭父母从孩子那里所能获得的效益，大致有以下六种：

　　（1）劳动——经济效益。孩子长大成人后，可从事一定的体力劳动和脑力劳动，既可以为家庭和父母带来一定的劳务，又能增加家庭的经济收入。

　　（2）养老——保险收益。在发展中国家，父母年老退休后在很大程度上依靠子女供养，赡养老人，成为子女不可推卸的责任。

　　（3）消费——享乐效益。孩子作为"消费品"，与其他一般消费品相比有其特殊性，不仅劳动力的消费可以带来经济效益，而且孩子具有满足父母天伦之乐的消费效用。

　　（4）继承家业的效益。子女为家庭财产的法定继承人，无论在发达国家或发展中国家，一般法律都保护子女继承财产的权利。

　　（5）安全保卫效益。子女为家庭的天然卫士，子女数量的多少、能力的强弱对家庭安全至关重要，构成家庭安全系数的主要砝码。在发展中国家，一个家庭孩子的多少，尤其是男孩的多少，对家庭和家族的社会地位产生一定影响，在一定社区范围内则是主要的因素。

（6）维系家庭地位效益。有无子女，关系到家庭是否后继有人，有无传宗接代人，而子女智商、智能的高低，直接关系到家庭产业的兴衰和家庭未来的发展前途。

莱宾斯坦认为，孩子的成本同家庭经济具有密切的关系，一般来说，父母养育子女所花费的成本与其收入水平按相同的方向发生变化，直接成本随着收入的增加而上升，间接成本也随着时间价值的增值而上升。孩子效益中除消费——享乐效益变动不明显外，孩子的劳动——经济效益随着经济的发展和孩子成本的上升，劳动者用在自身消费包括提高自身素质消费的增加，能够提供给家庭的经济效益呈下降趋势。在社会经济发展的条件下，养老——保险效益、继承家业效益、安全保卫效益、维系家庭地位效益也是逐步下降的。这种分析用来解释发达国家和发展中国家生育率的差别现象比较有效。在发达国家，由于各方面的竞争加剧，增加了父母对子女的智力投资，同时随着妇女教育水平和就业机会的增加，抚育子女的机会成本在上升，再加上生活水平的提高转变了人们的孩子偏好，使发达国家的生育率趋于下降。相反，在发展中国家，由于教育落后，对子女的智力投资很少，妇女受教育和参加工作的机会很少，子女从小就可以帮助家庭创造收入，父母年老后因无养老金，不得不依靠成年子女赡养，再加上传统的生育观念根深蒂固，就使发展中国家的生育率居高不下。

莱宾斯坦还考察了家庭中核心家庭比例增高，人口城市化加速进行，人口死亡率（标准化死亡率）下降，妇女受教育程度提高，家庭和父母对男孩子性别偏好减退，传统家庭观念淡化，以及避孕药具大量推广使用后的积极作用，等等，说明左右生育率下降的终极因素还是经济的决定性作用。他按照人均收入将家庭户划分成不同类别，发展中国家正处在由农业型向工业型过渡，孩子的直接成本、间接成本在过渡中不断上升，其效益则在过渡中不断下降，尤以孩子劳动——经济效益、养老——保险效益下降最为显著。[①]

①孟繁华.大国之难——当代中国的人口问题〔M〕.北京：今日中国出版社，1997：86.

贝克尔（Gary S. Becker）发展了莱宾斯坦的理论，创立了孩子数量与质量相互替代性理论。贝克尔早年就读于美国普林斯顿大学，后在芝加哥大学获经济学博士并长期在该校任教，与著名经济学家弗里德曼（E.A.F）、舒尔茨（T.P.Schultz）等一起构成影响世界经济论坛的芝加哥学派。他应用经济学理论和方法研究人口问题，成为独具一格的人力资本专家。1960 年他发表了题为《发达国家人口和经济变化的生育率经济分析》的论文，这篇论文在莱宾斯坦分析的基础上，进一步提出消费者行为理论可适用于生育率决定的分析上。特别是 1964—1965 年，贝克尔的《人力资本》一书和《关于时间分配的理论》论文的出版与发表，更把人口现象的经济分析发展为对家庭和居民户的经济研究。20 世纪 80 年代以来贝克尔又发表了《家庭论》等名篇，阐述了他对生育率分析自成一统的成本——效益理论。

贝克尔将家庭劳动力置于市场之中，运用消费需求理论论证家庭生育决策，做出创造性研究。他运用孩子净成本概念分析生育行为，所谓孩子净成本实际上等于家庭为孩子支付的直接成本加上父母时间间接成本，减去孩子提供的收入现值和劳务现值之和。若净成本为正值，说明该孩子对家庭提供的效益不足以补偿家庭付出的成本，这个孩子对父母说来仅相当于一件一般的耐用消费品，父母从孩子身上得到的是心理上的满足。若孩子的净成本为负值，说明孩子对家庭和父母能够带来追加的效益，这个孩子相当于一件耐用生产品，可以带来价值增值，父母和家族无疑是需要的。若净成本为零，说明孩子向家庭提供的效益与家庭付出的成本相当，家庭和父母是否需要取决于随机因素。

贝克尔用孩子的数量和质量相互替换的观点，阐述了家庭规模与收入之间经常存在的负相关关系。在贝克尔看来，收入高的家庭总是希望质量优的孩子，而为提高小孩的质量，对孩子的费用必须增加，这就使收入高的家庭降低生育率成为可能。贝克尔还认为，生育孩子对母亲而言，是一种时间约束最大的劳动，因此应把母亲的时间价值作为影响生育率的一种因素来研究。按照贝克尔的观点，孩子成本包括不变成本或数量成本和可变成本或质量成本两部分。贝克尔解释，所谓不变成本或数量成本，是指在一定生产力发展水平和家族收入前提下，用于养育相同边际孩子生存所需要的成本，如吃、穿、用、住、行等成本，这种成本为相对不变数；所谓可变成本或质量成本，是指随着社会生产力的提高和家庭收入的增加，用在边际孩子身上满足医疗健康特别是教育上面的成本，这种成本不断增加，为一可变数。

显然，在家庭收入一定条件下，能够用来养育孩子的成本为一个定数，其要害在于家庭用这样一笔成本生产多少孩子能够带来最大效益，实现孩子效益最大化。

在农业社会，由于使用手工工具劳作，对劳动力质量主要是对文化程度和科技素质要求不高，重要的是劳动者的手臂就是他们的力量，家庭乐于投向孩子数量成本，多子便可多福。在工业化社会，由于使用的是机器工具，对劳动力质量主要是对文化和科学技术水平提出越来越高的要求，家庭质量成本就要相应增加。这在家庭经济收入一定和孩子成本问题相对一定情况下，为了实现效益最大化，对人口再生产投资就要向可变成本即质量成本倾斜。以同样的总量成本去生产数量少、质量高的孩子，人们的选择偏好就由追求孩子的数量转变到追求孩子的质量，由追求多生多育转变到追求少生、优育、优教，发生生育观的转变。

与此同时，美国南加州大学伊斯特林（R . A .Easterline）教授于 1961 年发表的《历史上的美国婴儿热》论文和以后他出版的一些论著，都提出了与贝克尔的生育率微观经济分析不同的看法，他根据库兹涅茨周期的广义历史分析，否定贝克尔所依据的家庭嗜好和偏好不变的假定，对偏好的形成进行了分析，认为世代交替因素，特别是年轻人的现实收入的能力与愿望之间均衡，将影响生育率的长期变化。实质上，伊斯特林的孩子供给——需求理论，除加进孩子的供给变量和强调经济因素与社会因素相结合外，并没有突破莱宾斯坦、贝克尔的总体框架。

在伊斯特林看来，关于生育控制的成本变量，包括采用控制工具付出的成本和克服心理障碍付出的成本，如果孩子的供给小于对孩子的需求时，不会发生生育控制要求；若孩子的供给大于对孩子的需求，便出现生育控制的要求。有了生育控制的要求，生育控制成本的影响就是一个值得重视的问题。

澳大利亚著名人口学家考德维尔（J.C.Caldwell）通过对不同家庭财富在父母与子女之间流动的考察，提出影响孩子成本——效益和生育率变动的代际"财富流"理论。他用"净财富流"概念来解释生育现象，他认为，所谓净财富流是指除掉财富父母与子女之间对流影响所剩下的财富流向和流量，包括倾向、财产、劳动和服务。他指出，工业化以前社会财富主要由子女流向父母，导致多生多育，而工业化以来，社会财富主要由父母流向子女，于是演变到少生晚育；但是父母发现，抑制财富更多流向子女的有效途径，是增加对孩子质量成本投入并减少数量成本投入，从而导致生育率下降。

第三章 西方制度经济理论与21世纪 "创新中国"建设

3.1 技术决定论

在西方经济理论发展的历史长河中，制度经济学独树一帜，它既反对后凯恩斯主义流派，又反对货币主义和自由主义学派，同时坚决反对穆勒和马歇尔开创的古典和新古典的方法论。它以正统的资产阶级经济学家和资本主义社会"批判者"的面目出现，注重和强调"制度因素"对经济发展的作用，主张从"制度"的分析出发来建立经济学体系。这一学说刚一诞生，就遭到了人们强烈的抨击，有的经济学家甚至将其称为离经叛道的"异端"。

制度经济理论的思想萌芽，最早可以追溯到19世纪上半期的英国经济学家理查德·琼斯（Richard Jones）。他认为，为了寻找出一般的经济规律，经济学家必须广泛而认真地观察各国的历史及各种事件。在研究中，他所重视的是社会历史因素而不是经济本身，这是因为各国的社会制度、经济条件和历史背景都不相同，离开了这些因素就无法得出一般的经济规律。作为一个经济学流派，制度经济学形成于19世纪末、20世纪初的美国，其主要代表人物是凡勃伦，他在《有闲阶级论》（1899年）、《企业论》（1904年）、《科学在现代文明中的地位》（1919年）、《不在所有权与近代企业》（1923年）等著作中创立了一套完整的制度经济学体系，形成了以后所有的制度经济学家都遵循的"凡勃伦传统"，奠定了制度经济学发展的基础。

凡勃伦既反对像边际效用学派那样把个人从特定社会生产关系中抽象出来，分析个人的欲望及其满足的途径；也反对像马歇尔那样用均衡的原则来解释社会经济现象，认为各种对抗着的矛盾将趋向调和。在凡勃伦看来，历史是逐渐演变的，而不是突变的；社会的发展就是制度的发展，经济制度只是整个社会制度的一个组成部分，其变化受许多非经济文化因素的制约，不是独立发展的。因此，他认为经济学应该研究人类经济生活借以实现的各种制度及其演进过程。凡勃伦认为："制度必须随着环境的变化而变化，因为就其性质而言，它就是对这类环境引起的刺激发生反应的一种习惯方式，而这些制度的发展也就是社会的发展。制度实质就是个人或社会对有关的某些关系或某些作用的一般思想习惯……。今天的制度，也就是当前公认的生活方式。"① 他以杰文斯的新心理学作为理论的基础，用本能代替理智来解释社会经济活动。按照凡勃伦的解释，经济制度是人类利用天然环境以满足自己物质需求所形成的社会习惯，而一切社会习惯又来自人类的本能，本能树立了人类行为最终的目的，推进了人类为达到这一目的而做的种种努力。由于本能是天赋的、不变的，因而本能所决定的制度本质也是不变的，变化的只是制度的具体形态。从这一基点出发，他提出了"技术决定论"。他认为：在人类经济生活中存在着两个主要制度：一个是满足人类物质生活的生产技术制度；另一个是私有财产制度。在社会经济发展的不同阶段，这两个制度具有不同的具体形式。在资本主义社会，代表这两种制度的社会力量是技术阶层和企业家阶层，其具体形式是"机器利用"和"企业经营"。机器在工业生产中的作用是现代经济的决定性的因素。"机器的应用导引出一切和工业革命有关的变革，如工厂制度、大规模资本主义生产方法、货币、信用等"。② "机器利用"的目的是无限制的商品生产。但是，私有制下的企业家经营企业的目的是实现利润最大化。因此，他认为企

---

① 凡勃伦 . 有闲阶级论〔M〕. 北京：商务印书馆，1962：138–141.
② 傅殷才 . 制度经济学派〔M〕. 武汉：武汉出版社，1997：28–29.

业家的赢利动机与技术阶层的创新倾向之间存在着矛盾。凡勃伦把发生矛盾的责任归于企业家阶层，认为在资本主义社会，价格制度的基础是"机器利用"，而其控制力量则是企业家，企业家统治着"机器利用"，从企业家的角度看，"机器利用"的生产能力过于强大，为了适应市场获取高额利润，有必要把工业生产控制在其生产能力之下，以维持一个高的价格水平。凡勃伦称企业家为"既得利益者"和"不在所有者"，并对其进行谴责，认为他们的赚钱动机阻碍了社会进步。因此，需要进行一场社会革命，用一个由工程师、科学家和技术专家组成的"技术人员委员会"（技术阶层）来取代"既得利益集团"（企业家），以便"机器利用"。这一套理论便是后来所有西方制度经济学家都遵循的所谓"凡勃伦传统"。

凡勃伦的追随者、美国经济学家贝尔进一步发展了"技术决定论"。他认为，由于科学技术的推动，现代发达资本主义社会已经进入"后工业化社会"，在这个社会中，产业结构已从制造业为主转向包括商业、金融、交通运输在内的服务业为主；科学研究人员和具有专门知识的管理人员取代了企业主，在企业中掌权；技术、经济发展规划及技术评估更加受到重视；理论知识成为社会核心，并作为社会革新和决策的依据；新的"智能技术"是决策的依靠力量。贝尔特别强调了一个所谓"中轴原理"。他认为，社会发展取决于一个"中轴结构"，这个"中轴结构"由掌握科学知识的大学和研究机构组成，而中轴就是科学知识。贝尔宣称："封建主义、资本主义和社会主义这些名词，都是马克思主义学说里以财产关系为中轴形成的概念序列。前工业社会、工业社会和后工业社会这些名词，则是以各种知识为中轴形成的概念序列。"他认为，利用这两个中轴解释社会制度，"人类则能够在解释社会方面创造一个'互补性'原理"。①

---

① 王东京，张宝江，杨明宜. 与官员谈西方经济学〔M〕. 南宁：广西人民出版社，1998：233.

3.2 贝利的资本主义变形理论

从凡勃伦去世到新制度学派形成之间的 30 年间，是从旧制度学派到新制度学派过渡的时期。在这一时期，以贝利为代表的经济学家，继续沿着凡勃伦所开辟的道路研究制度问题，从而发展了"凡勃伦传统"，为新制度学派的产生提供了必要的理论准备。

贝利是美国经济学家，早年就读于哈佛大学，并获得博士学位。第一次世界大战期间在军事情报部门工作，并以美国代表团的身份参加了巴黎和会。在会上，他和凯恩斯一起抨击了条约中的一些条款。接下来在哈佛大学、哥伦比亚大学任教，并成为罗斯福智囊团成员。总统大选前后，他一直是罗斯福的重要顾问。在新政后期，贝利担任过助理国务卿等高级职务，并当过美国驻巴西大使。第二次世界大战期间，他是纽约自由党的主席，并在很长一段时间里担任 20 世纪基金会的负责人。贝利在其代表作《现代公司和私有财产》（与米恩斯合著，1932 年）一书中，明确提出了"资本主义变形理论"，后来出版的《20 世纪的资本主义革命》（1954 年）及《没有财产权的权力》（1959 年）两本书又进一步发展了这一理论。

贝利认为，由于股份公司的发展，美国的资本主义发生了革命，它和旧的资本主义已经截然不同。"1954 年的资本主义和 1854 年的资本主义，只不过有依稀相似之处，和 1804 年的资本主义相比，简直就没有真正的共同之点了。"① 他把 20 世纪中叶美国的资本主义叫作"新资本主义""人民资本主义""集体资本主义"或"公司资本主义"。

贝利认为，在资本主义革命的过程中，资本主义已经发生或正在发生一系列变化，包括生产集中取代自由竞争，经济计划取代生产的无政府状态，所

---

① 傅殷才 . 制度经济学派〔M〕. 武汉：武汉出版社，1997：62.

有权的分散取代所有权的集中，所有权与管理权分离，公司权力由资本家手中转移到经理人员手中，生产目的由获取利润变成为全社会服务、混合经济的产生，等等。这些变化涉及经济生活的各个方面，从而引起了资本主义变形。

在贝利看来，20世纪中叶，美国的资本主义正经历一场深刻的革命，而革命的主要工具就是现代的大公司。大公司产生的原因主要有两个：一是人们追求美好的未来生活；二是科学技术的迅速发展。他指出："高度生活水平的要求需要大规模生产和大规模分配。技术的进步使许多被认为是现代人民生活中必需的商品和劳务，能够大规模地生产和提供。但是，要达到人们所希望的数量和价格，就必须依靠大规模的组织机构。事实上，巨大的公司单位实现了这样的组织。"[1] 随着大公司的迅速发展，生产和资本集中的趋势已变得越来越明显，以致成为美国经济生活中占统治地位的形式。他指出，我们不能单纯看大公司所拥有的资产的数量，许多公司的影响远远超出它们实际所有权的范围之外。因为小企业通常与大公司有业务往来，它们名义上是独立的，但它们的业务方针、活动和销售价格等，都是由它们为之经营销售业务的大公司所决定。"大公司做出决定和指挥活动的本领，也超出它们的所有权范围之外。它们的势力远超出它们的字号以外"。总之，"20世纪中叶的美国资本主义制度，是依靠着和围绕着相当少数的十分巨大的公司的活动而旋转的。作为美国资本主义枢轴的工业，大多数都已集中在极少数的公司单位手里"。[2]

随着生产和资本集中趋势的加强，市场竞争也会发生巨大的变化。少数大公司之间的竞争和成千上万的小企业之间的竞争，是完全不同的。从竞争的目的来看，分散体制下为数众多的小企业之间的竞争，是通过价格竞争来争夺顾客的，而集中体制下少数大公司之间的竞争，其目的是争夺行业领导权的竞争。从竞争的结果分析，当许多单位都参加竞争的时候，竞争制度的结果，是把效率最差的或战略地位最不利的单位淘汰掉；而大公司互相斗争的结果，不是合并就是消灭其中的一个单位，或者是造成这样一种情况，即每个单位

---

①贝利.20世纪的资本主义革命〔M〕.北京：商务印书馆，1961：96.
②贝利.20世纪的资本主义革命〔M〕.北京：商务印书馆，1961：12.

的地位都得到差不多的尊重。就竞争的代价不同而言，分散制度下众多生产过程之间的竞争，通常是消灭那些效率最低的生产者，因而只引起较小的损失；而集中体制下少数大公司之间的竞争，则会造成成千上万的人失业，从而产生严重的社会经济后果。[1]

贝利认为，随着大公司的发展及其在经济生活中占主导地位，资本主义经济逐渐由竞争经济转变为计划经济。大公司的普遍发展之所以会导致经济的计划化，是因为大公司之间的竞争会产生十分严重的经济和社会后果。分散体制下成千上万的小企业之间竞争的结果，只是把那些效率最低的边际生产者淘汰，因而不会造成严重的社会经济后果；而集中体制下少数大公司之间的竞争，则会导致成千上万的人失业，对经济生活会产生十分严重的影响。竞争的结果是产生某种计划化，而计划化不是削弱而是扩大了公司的权力。

随着经济计划化程度的提高和公司权力的扩大，原来生产无政府状态下企业的盲目行动，转变为计划经济下大公司的自觉行动。在公司制度下，公司经理都有权指挥它的雇员及职工的活动，有权决定进行哪些活动，如何进行这些活动，有权决定供应哪些市场，有权决定发展哪些技术，以什么样的速度发展这些技术，有权决定扩张资本的速度和程度。20 世纪中叶的资本主义，则已获得了进行一定程度的经济计划的权力和手段。在这种计划经济下所做出的决定，已经考虑了或者是至少能够考虑到它对整个社会可能产生的影响。

贝利指出，在现代资本主义条件下，经济计划的形式是多种多样的。私人之间达成的协议就是经济计划的一种重要形式，全国性的国家计划是经济计划的另一种形式。从更广泛的意义上来说，大公司往往由于自愿或迫于社会的压力，而参加制订和实现全国规模的国家计划，以确保它们工业的继续稳定、兴旺和适用性。

随着经济计划化程度的加强，以及随之而来的生产无政府状态的被克服，长期困扰资本主义世界的经济危机就是可以避免的了。他说："我敢于提出这样的命题：剧烈的周期性萧条必然是可以避免的，美国的经济共和国现在就有

[1]傅殷才.制度经济学派〔M〕.武汉：武汉出版社，1997：64.

能力来避开它们。今后如果没有避免，那不是由于无能为力，而是由于不愿正视问题。有了政府指挥部的工作和计划，有了国家与目前非国家控制的权力集中的组织之间正确的工作关系，如果美国确实愿意尽力，这个任务是能够完成的。"①

按照贝利的解释，股份公司发展的一个重要结果，就是所有权与管理权的分离。"公司制度的兴起，以及伴之而来的由于工业在公司形式下的集中而产生的所有权与管理权的分离，乃是 20 世纪中头一个重要变化。"② 贝利分析了两权分离的具体过程。他认为，所有权的实质就是所有者不让除他自己以外的任何人占有、使用或控制一物的能力。公司制度的发展不知不觉地改变了这种情况。在公司规模比较小的情况下，少数几个人使他们的企业成为"法人组织"，这几个人既是公司的股东，又是公司的董事和经理，他们可以决定公司产权所有人实际上所做的一切事情。随着公司规模的扩大，财产权表面上的分裂就变得越来越明显。被称为公司的法律实体，就以财产所有者的身份出现了，而对物的处理就由不是公司股东的董事、经理和职员来履行。占有权原来是一个所有者的凭证，现在转移到公司的经理们身上。至于原来的所有者，在投资于股份公司后，得到了一定数量的股票。凭借这些股票，他可以通过投票决定董事会和经理部的人选，还可以获得与公司经营状况相应的股息红利，在公司破产的时候分取一份剩余资产。

到了 20 世纪中叶，即使这种有领取分红和投票权利的股票也开始分裂了。包括年金信托公司、互助基金公司和保险公司等在内的信托机构，成了公司股票的最大购买者。它们作为机构投资者，对于股票及其投票享有法定的权利。但是，它必须根据契约把获得的股息红利和其他收益分配给年金合同、互助基金协议或保险单的受益人。这样，股份公司利润的领受人同构成公司执行其经济职能的手段的事物之间，已经有了彻底的分离。公司的权力已由所有者的资本家手中，转移到了作为管理者的经理人手中，"资本是存在的，因而也存在

①贝利 .20 世纪的资本主义革命〔M〕.北京：商务印书馆，1961：75.
②贝利 .20 世纪的资本主义革命〔M〕.北京：商务印书馆，1961：131-132.

着资本主义正在消退中的因素是资本家……当然资本家没有消灭……但他已经不是一个决定因素。代替他的位置的是公司——主要是大公司的董事会……"①

通过上述分析，贝利得出结论：股份公司的发展使资本主义性质发生了深刻的革命，革命的基础与其说是社会的因素，还不如说是技术的因素。以美国为首的资本主义革命，通过将资本集体地组织成为公司，找到了更合适、更有效和更灵活的方法，可以把这种结果称为非国家控制的社会主义或人民资本主义。

3.3 二元系统与 "新社会主义"

当人类社会步入 20 世纪 50 年代的时候，伴随着科学技术的日新月异，社会经济得到了迅猛发展，同时经济、社会问题变得越来越严重。作为主流经济学的凯恩斯主义无视制度问题，不考虑技术进步对制度演化的作用，不能对当时的西方社会存在的问题做出令人信服的解释以及提出有效的解决办法。这样，制度经济学派重新活跃起来，形成了新制度经济学派，这一学派的代表人物是加尔布雷斯。这位学识渊博、思维敏捷的学者，一生著述甚丰，其代表作是 1967 年出版的《新工业国》和 1973 年出版的《经济学和公共目标》。在这两本专著中，加尔布雷斯集中论述了二元系统论和 "新社会主义" 理论。

在加尔布雷斯看来，所谓 "新工业国"，指的就是由现代大垄断公司组成的 "工业系统"。他认为，在 "新工业国" 里，由于科学技术的发展，科学技术知识已经成为主要的生产要素，因此，资本主义垄断企业的权力，已经从资本家手里，转移到由高级经理人员和科学技术人员等组成的 "专家组合" 手里；资本主义社会的阶级关系发生了变化，当前美国社会的主要矛盾不再是无产阶级和资产阶级的矛盾，而是有知识的人和没有知识的人之间的矛盾；大公司不再以最大限度获取利润为首要目标，而是谋求其稳定和增长，并能有计划地进

①贝利.20 世纪的资本主义革命〔M〕.北京：商务印书馆，1961：18.

行经营，市场的调节作用已让位于"计划原则"，等等。

加尔布雷斯的"新工业国"理论发表后，受到了社会现实的冲击，资本主义社会的经济改革过程根本没有按照加尔布雷斯的逻辑演进，而是仍然处于生产的无政府状态，滞胀的长期存在，愈发激化了社会矛盾，使资本主义社会更加动荡不安。这种情况迫使加尔布雷斯修正自己的"新工业国"理论，于是二元系统论应运而生。

加尔布雷斯认为，现代工业社会的经济不是单一的系统，而是由两大系统组成，一个是"计划系统"（planning system），另一个是"市场系统"（market system）。这两个系统各创造了国民生产总值的一半，它们既互相联系，又有着显著的区别，共同构成了"二元系统模式"。

由1000家大公司组成的计划系统，由于生产规模大、技术复杂、投资额高，从筹备建厂到产品问世，中间经过很长的时间，因而要求有计划地进行经营，实行计划生产和计划销售，并且拥有操纵价格的权力。各大公司有自己的计划，大公司之间、大公司与政府之间还存在着广泛的联系，所以这些大公司较易达成协议和契约，在市场竞争中统一行动。在计划系统，生产者控制了生产与价格，用生产者主权代替了消费者主权，市场调节的作用已让位于计划原则。

与计划系统不同，市场系统大约由1200万个中小商号组成，其特点是使用简陋的技术，市场关系占统治地位。这些势单力薄的经济单位，无权控制价格，不能支配消费者，只能受市场力量的支配。加尔布雷斯不仅说明了"两个系统"的区别，而且还论述了它们之间的联系。他认为，"计划系统"在很大程度上是"市场系统"所处的那个环境中的一部分，二者是并存的。"市场系统"所使用的动力、燃料、机器、设备、原料和交通运输，是"计划系统"所提供的。"市场系统"的参加者所购入的消费品和劳务中的很大一部分，也是"计划系统"供给的。同时，"计划系统"又是"市场系统"产品的一个重要买主，关于这一点在农业上的表现特别突出。"两大系统"相互依存、相互联系，不断发生着交换关系。但在交换中，双方的权力和所处的地位不对等。"计划系统"凭借其垄断地位，控制市场份额和价格，使"市场系统"处于被动服从的地位。

其结果造成了收入的不平等,这是资本主义发生矛盾和冲突的根源所在。为此,加尔布雷斯提出了"新社会主义"改革方案。他认为,在资本主义制度下,只要消除了"二元系统"的不平等现象,就可以达到和谐的"新社会主义"。途径是:提高市场系统的地位,扩大市场系统的权力,消除计划系统对市场系统的盘剥,使两个系统权力和收入"均等化"。他写道:"首先需要积极提高市场的权力和能力,提高它与计划系统相对下的发展程度,从这方面开始,缩减这两个系统之间在发展中一贯存在的不均衡状态。这里应采取的步骤是,缩减两个系统收益的不均等,提高市场系统的谈判力量,减少计划系统对它的剥削,我们把这个叫作'新社会主义'。"①

事实上,加尔布雷斯的"新社会主义"是现代垄断资产阶级的乌托邦,把社会革命的希望寄托在"明智的、有公益的"政府首脑身上,是注定实现不了的"天方夜谭"。

3.4 循环积累因果原理

缪尔达尔(1898—1987)是一位著名的制度经济学家,早期是瑞典学派的重要成员,对一般动态均衡理论的发展做出了重要贡献。自 20 世纪 30 年代后期开始,他逐步背离新古典主义传统,开始深入研究制度经济学。1934 年,他出版了《人口问题的危机》一书,针对资本主义社会不平等状况加剧的现实,提出了实行均等化社会改革的一些主张。1944 年,他又出版了《美国的困境:黑人问题与现代民主》一书,运用循环积累因果原理,从生活条件最差的黑人出发来研究美国社会的平等问题,强调现实而中肯地分析各民族关系问题和经济问题,力求把人为偏见从经济思想中清洗出去。20 世纪 50 年代中期以后,缪尔达尔主要研究发展中国家的经济问题,于 1968 年出版了《亚洲的戏剧:

---

①加尔布雷斯.经济学和公共目标〔M〕.北京:商务印书馆,1980:217-218.

一些国家贫困的研究》，在这本书中，他列举了不发达国家存在的损害经济增长的制度方面的问题，提出了他对"现代化理想"的看法。20 世纪 70 年代以后，他主要探讨若干带有根本性的经济制度方面的理论问题，于 1973 年出版了《反潮流：经济学家批判论文集》。这三本书，是缪尔达尔在制度经济学方面的代表作。由于他用跨学科研究方法，"对经济、社会和制度现象的内在联系做出了精辟的分析"，瑞典皇家科学院把 1974 年诺贝尔经济学奖，授给了这位新制度经济学的代表人物。

在缪尔达尔的制度经济理论体系中，循环积累因果原理处于核心地位。在缪尔达尔看来，社会过程是社会关系的复杂变动与发展的过程。社会制度是社会过程发展的结果，要研究社会制度，必须弄清社会过程演进中的因素及其在演进过程中的作用。经济制度是社会制度的一部分，经济均衡变动及其累积过程，也是社会累积过程的一部分。在一个动态的社会过程中，社会各种因素互相联系、互相影响、互为因果。最初某一社会经济因素的变化，会引起具有强化作用的另一社会的经济因素的变化；而第二级的变化，反过来又加强了最初那个变化做更进一步的发展。这种因果发展关系包括最初的变动、强化的引申变动及上下累积过程三种形态。诸因素之间的关系不是均衡或趋于均衡，而是以循环的方式运动，但它不是简单的循环流转，而是具有积累效果运动，是"循环积累因果关系"。缪尔达尔认为这是一条具有普遍性的原理。

缪尔达尔的"循环积累因果关系"原理，最初是用来解释美国的黑人问题。他把社会就业问题概念应用到所谓的"经济"和"非经济"变量之间的相互作用上去，用来说明改善健康、教育和营养水平的能力之间的关系，把非经济变量纳入分析之中，开拓了众多的累积过程。缪尔达尔还用"循环积累因果关系"原理分析发达国家和发展中国家的贸易问题。在他看来，一个地区发展了若干工业以后，逐渐形成了一个经济中心，它的发展促进了周围地区的发展，使它附近地区的消费品生产不断发展，形成了所谓的"扩散效应"。某一地区的发展，由于种种原因会引起别的地区衰落，带来了"回波效应"。从国际经济体系来看，存在着"扩散效应"和"回波效应"，会加剧发达国家与不发国家发展的不平衡，因为发达国家采用先进技术，产品成本低，商品质优价廉，所以在自由贸易条件下，发达国家的廉价产品充斥发展中国家的市场，从而导致该国经济遭受严重的打击，使经济文化落后、社会衰落。显然，国际贸易对发展中国家产生的是增加发达国家与发展中国家差距的 "回波效应"。因而，国际贸易并不是对贸易双方都有利。只有在两国工业化水平差不多的情况下，国际贸易才对两国是互利的。

缪尔达尔从他的 "循环积累因果关系" 原理出发，重点研究了发展问题，并提出了发展中国家发展经济的政策主张。他认为，在社会发展过程中，经济的、政治的、社会的、心理的、制度的等因素互相影响、互为因果，影响发展的因素是多种多样的。一国要发展经济都要顾及影响发展的各种因素，而不能只考虑经济因素。他强调从社会经济结构上、制度上找出存在的弊端，并进行社会改革。针对发展中国家的情况，他提出了以下的社会改革方案：一是实行经济均等化，认为这是实现经济迅速、持续增长的一个条件；二是实现工业化，重视农业的发展；三是实行土地改革、教育改革和节制生育；四是制定国民经济计划，用计划干预市场力量，促进社会过程的上升运动。

3.5 产权理论与 "科斯定理"

市场经济就是法制经济，但真正能够精通经济学和法学的专家凤毛麟角。美国芝加哥大学的罗纳·科斯教授，就是这样一位具有浓厚法学色彩的经济学家，他以《厂商的性质》和《社会成本问题》等 18 篇论文，在西方经济学界刮起了 "现代产权旋风"，并对新凯恩斯主义、公共选择学派等西方主流经济学产生了广泛的影响，以至于瑞典皇家科学院决定把 1991 年诺贝尔经济学奖的桂冠授予了他，以表彰他对产权问题研究所做出的突出贡献。

1. 产权理论概述

产权理论始于 1937 年，其标志是科斯的经典之作《厂商的性质》一文。

这篇文章奠定了产权理论的重要基础和出发点——"交易费用"学说。但是，在此后的很长一段时间，产权理论的系统研究并没有得到发展，一直到 1960 年，科斯又发表了《社会成本问题》一文，提出著名的"科斯定理"，产权理论才以其独特的研究方法被纳入了西方经济学理论体系。

西方产权理论的主要代表人物有"交易费用"理论的开山鼻祖科斯，制度产权学者诺斯，以俱乐部制假说著称的"公共选择理论"大家詹姆斯·布坎南，提出协作群生产假说的企业产权结构和产权制度学者 A. 阿尔奇安和德姆塞茨以及在交易费用、市场和等级学说、公司理论、经理行为等方面做出贡献的奥利费·威廉森和钱德勒、张五常等人。

产权理论从真正开始的 1960 年算起，只有几十年的发展历史。但是，它的研究文献之丰富令人刮目相看，并很快形成了自己的理论体系，引起了经济学界和有关政府政策界人士的关注。

产权理论认为，经济学要解决的是由于使用稀缺资源而发生的利益冲突，必须用这样那样的规则即产权来解决冲突。交换的实质不是物品、服务的交换，而是一组权利的交换。所交易的物品价值，也就取决于交易中所转手的产权多寡或产权的"强度"。市场分析的起点，不在于回答人和物的关系，而是要回答由于物的存在及其使用所引发的人与人之间由社会规定的关系。产权就是这样的行为规则。因此，阿尔奇安说，价格如何决定的问题，就成了产权如何界定、交换以及以何种条件交换的问题。[①]

产权理论的中心论题是：只要存在交易费用，产权制度就会对生产产生影响；而产权经济学研究的就是如何通过界定、变更和安排产权的结构，降低或消除市场机制运行的社会费用，提高运行的效率，改善资源配置，加快技术进步，增加经济福利，促进经济增长。传统的微观经济学把消费和生产理论当作分析的中心，把经济活动中的人的利益矛盾之类的问题都抽象掉了。产权理论则认为，经济学要研究的是资源稀缺对人的利益的影响和由此带来的人与

---

①雷宏振.产权经济学论纲〔J〕.唐都学刊，1995（1）.

人之间的利益冲突；而人所面临的环境是不确定的，信息的获得不是免费的，因此，产权理论要处理和解决的就是人对利益环境的反应规则和经济组织的行为规则。确定这些行为规则即产权来解决利益冲突，也就是产权如何影响资源配置的效率，社会利益格局如何受到产权设定的影响，经济和社会如何增长和发展。

2. 交易费用

科斯在《厂商的性质》中开拓性地指出了自由价格制度运转的代价。在这篇名作里，科斯试图回答这样的问题：既然自由价格制度已被公开认为是最有效的协调和指导资源配置的工具，为什么还有企业或厂商存在呢？或者说，为什么建立企业是有利的呢？科斯说："其主要理由似乎在于使用价格机制是要支付成本的。产生这种成本的最明显的原因在于要发现相对价格是什么……。在市场上发生的每一笔交易的协商和签订合同的费用也必须考虑进去。"[1] 通俗地讲，为了完成一笔交易，当事人必须出入于各个市场，了解产品的质量和相对价格；必须就交易的细节进行谈判、协商和检验、签约，甚至承担违约损失，等等。总之，交易过程需要当事人注入精力和时间，支付信息和其他一切开支，所以市场的交易是要付出代价的，这个代价就是交易费用。科斯认为，减少这种交易费用的办法就是通过形成一个组织（企业）并让某种权力（企业家）来支配资源。科斯认为企业最显著的特征是，它是价格机制的替代物。这样就形成两种制度来协调和配置资源："在企业外部，价格运动指挥生产，它通过一系列在市场上的交易来协调；在企业内部，这些市场交易被取消，而且市场交易的复杂结构由厂商内部的协调人来替代，由他来指挥生产，显然，这些是协调生产的不同方式。"[2]

由此，交易费用可以被看作是用于策划、签约及履行合同的一种资源支出。交易费用与交换产权的方式有直接的关系，也与签订合同的具体性质有关。

---

①R .Cose. "The Nature of the Firm"，Econormica，Nov，1937.
②R .Cose. "The Nature of the Firm"，Econormica，Nov，1937.

在一般场合，交易费用包括使当事人碰到一起的支出、信息的费用、收集和传递有关交易条款的费用支出、起草合同的费用、履行合同的费用等。概括地说，交易费用可分为谈判费用和履行费用。谈判费用是指用于组织双方交换产权的支出，履行费用指用于防止违反合同规定的支出。

那么，影响交易费用的因素主要有哪些呢？威廉森对此归纳了两组要素：第一组是"交易要素"，主要包括市场的不确定性和潜在的交易对手的数量。第二组是"人的要素"，可以分解为有限理性和投机取巧两种类型。

按照不同市场上相应的合同类型分类，可分为三种交易费用，由此产生了三种不同的合同组织形式：

第一种是生产要素交易费用，即由于生产要素的所有者之间的交易而形成的交易费用。这是一种为降低"生产资料"或生产者之间交易的费用。科斯认为，正是由于这种交易费用的存在，才导致了企业的产生。相反，如果生产者之间的交易费用为零，则不会有企业存在。

第二种是生产消费交易费用，即由于生产者与消费者之间的交易所形成的交易费用。这是一种由于生产者与消费者所获得的产品信息不对称而产生的"工资化利润"。这种交易费用的存在导致了非营利组织的出现。汉斯曼指出，监督产品质量的困难是非营利部门存在的根源。[1]

第三种是消费交易费用，即由于消费者之间交易所形成的交易费用。布坎南认为，消费者之间的交易费用问题可以通过组织俱乐部来降低。[2]俱乐部制是非营利组织的一种。它可以形成一种集团"私有"的"公共物品"，可以消除作为一般"公共物品"所在的外部性问题，如搭便车问题。

3. 科斯定理

"科斯定理"这个词是由芝加哥大学的著名教授、诺贝尔经济学奖获得者斯蒂格勒在 1960 年出版的《价格论》中首次提出和使用的。当时斯蒂格勒把这一定理简单地概括为"在完全竞争条件下，私人成本将等于社会成本"。之

---

① H.B.Hansmam（1980）， "The Rote of Non-Profit Enter prise" .Yale Lau Journal.89（5）.

② J.M.Buchanan（1965）， "An Economic Theory of Clubs" Economica 11.

所以把这一命题和结论命名为"科斯定理",主要是因为,科斯教授于 1960 年发表的开拓性论文《社会成本问题》,第一次讨论了在交易费用为零的假设下,最终结果(它将使生产的价值最大化)与法律制度(即产权制度)无关。因而科斯定理也可以用另一种语言来表述:只要不存在交易费用,外部效应将自动趋于消失。外部效应指的是私人成本小于社会成本时引起的影响,比如,工厂排放的污水污染了附近的河流和环境。由于工厂的决策没有考虑社会的代价(即对他人的损害),而只考虑自己的成本。所以,"外部效应"问题,实质上是损人利己的行为引起的社会成本,远远超过私人成本而对社会和他人造成损害的问题。只有完全竞争的市场上,完备信息假定才符合没有交易费用的假设。因而,正是在这个意义上,斯蒂格勒将科斯的结论重新表述为"在完全竞争条件下,私人成本将等于社会成本"。

但是,没有交易费用的人类世界就如同物理世界没有摩擦力一样奇怪。因此,"科斯定理"与其说道明了在交易费用为零的条件效率结果与产权无关的结论,还不如说道明了存在交易费用时产权制度是如何作用于或影响经济效率诸结果的。这就是说,即使交易费用为零,人们可以放弃私有产权的假定,但无须取消"科斯定理"。

因此,西方经济学使用"科斯定理"更多的意义在于:只要交易费用不为零,就可以利用明确界定的产权之间的自愿交换来达到资源配置的最佳效率,从而克服"外部效用",而无须抛弃市场机制。其原因在于,只要产权上明确地界定,交易各方就力求降低交易费用,使资源流向使用的产出最大、成本最小的地方,达到资源的最优配置。

4. 产权界定及其效率

当经济学家谈到资源配置时,他们实际上是说产权在经济参与者之间的分配。这是因为,财产是操纵一项事物的排他性的权利,是一种权利,是人类之间的一种基本关系,而不是人与事物的关系。

产权可以是排他的,这意味着两个人不能同时拥有控制同一事物的权利。但这并不意味着权利是无限的,因为社会在赋予其成员以权利时,仍然限制了他的活动范围。一个人可能拥有一群牲畜，另一个人可能拥有一块农田，但拥有牲畜的权利绝不包含毁坏别人庄稼的权利。可见，财产权是个人之间的互惠关系。

对于一个产权制度来讲，完备的产权是一个复数名词，它包括：合作权，即在事物所允许的范围内以各种方式所使用的权利；用益权，即在不损害他人的情况下可以享受从事物中所获得的各种收益；决策权，即决定改变事物的形状和内容；让渡权，即通过出租可以把用益权转让给别人或把所有权出售给别人。

按照西方经济学家的观点，产权界定可以归纳为以下五类：

第一，私有产权。指对所有权利行使的决策完全是私人做出的，因而它不意味着所有与资源有关的权利都掌握在一个人手里，私有产权可以由两个或多个人拥有，如地主和佃农的产权就是一种私有产权。尽管拥有私有权就意味着可以排斥他人以同样的权利处置资源，但是，同样的一种有形资产，不同的人拥有不同的权利，只要每个人拥有的权利不重合，则就是一种私有产权。私有产权被认为是一种效率最高的产权制度。

第二，社团产权。指某个人对一种资源行使某种权利时，并不排斥他人对该资源行使同样的权利，或者说，这种产权是共同享有的。由于社团产权在社团内部不具有排他性，因此，这种产权常常给资源的利用带来"外部影响"。空气是公有的，结果个人并不对排放有害他人的气体负责，造成污染；如果水塘里的鱼属于社团内部的，那么人们就会出现竭泽而渔的行为。因此，对社团产权的安排至关重要，有较好制度约束的社团产权并不一定会造成这种现象。

第三，集体产权。指行使对资源的各种权利的决定必须由一个集体做出，由集体的决策机构以民主程序对权利的行使做出规定和约束。这种集体产权通常将采纳某些投票表决程序，选出一个代表各个成员的"委员会"，对于如何行使产权以及如何有效地利用资源和财产的问题，委员会都将通过民主表决程序进行决策。多数情况往往能达成满意的结果，如有不同意见则可以通过"弃权"的手段转让他的权利。股份公司的产权是典型的集体产权。在股份公司里表达不同意见是通过转让股票，让渡股权，即"用脚表决"。

第四，可交换的产权。指可以按照市场规则，可以依法自由转让的财产权。私有产权、社团产权和集体产权都存在着可交换和不可交换两种可能。就私有产权来讲，不可交换的产权可能会给产权拥有者个人带来麻烦，而如果产权是可以转让的，那么通过其中某些权利的变动或交换，可使当事人的福利得到改善。

第五，排他性的产权。指产权的界定是明晰的，其财产的占有、使用、受益、处分的权利可以规定为明确主体——私人或集团。排他性产权是可转让性产权的必要条件，如果产权是非排他的，那么，就不能有效地阻止他人"搭便车"，这种产权的市场价值就为零，实际上也就不存在产权，更谈不上产权效率。但是，社团产权可能允许排他，也可能不排他。显然，对于"公共产品"安排排他性的产权是经济的。

产权既然是一个社会所强制实施的选择一种经济品的使用权利，那么产权的变动就会带来经济效率的变动。德姆塞茨的研究表明：产权的交易过程会导致效率的提高。作为资源配置的结果，通过产权交换，每个当事人都能得到更多福利。因此，通过产权交易带来的新的资源配置就优于原来的配置。换句话说，如果要使经济效率的潜力发挥出来，产权结构的某些变化是必需的。另外，产权保护对于保证产权效率也是至关重要的。

3.6 制度创新理论

20 世纪初期，当代自成体系的西方经济学家熊彼特提出了创新的概念。他认为，创新是指企业对生产要素的新组合，它是一个经济概念，而不是一个技术概念，它不是指技术上的某种新发明，而是指把新的发明引入经济之中。按照熊彼特的理解，创新就是建立一种新的生产函数。"这个函数是描述产品数量随着生产因素的变化而变化的情况。如果我们不说生产因素的数量，而改变这个函数的形式，我们就有着一个创新……。创新是把生产因素按一种新的方法组合起来，它包含着新的组合之实现"。[①] 这就是说，把一种从来没有过的关于生产因素和生产条件的"新组合"引入生产体系，而作为资本主义"灵魂"的"企业家"的职能，就是实现这种"创新"，引进"新组合"。

在熊彼特的创新理论中，把创新看作是企业家对新产品、新市场、新的生产方法和组织的开拓以及对新的原材料来源的控制。所谓的"创新""新组合"或"经济发展"，在本质上是一样的，它包括引进新产品、引用新技术或新的生产方法、开辟新市场、控制原材料的新供应来源、实现企业的新组织五种情况。

熊彼特创新理论的特点，就在于他把创新视为企业家的唯一职能，赋予传统的企业家概念一个新的理解，特别强调企业家的职能就是实现"创新"，认为"创新"是一个"内在的因素"，"经济发展"是"来自内部自身创造性的关于经济生活的一种变动"，引进生产因素和生产条件的"新组合"，是资本主义经济发展的唯一内在动力，一旦失去了追求"新组合"的动因，资本主义经济就难以为继。

熊彼特的创新理论在当代西方经济学界有很大影响，美国经济学家道格拉斯·诺斯和兰斯·戴维斯，以熊彼特的创新理论为基础，于1971年合著出版了《制度变革与美国经济增长》一书，比较系统地阐述了制度创新理论。

所谓制度创新，就是指能够使创新者获得追加利益的现存制度的变革。诺斯和戴维斯认为，制度创新与技术创新十分相似，其相似性表现在三点：①技术创新往往是技术上一种新发明的结果，而制度创新也往往是制度上的一种新发明的结果；②技术创新往往需要在已知的几种可供选择的可能性之中进行选择，制度创新也是如此；③正如一个行业的技术创新可能引起另外一些行业的技术创新一样，一个行业的制度创新也可能引起其他行业的制度创

---

①熊彼特.经济周期：第1卷〔M〕.纽约，1939：87-88.

新。

他们认为，制度创新同技术创新不同的地方，在于创新的时间同物质资本之间的关系不同。制度创新的时间不取决于物质资本寿命的长短，而技术创新的时间则依赖于此。

根据诺斯和戴维斯的定义，制度创新理论中所说的制度，是指具体的政治经济制度，而不包括作为背景的社会政治环境。在他们的理论中，假定社会政治环境为已知，有三个因素促进了制度创新：①"市场规模的变动能够改变制度方面一定安排的收益和成本，获得情报的成本和排斥局外企业的成本，并不随着交易额的增加而同比例地增加"；[1] ②生产技术的发展能够改变现存制度条件下成本和效益之比，从而引起对制度创新的需求；③由于一定的社会集团对自己的收入的预期发生变化，从而引起他们对现存制度条件下的成本和收益之比的看法做普遍的修正。

诺斯和戴维斯指出，制度创新的首创人可称为"第一行动集团"，这是在决策方面支配着制度创新过程的一个决策单位，它能预见到潜在利益的存在，并认识到只要进行制度创新就可以得到这种潜在利益。"第一行动集团"中至少有一个成员是那种从事创新的、有冒险精神和组织能力的"企业家"。由于制度创新的特点，仅有"第一行动集团"是不够的，还需要有"第二行动集团"作为协助。按照诺斯和戴维斯的解释，所谓"第二行动集团"就是在制度创新过程中，为帮助"第一行动集团"获得预期纯收益而建立的决策单位。制度创新是在"第一行动集团"和"第二行动集团"共同努力之下实现的。制度创新实现后，"第一行动集团"和"第二行动集团"之间可能进行追加的收益再分配。

诺斯和戴维斯认为，经过制度创新，就会出现制度均衡局面，即这时无论怎样改变现存制度，都不会给从事改革的人带来追加的利益。但制度均衡不是永恒不变的，如果下列三种情况之一发生变动，制度均衡就会被打破。

---

①傅殷才.制度经济学派〔M〕.武汉：武汉出版社，1997：181.

（1）由于生产技术方面的变化。

（2）由于制度方面出现新的发明，或发生新的组织形式和经营管理方式，等等。

（3）由于法律和政治情况的变化而使社会政治环境发生变化。

因此，制度发展的过程就是从制度均衡到制度创新，从制度创新再到制度均衡，再从制度均衡回到制度创新的过程。

3.7 中国企业的制度创新

我国的改革首先是从农村开始的，实行家庭联产承包责任制的成功效应，极大地推进了城市经济体制的改革。城市体制改革的中心环节是增强国有企业的活力，改革传统的国有企业制度。

我国企业的改革从 1978 年开始，经历了放权让利、承包经营责任制、股份制试点和制度创新四个阶段。[①]

1. 放权让利的企业改革

国有企业改革是从 1978 年开始的，这一阶段企业改革的主要内容是放权让利，1978 年四川省六家企业的放权让利改革引起了很大反响。为了总结经验，进一步搞好放权工作，1979 年 4 月，国家经委在北京召开了企业管理体制改革试点座谈会。会议指出：改革现有企业的管理体制必须扩大企业经营管理自主权。同年 5 月，国家经委等部门按照《关于企业管理改革试点座谈会纪要》，提出改革内容和要求，在京、津、沪选择了 8 家企业进行扩大企业自主权的试点。

1979 年 7 月，国务院颁布了《关于扩大国营企业经营管理自主权的若干规定》等五个文件，这五个文件的颁行进一步推进了试点工作的开展。到 1979 年，全国扩权试点企业达到了 4200 家，1980 年 6 月又发展到 6600 家。

---

①白永秀.中国现代企业制度研究〔M〕.西安：陕西科学技术出版社，1994：132.

1980 年 9 月，国务院批转了国家经委《关于扩大自主权试点工作情况和今后意见的报告》。1981 年 5 月，国家计委等 10 个部门联合印发《贯彻落实国务院有关扩权文件，巩固扩权工作的具体实施办法》，在计划、利润留成、产品销售、新产品、人事劳动等 12 个方面，做了进一步明确的规定。

1984 年 5 月 10 日，国务院发布了《关于进一步扩大国营工业企业自主权的暂行规定》，第一次以行政法规的方式明确规定了企业经营管理自主权的 10 个方面，如资产管理、机构设置、劳动人事等，由此把扩权让利由试点推向了全面实行。

2. 承包经营责任制的推行和完善

1984 年 10 月 20 日，党的十二届三中全会通过并颁布了《中共中央关于经济体制改革的决定》（以下简称《决定》）。《决定》的发布，标志着我国企业改革进入了全面改革的新阶段。在《决定》的推动下，国有企业改革也由起步阶段的放权让利，开始逐步向承包制转换。

1987 年 3 月，六届人大五次会议通过的《政府工作报告》提出，1987 年企业改革的重点是完善企业经营机制，根据所有权与经营权相分离的原则，认真实行多种形式的承包经营责任制。1987 年 4 月，国务院委托经委召开全国承包经营责任制座谈会，具体部署与安排了全面推行承包经营责任制工作。此后，承包制便在全国大面积地推行。

1988 年 2 月发布《全民所有制工业企业承包经营责任制暂行条例》（以下简称《条例》），对承包内容进一步做了明确规定：包上缴利润，包完成技术改造任务，实行工资总额与经济效益挂钩。同时《条例》还对承包形式、承包经营合同做了明确规定，并将承包制逐步纳入法制轨道。

3. 股份制的试点工作

1984 年 4 月，城市经济体制改革座谈会以后，股份制试点工作也由此起步。1984 年 7 月，我国第一个股份公司——北京天桥百货股份有限公司正式成立，随后上海、广州、沈阳等城市也相继出现了股份制企业。

1987 年党的十三大以后，各地股份制试点工作在各地逐步展开。据统计资料表明，到 1991 年年底，全国 34 个省区市和计划单列市，共有各种股份制试点企业 3220 家，其中工业企业 1781 家，占试点总数的 55%；商业企业 942 家，占 30%；金融企业 171 家，占 5%；此外建筑行业 58 家，交通运输企业 28 家，其他行业 240 家。

在这一阶段，除推选承包制和股份制试点工作以外，不少地区还积极大胆地探索，分别采取了租赁经营制、企业横向联合、企业兼并等形式。

4. 企业制度创新的尝试

通过承包制的推选与完善、股份制试点工作的全面推行，我国在企业转换经营机制方面取得了明显的进展。从理论上，越来越多的人把发展股份制企业看成是理顺产权关系的有效途径，对股份制经营方式作用的认识也越来越全面和深刻。

1992 年 7 月 23 日，国务院制定并颁发了《全民所有制工业企业转换经营机制条例》。此后，各地围绕条例，进行了积极而有益的探索。1992 年，国有企业在加强外部改革的同时，明确提出了加快以劳动制度改革、人事制度改革、分配制度改革为内容的"三项制度"改革。在劳动制度改革方面，打破国有企业长期实行的"铁饭碗"，实行企业管理人员聘任制；在分配制度方面，打破长期存在的"大锅饭"，形成收益与效益相挂钩并相互约束的机制。

党的十四大报告明确提出了转换政府职能的任务。十四大以后，各地区以重塑国有企业经营机制和国有资产产权制度创新为改革方向，进行政府职能的分解与分类。随着政府职能转换的推进，政府对国有企业直接干预减少，市场机制配制资源和调节供求关系的作用进一步增强。

1993 年 11 月，中共中央召开了十四届三中全会，会议通过了《中共中央关于建立社会主义市场经济体制若干问题的决定》（以下简称《决定》）。《决定》明确指出，国有企业改革的方向是建立现代企业制度，并对现代企业制度改革的内涵、特征、形式做了具体说明。此后学术界围绕着现代企业制度的建立展开了热烈的讨论，各地区围绕着贯彻落实《决定》精神这一中心任务积极地开展企业内部制度创新的活动。

建立现代企业制度，是我国企业包括国有企业改革的方向。这表明我国国有企业不再沿袭承包制这一导致企业短期行为和国有资产大量流失的落后形式，实现改革思路从放权让利到制度创新的重大转变。

那么，什么是现代企业制度呢？对此，国内外学者有不同的理解。美国经济学家钱德勒在他的名著《看得见的手——美国企业中的经理革命》中，对美国现代企业法人制度形成的历史进行了细致的分析。他指出：现代公司源于 19 世纪 80 年代开始的大规模生产和大规模销售的结合。在公司从事多方面的经营活动的情况下，企业经营管理只能交由专业经营人员来负责，于是，公司制企业就从旧时的"企业主企业"（Entrapreneurial Entarprises）演变为现代的"经理人员企业"（Mannagerial Entarprises）了。[①]

据此，有人认为，西方学者把现代企业制度看作是建立在公司制企业制度基础上的现代法人公司制度。

国内的经济学家对现代企业制度的界定，大致有五种代表性的观点：①现代企业制度就是现代公司制度。它是在 16 世纪末、17 世纪初诞生的西欧特许贸易公司的基础上，经过数百年的发展逐步形成的。②现代企业制度是与市场经济相适应的企业组织形式或企业制度。具体说来，它是适应社会化大生产和市场经济发展要求的产权明晰、权责明确、政企分开、管理科学的企业制度。③现代企业制度就是法人企业制度。在这种制度下的企业是自主经营、自负盈亏的法人实体。④现代企业制度是一个时空概念。它首先是一个时间概念，是指处于现阶段的公司制；同时又是一个空间概念，是指世界范围内，符合国际惯例的现代企业制度。⑤我国所要建立的现代企业制度是适应社会主义市场经济要求的企业制度。它是以社会主义市场经济为环境的产权明晰、权责明确、政企分开、管理科学的一种企业制度。在这种企业制度下，企业自主经营，自负盈亏，面向市场，按市场要求组织生产和从事经营，以追求市场效益最大化为主要目标。

我们认为，现代企业制度是以公司制为主体的产权清晰、权责明确、政

①钱得勒.看得见的手——美国企业中的经理革命〔M〕.北京：商务印书馆，1987：1-6.

企分开、管理科学的企业经营制度。理解这一概念需要把握以下几个要点：

（1）现代企业制度的主体是公司制，而公司是以盈利为目的、以资本联合为基础、按照法定程序组成、具有法人资格的经济实体，其核心是法人治理结构。

（2）现代企业制度的参照系数是近代公司制，从其外部的经济环境来看，它比近代公司制所要求的社会化程度更高，市场经济也更为发达。

（3）现代企业制度的特征是产权清晰、权责明确、政企分开、管理科学。这四个方面相互联系、相互促进，构成有机的统一。明晰的产权关系是现代企业制度的核心；责权清楚、利益明确是现代企业制度的内在要求；政企分开是现代企业制度的保证；管理科学是现代企业制度的生命线。

3.8 国有企业股份制改革的深层次矛盾

国有企业股份制改革的深层次矛盾体现在以下几个方面：

（1）微观上追求局部经济利益与宏观上注重社会整体利益的矛盾。

对于市场经济国家来说，股份制的高效运行是以公司企业不同经济利益主体的存在为前提的，企业生产什么、生产多少、为谁生产，完全取决于生产过程局部利益的大小。也就是说，股份制的运行明显地体现出经济主体之间利益的差异性。这种极端的利益差异性突出地表现在两个方面：一是企业制度演进的必然结果。企业作为盈利性经济组织出现在国家经济生活中，本身就是以利益差异性为前提的，而利益差异性的存在又成为企业制度变化的内在动力。我们知道，从原始企业制度到现代企业制度，先后出现了业主制企业、合伙制企业、公司制企业三种形式，它们都是为了适应生产力发展的不同水平，满足不同经济主体追求不同经济利益的欲望，实现资本的价值增值。二是从股份制企业的治理结构来看，利益差异性表现尤为突出。股东与公司、经营者之间各有自己的特殊目的和不同的复杂来源。由于所有权和经营权的分离，股东作为投资的财产交给公司后，该财产即构成公司的资产，股东不再直接控制和支配这部分财产，但以其投入的资金或持有的股份为最大界限，承担有限责任。股东的收益来源于公司派发的股息红利和二级市场低进高出的差价。对股东来说，股息红利的多少取决于公司的经营状况。公司的经营状况良好，可供股东切割的蛋糕大，股东所得到的份额就多；反之，就无利可分。另外，成长性好的公司股票也会在二级市场受到投资者的追捧，股票的价格持续上涨，持有者自然也易获得更多的价差收益。因此，股东的经济利益与公司的经营状况是密切联系在一起的。

从掌管经营大权的经营者来看，他们的经济利益来自工资、奖金和各种福利补贴。他们倾向于利用股东投入的资本参与市场竞争，求得公司的快速发展，创造良好的经营业绩提高公司的知名度，使其报酬和待遇大幅度提高。在经营者内部，董事一般是集团利益的集中代表，其行为不可避免地带有"功利性"和某种偏见。同时，股东和经营者在利益数量上也有差别甚至差别悬殊。这就表明，股份制运行过程中的一个重要机制就是利益差别的特殊地位，它最大限度地追求局部的经济利益。对于那些宏观社会效益高、微观经济效益低的企业、行业的生存与发展，股份制是无能为力的，这就需要国家从长计议，对这类企业、行业实行特殊性政策。

公有制为主体多种所有制经济共同发展是社会主义的基本经济制度，它的内在规定性要求在保证和发展国家利益的前提下，最大限度地满足和发展生产单位和劳动者个人的利益，在实现社会整体利益的前提下体现局部经济利益的差别性。

因此，在国有企业股份制改革中，存在着微观上追求局部经济利益和宏观上注重社会整体利益的矛盾，其焦点在于：前者强调局部利益，后者注重整体利益。

（2）股份制企业生产的盲目性与公有制要求保持供求相对均衡的矛盾。

在市场经济条件下，股份制企业是独立的法人实体和市场竞争的主体，追求利润最大化的目标使企业只愿生产价高利大的产品。这种机制必然导致这样一种局面：当某种商品价高利大时供过于求，生产出现相对过剩；当某种商品价低利小时，供不应求，满足不了社会需要。当然市场经济的实质也要求生产符合社会需要。但是，生产和需要之间是通过市场来联结的，各企业是随着市场的供求状况和价格信号的变化来进行生产决策的，而市场调节是一种事后调节，这种调节是通过市场价格的涨落来实现的。在一个生产过程结束之后，由于供给与需求之间可能不一致，从而导致价格的变动。价格的变动又反向地影响供求关系：或抑制需求，刺激生产；或刺激需求，抑制生产。价格变动通过影响供求关系，进而影响下一轮生产过程，而在前一轮生产过程中，由于产品不对路或生产与需求不相适应，就有可能出现损失。另外，瞬息万变的市场价格只能反映市场供求的短期数量变化，不能反映供求的长期态势。股份制企业只能根据眼下的价格高低来决定以后的生产经营，而无法判断消费者未来的商品需求状况。等到企业捕捉到市场下期反馈回来的信息时，市场状况又会发生新的变化。这是因为"在现实世界中，竞争远不是'完全'的"。股份制企业"不知道消费者的爱好在何时变动，因此，它们可能过多地生产某一类物品，而过少地生产另一类物品。当它们积累到经验的时候，情况可能已经又变动了"。① 在这种情况下，出现生产与需求的脱节是不可避免的。

社会主义公有制的属性要求生产总值符合需求总量，要求生产结构符合需求结构，这是供求规律作用在公有制下的具体表现。马克思在《资本论》第三卷详细论述了供给和需求的均衡问题。马克思在《资本论》中指出：从单个生产部门来讲，"如果供求之间的比例，使某个生产部门的商品总量能够按照它们的市场价值出售，既不高，也不低，供求就是一致的"。② 从所有生产部门来讲，"如果商品都能够按照它们的市场价值出售，供求就是一致的"。③ 供求均衡的实现是通过市场竞争完成的。从供给方面看，要实现供求均衡，就必须通过卖者之间的竞争即"要求各个卖者互相施加足够大的压力，以便把社会

①萨缪尔森.经济学：上册〔M〕.北京：商务印书馆，1979：68.
②马克思.资本论：第3卷〔M〕.北京：人民出版社，2004：210.
③马克思.资本论：第3卷〔M〕.北京：人民出版社，2004：211.

需要所要求的商品量，也就是社会能够按市场价值支付的商品量提供到市场上来。……如果产品量不够大，就是说，如果卖者之间的竞争压力没有大到足以迫使他们把这个商品量带到市场上来，商品就必然会以高于它们的市场价值出售"①。从需求方面看,供需均衡是"在需求恰好大到足以按这样确定的价值吸收掉全部商品的前提下，在实际市场上是通过买者之间的竞争来实现的"。②马克思指出，为了保持供求平衡，"在需求方面有一定量的社会需要，而在供给方面则有不同生产部门的一定量的社会生产与之相适应"。③商品价值的实现过程，是在流通领域通过供求规律实现的，而供求规律"所影响的不是个别商品或物品，而是各个特殊的因分工而互相独立的社会生产领域的总产品；因此，不仅在每个商品上只使用必要的劳动时间，而且在社会总劳动时间中，也只把必要的比例量使用在不同类的商品上"。④

如果某一种商品生产过多，超过了社会必要量，使其供过于求，只能以低于其价值去实现；相反，如果某种商品供不应求，则该商品可以高于其价值去实现。

因此，在一定意义上讲，存在着股份制企业生产的盲目性与公有制要求保持供求相对均衡的矛盾。其焦点在于：前者往往出现供求失衡，后者要求保持相对均衡。

（3）股权交易不对等与公有制要求劳动公平交易的矛盾。

股份制企业运行过程中的不平等性表现在两个方面：一是等价交换原则与公有制等量劳动相交换之间存在着矛盾；二是股份制运行过程中股市运营原则与国有股权管理分类原则的矛盾。

众所周知，公有制是以按劳分配即等量劳动相交换为本质特征的。对于社会主义分配制度，马克思指出："劳动时间的社会的有计划的分配，调节着

①马克思．资本论：第 3 卷〔M〕．北京：人民出版社，2004：201-202.

② 马克思．资本论：第 3 卷〔M〕．北京：人民出版社，2004：206.

③马克思．资本论：第 3 卷〔M〕．北京：人民出版社，2004：209.

④马克思．资本论：第 3 卷〔M〕．北京：人民出版社，2004：716.

各种劳动职能同各种需要的适当的比例。另一方面，劳动时间又是计量生产者在共同劳动中个人所占份额的尺度，因而也是计量生产者在共同产品的个人可消费部分中所占份额的尺度"。① "生产者的权利是同他们提供的劳动成比例的；平等就在于以同一尺度——劳动来计量"。② 只是付出一定量的劳动，就可以从社会领回等量劳动相交换的消费资料。这就是说，在社会主义市场经济条件下，公有制的等量劳动相交换原则是通过市场经济的等价交换原则实现的。等量劳动交换的对象是劳动，等价交换原则与少量劳动交换原则之间存在着矛盾。股份制企业的迅速发展，依赖于股票市场的发育和完善，可以说，股票市场与股份制企业的发展相辅相成、不可分割。股票市场是股份制企业资本运营的重要场所，而股票市场发育的程度又直接关系到股份制企业经营机制的规范化。需要指出的是,股票市场的形成是以股权的交易和流动为前提的。如果股权不能正常交易，股票市场的有效性就会大打折扣，甚至会导致其局限性的扩张和放大，使股票市场成为少数人操纵牟取投机暴利的资本场所。

在这方面，我国国有企业股份制改革中存在的主要问题是"三股鼎立"，即人为地把股权分为国家股、法人股和社会公众股，而且规定国家股和法人股不能上市流通和交易。结果，上市交易的社会公众股仅仅占股票总额的 25% 左右，其价格也远远超过了国家股和法人股的价值，这既与规范化的股份制要求同股同权同利的原则相悖，也在很大程度上刺激了投资者的投机心理，使股权的不平等性越来越充分地表现出来。

因此，股权交易的不对等与公有制要求劳动公平交换是相矛盾的，其焦点在于：三股并存在形式上平等的背后掩盖着事实上的不平等；公有制不仅要求形式上平等而且也要求事实上平等。

（4）国有企业股份制改革中筹措资金的强烈愿望与转变机制相对滞后的矛盾。

对于国有企业来说，股份制有两大功能：一是通过发展为有限责任公司

①马克思．资本论：第 1 卷〔M〕．北京：人民出版社，2004：96.
②马克思，恩格斯．选集：第 3 卷〔M〕．北京：人民出版社，1995：304.

或股份有限公司，开辟国有企业融通资金的渠道，解决国有企业资金短缺的老大难问题；二是转换国有企业经营机制，建立"产权明晰、权责明确、政企分开、管理科学"的现代企业制度。二者权衡，前者是手段，后者是目的，其重点应该是转变机制，而不是筹集资金。

从国有企业股份制改革的实际情况来看，筹资的功能发挥得比较充分，仅1997 年发行股票所筹集到的资金就达 1325 亿元，相当于前 6 年筹集资金的总和，其中大部分注入到了原国有企业，而且由于股票上市额度短缺，各地股份制改造的企业上市实行配额制，上市的"壳"成为稀缺资源，使上市公司具有很强的通过股票市场进一步融资的愿望，具体表现为：第一，充分使用配股权利。凡净资产收益率超过 10%、具有配股资格的上市公司，不管企业发展是否需要配股，都毫无例外地申请配股。第二，千方百计提高配股价格。证监会只规定了配股价的低限，即不得低于"本次配股前最新公布的公司财务报告中的每股净资产"，并未规定配股价格的上限。这就使上市公司最大限度地抬高配股价格，以至于出现了二级市场股价低于配股价、承销商无法全额配售的格局。第三，一味挖掘"壳"的潜力。通过所谓"资产重组"等形式，转嫁亏损危机。这些都表明：股票市场成为股份制企业取之不尽、用之不竭的"圈钱"工具，筹集资金成为股份制企业的头等要事。①

相比之下，国有企业在股份制改革中转变机制方面显得滞后。例如，法人治理结构形同虚设，名义上也建立了股东会、董事会、监事会、经理人等各种机构，但实际上还是国有股东说了算。因为国家股一直处于控股地位，1992年国有股占 51.3%，到 1998 年中期下降到 34.06%，但仍是第一大股东，而国有股的代表大多是原国有企业的负责人，他们既是新组建的股份制企业的董事长又是总经理，其任命权仍在政府。在行为方式上，替政府负责自然取代了为股东负责，政企不分的问题依然存在，结果是"穿新鞋，走老路"。

因此，股份制企业筹措资金的强烈愿望与转变机制的目标是相矛盾的，

---

① 王军旗，郝万禄.国有企业股份制改革中存在的深层次矛盾〔J〕.理论导刊，200（2）.

其焦点在于：前者注重开辟融资渠道，源源不断地从股市获得成本价很低、不需要还本付息的资金；后者要求建立规范化的法人治理机制，优化资源配置，促使企业步入良性运行轨道。

上述矛盾的存在，严重地制约了国有企业股份制改革事业的发展，也影响了证券市场的进一步完善。只有正视这些矛盾，从剖析深层次矛盾入手，全方位地深化改革，使其整体优化，才能使股份制这棵参天大树茁壮成长。

3.9 对热点问题的冷思考

1. 先嫁靓女还是先嫁丑女

在股份制改革中，是先嫁靓女还是先嫁丑女，一直是人们关注的热门话题。有一种观点认为，选择效益高、基础好的国有企业进行股份制改造，无异于将支撑国有经济的肥肉拱手让给市场，留下的"丑女"成为"父母"（即国家）沉重的心理负担。还有的人进一步分析了靓女出嫁后的结局——不生孩子，即效益好的国有企业实行股份制改革，并没有带来新的效益，甚至今不如昔，掉膘消瘦，效益滑坡，转盈为亏了，认为靓女先嫁了，丑女自然不会甘心老死在娘家，便会凭借发达的包装术来滥竽充数，披上美丽的外装，加入靓女行列出嫁，更不会生孩子。[1]

笔者认为，这种观点有失偏颇，这里需要明确三个问题：

第一，"嫁"是坏事还是好事？假定说，"嫁"是坏事，"嫁"等同于把良家女子推入火坑，那么无论是"靓女"还是"丑女"都不该"嫁"，先"嫁"是先坠入火坑，"晚嫁"只不过晚一些坠入火坑而已。然而，"嫁"并非坏事。[2]到目前为止，人类还未发明比股份制更好的资产运作方式，如果死死拴住女儿不嫁，有可能使其成为"老姑娘"，甚至于老死在娘家。

---

①胡培兆.股份制试行的陷阱〔J〕.经济理论与经济管理，1999（3）.

②厉以宁.经济漫谈录〔M〕.北京：北京大学出版社，1998：69.

第二，如果嫁是好事，那么该不该先嫁"靓女"？把"丑女"先嫁出去，自然是一种美好愿望，但事实上愿意娶"靓女"者多于愿意娶"丑女"者，谁也不愿意把资金投在预期亏损企业里，何况没有连续三年盈利，连嫁的资格都没有。只有先"嫁""靓女"才能鼓舞人们的投资信心，促进股份制这一新生事物健康向前发展。

第三，靓女嫁出以后到底有没有生孩子？这有一个比较的方法问题。有的人举例说，华东某一国有大型钢铁公司效益一直不错，属靓女者流，1993年改制为国家控股股份公司，1994 年净资产收益率 7%，每股收益 11.61 分，随后大滑，净资产收益率均不到 1%，每股收益大大低于同期银行存款利率，1995 年每股只有 0.67 分，1996 年 1.26 分，100 股收益 1.26 元，大致相当于同年一年期存款的 1/8（胡培兆，1999）。这种纵向比较是缺乏说服力的。企业效益滑坡，原因是多方面的，既有体制转换、包袱过重方面的问题，也有市场状况变化、技改落后方面的因素，把板子仅仅打在股份制身上显然不合情理。事实上，股份制企业与非股份制企业相比，在资产负债率、平均盈利率等方面，都具有相当大的优势。

因此搞股份制没有错，挑选效益好的企业进行股份制改造，符合市场运作规律。国家的任务就是防止"丑女"包装上市，确保"优胜劣汰"机制在证券市场上畅通无阻。

2. 政府的角色定位

股份制的发展需要政府的扶持和协调，这是已被西方发达国家反复证明了的。但是，怎样把握好调节的"度"呢？习惯于计划经济纵向控制的我国政府机构，在股份制发展的问题上，似乎存在着角色错位现象，具体表现在以下几个方面：

第一，行政干预色彩太浓。我国股市的暴跌暴涨，一方面反映了投资者的投机心理严重，另一方面也说明政府的调控方式不科学。

第二，上调节奏的调控不当，痛失国有企业重组上市的良机。1995 年以来，至少有三次比较好的机会：一次是 1996 年 10—12 月；第二次是 1997 年

5—6 月；第三次是 1999 年 6 月。这三次都是投资者蜂拥而至，股票价格的飙升时期，此时正是加快国有资产重组上市的大好机会，既可以通过经济手段给过热的股市降温，也可高价卖掉国有企业的实物资产，迅速完成国企改革的战略性转移。但政府对股市的调控显得反应迟缓，往往"声嘶力竭"地打出"高风险"的牌子，阻止投资者涌入市场，挫伤了人们的投资积极性，而当股市步入低迷状态，再通过其他利多措施吸引投资者已非易事。

第三，法律制度不健全，有悖于"公正、公平、公开"原则的落实。

政府的角色错位，妨碍了证券市场功能的充分发挥，需要加以校正。我们认为，在股份制发展过程中，政府应该扮演裁判员的角色，其主要职责是制定比赛规则，维护比赛秩序，对违规行为进行处罚。除此以外，应该让市场自行调节。当然，我们这样讲，并不排除在异常时期，政府通过公开市场业务对证券市场进行适当的干预。

2. 国有控股问题

我国股份制改革，是与国有企业紧密联系在一起的。就上市公司而言，国有股一直占很大的比重。据统计，从总体上来讲，国有股比重 1992 年是 51.31%，1998 年中期是 34.05%，6 年间国有股比重尽管下降了 17.26%，但从单个股东来看，仍处于第一大股东的地位。因此，国民经济的命脉是掌握在国家手里的，而"国家和集体控股，具有明显的公有性，有利于扩大公有资本的支配范围，增强公有制的主体地位"。[①]

问题在于，我国发展股份制要不要国家控股的上市公司占绝对优势？国有股有没有必要在一切行业和领域占控股地位？回答这个问题涉及对"国有经济控制力"的理解。

笔者认为，所谓国有经济的控制力就是国有经济控制国民经济命脉的力量，它包括垄断力、控股力和竞争力三个方面。垄断力就是对国防工业、基础设施、石油工业以及造币业等生产公共物品的企业实行国家垄断经营；控股力

---

①江泽民.高举邓小平理论伟大旗帜，把建设有中国特色社会主义推向二十一世纪〔M〕.北京：人民出版社，1997.

就是对关系国民经济命脉的重要行业和关键领域，实行国家控股，这些领域包括能源、交通、通信、原材料、高新技术等基础产业、支柱产业和先导性产业；竞争力就是国有经济从大量竞争性、盈利性产业中逐渐退出来，让非国有经济公平竞争、优胜劣汰，达到"有所不为有所为"、集中优势兵力打歼灭战的改革目标。

基于这样的理解，笔者认为，在国有企业股份制改革中，需要确立下列思路：一是打破股份制改革中的所有制"壁垒"，允许各种经济成分公平有序地开展竞争，凡符合条件，不管是什么性质企业都允许上市挂牌交易。二是对现有的国有经济进行战略性改组，采取"一分为二"的策略：第一类改为国有独资公司，由国家垄断经营，不允许非国有经济参与；第二类仍由国家控股，国家当第一股东，允许集体、个体、外资参股；国有经济从第三类逐渐退出，让位于非国有控股，充分发挥其机制灵活的作用。只有这样，才能增强国有经济的控制力和竞争力，促进国有企业步入良性循环的轨道。

4. "新三会"与"老三会"的协调

规范化的股份制企业实行法人治理结构，股东会、董事会、监事会"三权鼎立"，各负其责、协调运转、相互制衡。股东会由股东代表组成，作为所有者，对企业拥有最终控制权，是股份制企业最高的权力机构。股东会选举产生董事会，董事会是股份制企业的经营决策机构，它的职能就是维护出资人的利益，替股东会负责。董事会对公司的发展目标和重大经营活动做出决策，聘任经理人，并对经营者的业绩进行考核和评价。监事会是公司的监督机构，其职能是约束和监督董事、经营者的行为及活动，保证出资者的合法权益不受损害。

我国的情况具有特殊性，大多数股份制企业都是由公有制企业转换而来的，政企不分的问题特别突出。尽管许多股份制企业也建立了法人治理结构，但由于国有股占的比重过大，股东会、董事会和监事会形同虚设，法人代表实际上还是由政府部门任命的，这就必然与传统计划经济体制的党委会、工会、职工代表大会发生矛盾和摩擦。由于党委会的插入，在股份制企业中出现了两难选择：如果给党委会实质性的权力，它就会成为凌驾于股东会、董事会、监事会之上的领导者；如果不给其实质性权力，它就会成为"空中楼阁"，执政党的地位就很难在微观机制中体现出来。在实践中，许多股份制企业的党委书记、董事长和总经理由一人担任，并由上级党委任命，高度集权的结果强化了"内部人控制"，使上百名企业的"最高领导人"携带巨款外逃，极大地损害了出资人的利益。

解决股份制企业中"新三会"与"老三会"的矛盾，中央提出了"双向进入"的方法，即党委书记可以通过法定程序进入董事会、监事会，董事会和监事会都有职工代表参加，董事会、监事会、经理人及工会中的党员负责人，可依照党章和有关规定进入党委会，这样既有利于充分发挥董事会的决策作用和监事会的有效监督作用，又在股份制企业里体现了执政党的意图，不失为一种治标之策。但从股份制未来的发展趋势看，"双向进入"法很难实施，因为随着国有股、法人股的流通，国有股的统治地位必然发生动摇，取而代之的将是第一大股东的多元化。因此，改变国有股、法人股"一手遮天"的格局，实行股权面前人人平等，在证券市场竞争和角逐中产生股份制企业的管理人员将是发展的必然趋势。

3.10　制度创新是全面深化改革的关键

党的十八届三中全会《中共中央关于全面深化改革若干重大问题的决定》（以下简称《决定》）中蕴含的制度创新思想，表达了我们党以更大的政治勇气和智慧推进改革开放的决心和信心，形成了改革理论与政策的新的重大突破。

（1）制度创新体现了我们党遵循人类社会历史发展规律的高度政治自觉。人类历史进程受内在一般规律支配，历史的结局能否和人们的预期高度吻合，主要取决于历史的创造者能否正确认识和尊重客观规律。推进制度创新，体现了我们党对人类社会发展规律、社会主义建设规律和共产党执政规律的深刻认知和自觉运用。马克思主义认为，发展的内在动力是生产力与生产关系、经济基础与上层建筑这一社会基本矛盾，解决矛盾的根本途径是通过革命或改革，以一种新的社会制度代替旧的社会制度或是在一社会制度内部进行调整变革。从制度演进的角度看，即表现为制度创新。对此，习近平总书记指出："坚持和发展中国特色社会主义，必须不断适应社会生产力发展调整生产关系，不断适应经济基础发展完善上层建筑。我们提出进行全面深化改革，就是要适应我国社会基本矛盾运动的变化来推进社会发展。社会基本矛盾总是不断发展的，所以调整生产关系、完善上层建筑需要相应地不断进行下去。"[①] 立足制度创新推进全面深化改革，解决好生产关系和上层建筑不适应的问题，体现的正是党对人类社会历史发展规律的深刻把握。

党的先进性是具体的、历史的。马克思、恩格斯在参与组建早期欧洲共产党时，曾对共产党提出了这样的基本要求：在实践方面，他们应该是各国工人政党中最先进的和最坚决的部分，推动所有其他部分前进的部分；在理论方面，他们能够了解无产阶级运动的条件、进程和一般结果。在当代中国，党领导和团结全国各族人民为着实现国家富强、民族振兴、人民幸福的中国梦而奋斗，就必须自觉顺应国际国内形势任务的深刻变化，依靠制度创新推动党和国家事业新发展，以此接受历史和人民的新考验。

（2）制度创新是在新的历史起点上开创社会主义建设新局面的必然要求。

经过 30 多年持续不断的改革开放，我国实现了从计划经济体制向社会主义市场经济体制的历史性突破，但面临的困难也更加集中、任务更加繁重，全面深化改革的重要性更加突出。为此，我们党反复强调必须以更大决心冲破思想观念的束缚、突破利益固化的藩篱，强调必须始终把改革创新精神贯彻到治国理政各个环节，不断推进理论创新、制度创新、科技创新、文化创新以及其他各方面创新，强调必须在牢固树立制度自信的基础上不断推进我国社会主义制度自我完善和发展。只有坚持制度创新，才能让一切劳动、知识、技术、

[①]《习近平强调推动全党学习和掌握历史唯物主义，更好认识规律更加能动地推进工作》，资料来源：新华社北京 2013 年 12 月 4 日电。

管理、资本的活力竞相迸发，激发中国社会的动力活力；只有坚持制度创新，才能让一切创造社会财富的源泉充分涌流，释放持续凝聚共识的改革红利；只有坚持制度创新，才能让发展成果更多更公平惠及全体人民，满足人民对美好生活的向往。

改革深水区意味着今后的改革将更多触及深层次的社会关系和利益矛盾，涉及一系列复杂而敏感的问题，它使得改革的复杂性、艰巨性前所未有，也使得协调各方面利益和达成改革共识、形成改革合力的难度不断加大。发展中的问题只能用发展的办法来破除，改革中的矛盾只能用改革的办法来解决。开创发展新局面，实现改革新突破，必须更加自觉地把握改革开放的规律性，大力推进制度创新，坚决破除一切妨碍科学发展的体制机制弊端，打赢全面深化改革这场攻坚战。

（3）制度创新是以更大的政治智慧和勇气实现改革总目标、总任务的战略举措。

全面深化改革要求加强顶层设计和摸着石头过河相结合，制度创新尤显关键。摸着石头过河的方法，对于推进改革开放曾发挥重要作用，今天仍然没有过时。但随着改革不断深入，只摸着石头过河已不能适应形势和任务的变化，还需要加强改革的顶层设计，在统筹规划中推进改革。顶层设计关注的是全局性、战略性的事项，着力点在制度上。加强顶层设计，就是要对各方面制度做出统筹设计，更加注重改革的系统性、整体性、协同性，努力做到全局和局部相配套、治本和治标相结合、渐进和突破相促进，不断把改革引向深入。

《决定》明确了建立和完善各种具体制度体系的任务，并且对每一个方面的体制或制度改革，又以若干个更为具体的体制机制改革为细化支撑，全面勾画出未来一个时期改革的内容和路径，形成了相互耦合、系统配套的制度改革大格局。全面深化改革不是某个领域某个方面的单项改革，而是推进所有领域工作的全方位改革；不是某些政策法规的修修补补，而是革除体制机制障碍的攻坚之战，其目的是要适应时代发展要求，通过既改革不适应实践要求的制度和体制机制，又不断构建新的制度和体制机制，使各方面制度和体制机制更加科学、更加完善，实现党、国家、社会各项事务治理制度化、规范化、程序化。全面深化改革追求的是各个领域的"制度成长"，其精髓就是制度创新，就是要将我国的综合竞争力从器物层面上升到制度与精神层面，在新的时代条件下进一步重塑我国的制度比较优势。①

（4）制度创新是避免"低效治理困境"的必然选择。

制度依赖（System Dependent）是指制度在发展和变迁过程中会受到其一开始选择的既定制度的影响和制约，人们一旦确定了某种选择，就会对这种选择产生依赖性，这种选择本身也具有发展的惯性，具有强化自我的放大效应，从而不断强化这种初始制度选择。制度依赖会造成制度固化和失去活力，没有与时俱进的完善制度作保障，国家治理能力提升就只能靠人为因素，缺乏可持续性，而传统的治理模式导致国家治理缺少民众参与，民主和法治缺失，导致国家治理决策本身不科学或者国家治理决策执行不力，又会带来传统治理模式和制度的进一步强化，最终导致"低效率国家治理困境"。②

新中国成立以来，中国共产党不断探索提高执政能力的路径，不断实现从"敢治"到"能治"再到"善治"的转变。《决定》中提出，要将"完善和发展中国特色社会主义制度，推进国家治理体系和治理能力现代化"作为全面深化改革的总目标，这一新提法，从公共管理和服务型政府建设角度丰富和发展了我国的国家治理理念。

国家治理能力是在一定的国家治理制度体系下，包括政治、经济、社会、文化、生态文明和党的建设等各领域，最大限度运用这些制度管理公共事务，实现最小成本推进公共事务发展的能力。制度创新是制度完善和健全的保证，是保持制度活力和制度持续发挥作用的必要途径。在中国特色社会主义制度框架下，制度创新主要体现在通过深化改革推动制度建设更加健全完善、更加成熟定型。

制度创新是提升国家治理能力的重要保障。目前我国正处于社会转型期、

---

①吕红波，张康.制度创新是全面深化改革的关键〔J〕.学习月刊，2014（2）.
②白鸽.制度创新是避免"低效率国家治理困境"的必然选择〔J〕.郑州航空工业管理学院学报，2014（3）.

矛盾突发期，社会结构发生变化，群体冲突不断增加；社会状态更加活跃，开放性问题增多；社会诉求不断提升，思想观念深刻变化；转型社会价值混沌，综合治理难度加大。我国现存的治理制度体系和治理能力相对于时代发展比较落后，过分追求短期比较优势治理模式、碎片化治理方式以及部门主义和地方主义，是我国现在治理能力发展的瓶颈，它们严重降低了国家的治理能力。要破解治理能力瓶颈就要主动强化制度创新，通过顶层制度设计和基层创新实践相结合，既从国家全局高度统筹谋划各个领域治理的改革方案和制度建设，又要及时总结地方治理改革创新的好经验好做法。制度创新是提升国家治理能力的主要动力，而国家治理能力现代化则是完成我国社会转型的关键环节，具有成熟性、稳定性和坚韧性，并不是即兴的治理方式，而是可以沉淀下来并进一步固化成为制度。只有通过制度创新，把治理能力成果转化为制度设计，才能推动国家治理能力更加科学化和现代化。

推进国家治理能力现代化是一项艰巨的系统工程，而制度创新本身又是一个动态的过程，是呈现螺旋式上升的，制度创新永无止境。在制度创新过程中，要通过激活国家治理内生力、撬动国家治理外延力、激发国家治理创新力和凝聚国家治理向心力，将社会成员与国家治理活动紧紧连在一起，形成一个"治理共同体"，让国家治理得到最广泛的参与和支持，从而摆脱"低效治理困境"，实现国家治理能力的现代化。[①]

3.11 上海自贸区建设中的制度创新

自从 2013 年 8 月国务院正式批准设立中国（上海）自由贸易试验区以来，各项制度改革和政策创新稳步推进，成效日渐显现。2014 年上半年，自贸区已实现经营总收入 7400 亿元，累计新设企业 10 445 家，其中，商品销售额 6350 亿元，增长 11.3%；航运物流服务收入 535 亿元，增长 19.0%；工商税收

---

①白鸽.制度创新是避免"低效率国家治理困境"的必然选择〔J〕.郑州航空工业管理学院学报，2014（3）.

收入 335 亿元，增长 21.0%，各项经济指标均实现两位数增长。

1. 新"试验田"诞生

建立中国（上海）自由贸易试验区（以下简称试验区）是党中央、国务院做出的重大决策，是深入贯彻党的十八大精神，在新形势下推进改革开放的重大举措。

2013 年 8 月 22 日，中华人民共和国商务部网站发布消息称："近日，国务院正式批准设立中国（上海）自由贸易试验区。试验区范围涵盖上海市外高桥保税区、外高桥保税物流园区、洋山保税港区和上海浦东机场综合保税区 4 个海关特殊监管区域，总面积为 28.78 平方千米。"

上海自贸区试点所规划的 28 平方千米范围包括：洋山保税港区、上海外高桥保税区、外高桥保税物流园区以及上海浦东机场综合保税区 4 块区域。依据国务院通过的《中国（上海）自由贸易试验区总体方案》（以下简称《方案》），上海自贸区试点将有以下规划与政策：先行试点人民币资本项目开放及逐步实现可自由兑换等金融措施，并采用循序渐进的开放政策，优先开放企业法人的人民币自由兑换；上海自贸区试点也有望成为中国加入"泛太平洋伙伴关系协议"（TPP）的首个对外开放窗口，为中国加入该协议发挥重要作用。该方案最终将可能落实到金融、贸易、航运等领域的开放政策，以及管理、税收、法规等方面的改革措施。

此外，在金融领域，上海自贸区试点还将试点利率市场化、汇率自由汇兑、金融业的对外开放、产品创新等，也涉及一些离岸业务；在贸易领域，上海自贸区试点将实现"国境线放开""国内市场分界线安全高效管住""区内货物自由流动"的监管服务新模式，这是上海自贸区试点与以往上海综合保税区的主要区别。

2013 年 8 月 25 日，上海市出台 42 条实施意见，明确提出上海要结合中国（上海）自由贸易试验区建设的要求，争取先行先试，使国家金融改革、创新有关部署在上海最先落地。8 月 26 日，为解决有关法律规定在上海自贸区内的实施问题，提请全国人大常委会审议的相关决定草案，《外资企业法》《中外合资经营企业法》《中外合作经营企业法》《文物保护法》这 4 部法律的有关规定，拟在上海自贸区范围内暂停实施，时间为 3 年。

2013 年 9 月 29 日，中国（上海）自由贸易试验区正式挂牌成立。建立自贸区的《中国（上海）自由贸易试验区总体方案》中指出，自贸区将紧紧围绕面向世界、服务全国的战略要求和上海"四个中心"建设的战略任务，按照先行先试、风险可控、分步推进、逐步完善的方式，把扩大开放与体制改革相结合、把培育功能与政策创新相结合，形成与国际投资、贸易通行规则相衔接的基本制度框架。该方案"附件"中指出：上海自贸区服务业扩大开放措施包括金融服务领域的银行服务、专业健康医疗保险、融资租赁相关业务，航运服务领域的远洋货物运输、国际船舶管理等业务，商贸服务领域的增值电信，游戏机、游艺机销售及服务，专业服务领域的律师服务、资信调查、旅行社、人才中介服务、投资管理、工程设计、建筑服务等，文化服务领域的演出经纪、娱乐场所等，社会服务领域的教育培训、职业技能培训、医疗服务等（以上各项开放措施只适用于注册在中国（上海）自由贸易试验区内的企业）。

2. "集群型"制度创新大量涌现

从扩大人民币跨境使用等 5 项金融细则密集出台、"一行三会" 51 条改革举措大部分进入操作实施阶段，到自贸区金融政策中最基础和最重要的分账核算系统以及自由贸易账户宣告推出，上海自贸区通过制度创新，推动金融业务量大幅增长。上海市政府相关负责人表示，自贸区的核心任务是制度创新，而非政策优惠；要建设的是"制度高地"，而非"政策洼地"。"我们要对接国际通行规则，扩大服务业对外开放，引进国际先进经验，提高服务业水平，努力形成更加国际化、市场化、法治化的公平、统一、高效的营商环境。"[1]

提高开放度、增加透明度，全新的"2014 版负面清单"如期推出。目前，上海自贸区在金融、海关监管、商检、税务等多方面都进行了制度创新。比如：2014 年 5 月 22 日上午，央行上海总部发布两项细则，启动市场期待已久的上海自贸区自由贸易账户（FTA）。该细则内容包括：上海地区的金融机构可以

---

[1]马翠莲.2014 上半年自贸区建设成效显著〔N〕.金融时报：第 3 版，2014-07-16.

通过建立分账核算单元,为开立自由贸易账户的区内主体提供经常项目、直接投资和投融资创新相关业务的金融服务,以及按准入国民待遇原则为境外机构提供的相关金融服务。同时,明确 FT 账户为规则统一的本外币账户,区内主体和境外机构可以根据需要开立。上述细则还明确,FTA 账户与境外账户、境内区外的非居民机构账户,以及 FTA 账户之间的资金流动按宏观审慎的原则实施管理。细则同时细化了 FTA 账户资金兑换的政策安排,对已经实现经常项目和直接投资相关业务可兑换的,FTA 账户内资金可自由兑换。

对外向型企业来讲,FTA 账户非常有吸引力。例如:国际物流企业的客户大多数是跨国公司,承接的业务收入很大一部分来自境外,他们希望通过 FTA 账户与境外自由汇划。这种账户以前只有新加坡、中国香港的银行可以提供,而中资银行却无法提供。现在通过自贸区的 FTA 账户,相当于原来只有在新加坡、中国香港等地金融中心提供的金融服务,现在可以在自由贸易区实现,这种账户的便利会直接推动贸易和投资的便利化,这是自贸区最核心和本质的优势业务,可以由之衍生出来很多金融产品。

再比如:总部经济发展是上海创新驱动、转型发展新的增长点,也是自贸试验区的发展重点。据了解,上海的总部经济企业主要有投资型管理总部、管理型总部、营运中心类总部、国际贸易结算中心四类。2013 年,这四类总部经济企业共完成经营收入 7130 亿元,占试验区企业经营总收入的 49%,完成进出口额 479 亿美元,占试验区进出口额的 42%。[①] 除这四类试验区总部经济企业外,还有一种新类型的总部经济,即有金融背景的投资型跨国公司资金管理总部。这一新类型的跨国公司地区总部,可以为集团内的境内外资金进行集中管理和调拨,并能投向境内外的实体企业,有效发挥试验区的辐射效应和服务功能,与上海银行签约的建银国际、东方资产即属于这种类型。在试验区内设立和集聚这类机构,也将有利于引进优质的国际资金和一流的资产管理机构,有利于推动上海资金和资产管理中心建设,促进上海国际金融中心建设。

还有,目前自贸试验区服务大厅已经实行了工商"一口受理、并联办事、

---

①李文龙、马翠莲.上海自贸区:以开放促改革的试验田〔N〕.金融时报:第 1 版,2014-07-19.

统一发证、信息共享"的高效运作模式。以外资新设备案为例，投资者在 4 个工作日内就可同步办妥备案证明、营业执照、企业代码和税务登记，并且整个办理过程不再是像原先的多口受理，而是一次性收齐所有材料，由政府工作人员在部门之间办理相关的手续，这样注册者只需找一个政府部门、一个工作人员就可以办齐所有手续。相对于传统的工商企业注册动辄需要两三周时间的等待已成为历史。

大胆闯、大胆试、自主改。目前，上海自贸区制度创新成效显现，经济增长快速，各项制度创新更是取得扎实成绩。上海自贸区建设下一步将继续拿出"大动作"，包括完成三大制度创新任务：一是建设境外投资服务平台，平台集融资、保险、咨询等功能于一体，将实现线上、线下同步开展境外投资服务工作；二是推出国际中转集拼业务，解决国际中转集拼货物进入试验区保税仓库拼装集装后转运离境的作业要求和监管流程；三是推进进口商品国别中心建设。①

3."现代政府治理"是自贸区制度创新的核心

党的十八届三中全会明确指出，"科学的宏观调控，有效的政府治理，是发挥社会主义市场经济体制优势的内在要求。必须切实转变政府职能，深化行政体制改革，创新行政管理方式，增强政府公信力和执行力，建设法治政府和服务型政府"。上海自贸试验区有关政府职能转变的现有举措——备案制、负面清单制、监管重点和内容的变化等，将成为今后相关改革的先导，目的就是要在上海自贸试验区建设的基础上形成一套可复制、可推广的法治、服务型政府的若干治理体系框架和若干治理能力。

在此过程中，加快政府职能转变是重头戏。在现有的政府监管和治理框架下，哪些领域开放、哪些领域不开放、什么部门创新等几乎全都是要政府审批的，如果政府行政审批体制不变化，投融资体制不改变，金融领域的创新就不可能，人民币汇率市场化和资本项目的可兑换也都会成为一句空话。同样，

①马翠莲.2014 上半年自贸区建设成效显著〔N〕.金融时报：第 3 版，2014-07-16.

在现有的财税和政府监管框架下，企业进行贸易转型升级的成本会大大高于收益，政府不改变财税体制，企业很难自动升级。

回顾过去三十多年的发展得出的一个结论是：正是中国的改革开放所带来的制度优势，才塑造了中国经济的奇迹。因此自贸区制度创新的核心促进政府行政管理体制、政府治理能力的现代化。自贸区政府治理能力提升的举措首先是变"核准制"为"备案制"管理模式。根据《中国（上海）自由贸易试验区总体方案》的规定，在上海自贸区内，外资企业投资和经营活动只要不违反负面清单，就无须再经过烦琐的行政审批或者项目核准，而只要将企业的投资和经营活动性质、范围、工商税务信息等信息以书面形式告知当地政府即可。所谓负面清单管理模式主要是指，政府明确列明禁止或者限制投资的产业或者产品目录，而不是允许投资的产业或者产品目录。从正面清单向负面清单管理模式的转变，将意味着政府监管模式的巨大转变。

在自贸区将要实施的政府治理模式，将是以政府——市场——社会为主的多元主体的服务型政府治理模式。政府的角色也不再是单向地针对市场和社会的管理与管制，而是根据市场主体、社会的意愿以及整个国家的公共利益、公共安全形成与市场、社会之间的良性互动。这种调整意味着在相关行政制度、管理制度设计和出台的过程中，政府要更广泛地听取市场、社会、公众的诉求与意见，特别是要在操作维度上为社会自主发展制定各种有利的政策导向，包括从职能转变向工作流程再造转变、从内部操作向公开运行转变、从单一治理向共同治理转变。

从政府治理方式角度看，政府职能转变要注重依法行政、规范行政、高效行政的能力和体系建设。自贸区的政府职能转变必须按照法治化、国际化、规范化的政府行为方式，做到在事前进行信息告知，事中、事后做到依法进行监管甚至处罚，而绝不能还按照传统的方式管理，甚至越界干预或者黑箱操作。

从政府治理能力建设的维度来看，自贸试验区的政府治理将逐步探索和细化地方政府治理的内涵，并清楚地界定与中央政府治理事权之间的关系。从自贸试验区的地方政府角度来看，自贸区内政府机构的职能转变主要体现在简政放权，凡是市场机制能有效发挥作用的经济活动一律取消审批，同时要加强区内的公共服务、市场监管、社会管理和环境保护职责，而中央政府将主要负责宏观调控、国家与公共安全以及公共管理与服务等。

另外，在自贸区，政府机构改革也必须深化，要不断优化机构设置、职能配置、工作流程，要完善决策权、执行权、监督权既相互制约又相互协调的行政运行机制建设。比如，2013 年 12 月 31 日，上海市浦东新区工商行政管理局、食品药品监督局以及质量技术监督局宣布撤销，整合并组建了新的浦东新区市场监督管理局，其职责将覆盖生产、流通、消费全过程的市场监管体系。这些新举措，预计将成为未来自贸试验区内政府治理能力细化、政府职能转变的重要内容，而自贸区最终将成为推进改革和提高开放型经济水平的"试验田"，形成一套可复制、可推广的发展经验。①

---

① 赵红军. 政府治理能力现代化是自贸区制度创新的核心〔J〕. 中国金融家，2014（5）.

第四章 西方规模经济理论与中国新一轮"土地改革"

4.1 规模经济的含义

关于规模经济的含义问题，国内外学者有不同的理解。

美国学者认为："在某个部门处于一定的技术条件下，该部门经营的企业规模同生产分配可能达到的最低平均成本之间存在着一种系统关系。以该企业使用的生产设施的设计生产率来衡量企业规模的话，生产规模的扩大通常会降低平均成本，可以达到最低成本的最佳规模。以扩大规模的方式来降低平均成本应是规模经济。"①

日本学者认为："规模经济是指由于各种生产要素投入量增加，利润则随之增加。规模经济，一般地说，指的是由于进行大量生产，单位费用降低，结果利润增加这样一种方法，但最近的着眼点则放在由于设备增加而生产费用下降这一点上。在这种场合下，伴随技术革新而带来的利益，通常也被称为规模利益。"②

---

①转引《中国农村经济》，1989 年第 4 期，第 43 页。
②转引《经济学译丛》，1983 年第 7 期，第 79 页。

　　尽管这两种表述在词语上有所差异，但有一点是共同的，规模经济就是通过扩大生产规模来降低生产平均成本而取得的收益或利润。因此，西方经济学对规模经济概念的论述可称之为生产成本降低论。

　　在我国理论界，对规模经济的界定有三种意见：

　　一种意见认为，规模经济就是通过合理安排一定经济实体内各生产力要素的比例和数量，从而控制经济实体的整体规模而取得的节约或经济效益。[①]

　　另一种意见认为，规模指的是生产力诸因素及其组成的生产力系统在一定领域内有效运转时所应具备的数量范围。它是关于生产力因素在一定领域内有效运转的合理规模及其制约因素。[②]

　　还有一种意见认为，规模经济要紧密联系生产力布局研究生产力诸要素的数量结合界限，研究不同经济规模的相互关系和比例，揭示经济规模结构的发展趋势，以保证生产力循序地、持久地、按比例地稳步发展。[③]

　　综观上述三种意见，我们不难看出这样一个共同点，即规模经济的中心议题是生产力诸因素的数量结合，而数量结合的优化就会产生经济效益。因此我们可以把它们概括为数量结合论。

　　应该指出，生产成本降低论和数量结合论分别从不同侧面提示了规模经济的含义，都有一定的道理，但也存在着各自的缺陷。

　　生产成本降低论强调生产规模的扩大会降低单位费用，有一定合理因素，但并非任何情况下增加生产要素都能降低生产成本。我们知道，经济规模在其变化过程中，一般有四种情况：①起始规模，即销售收入等于成本消耗的不亏损之最小规模；②合理规模，即销售收入大于成本消耗的有盈余规模；③最优规模，即经济效益最佳的规模；④过度规模，即如果企业规模扩大到超出它所能够利用现有资源的界限，规模就不经济了，"因为管理和服务一个很大的企业成问题了：工厂分布占更多的土地，材料和人员从这端到另端，费用更大，

①熊映梧.生产力经济学原理〔J〕.求是学刊，1984：287.

②薛永应.生产力系统论〔J〕.经济研究，1981（9）.

③于瑞厚.试论规模经济；论生产力经济学〔M〕.长春：吉林人民出版社，1983：382.

管理和协调日益困难"。[①]从这里可以看出，起始规模到最优规模，生产成本递减，规模收益递增，最后企业大到足够能充分利用现有技术为止，如果再扩大生产规模，单位费用不仅不会降低，反而呈递加趋势。因此，规模经济有一个适合度，不能片面认为企业规模越大越好。另外，这种观点以技术不变为前提，强调生产要素投入量的同时增加，其适用范围也受到时间和空间的限制。从时间上看随着自然条件的变化、科学技术的发展以及劳动者素质、机械化程度的提高，经济规模的适合度也呈现一个动态的演化过程。在此时是最优规模，在彼时也许变为合理规模，甚至成为起始规模。没有一成不变的经济规模，也不会形成统一的规模标准。从空间上看，由于各国各地的社会历史条件、民族习惯、人口因素等情况不同，各部门、各行业的规模经济水准也呈明显的差异性。例如，在西方发达国家，农业是企业化经营，在我国则还未完全摆脱自然经济的困扰，如果照搬西方规模经济的概念或理论，就不可能解决我国农业上存在的问题。考虑到经济制度的影响，规模经济的国家差异就更明显了。西方经济学家所说的"规模经济"，指的是微观意义上的（即就单个企业而言的）"大规模生产的优越性"。我国是一个社会主义国家，我们的社会主义经济是公有制占主体的市场经济，为了实现各种稀缺性生产资料在整个社会范围内的合理流动、优化组合及最佳使用，保证国民经济的综合平衡与良性循环，除了研究微观规模经济外，更重要的还要研究宏观规模经济，从而寻求调整现有企业规模结构、建立合理企业规模结构的主要原则和对策。所以，生产成本降低论在资本主义国家也许是适用的，在社会主义国家并不完全适用，我们的任务是从社会主义建设的实际出发，运用马列主义的基本原理，在吸收西方规模经济理论合理因素的基础上，概括出能反映规模经济本质规定的含义。

数量结合论看到了经济实体内生产力要素的数量变化对经济效益的影响，在一定程度上揭示了规模经济的本质。但应该看到,按照经济规模活动的范围，规模经济可分为两类：一类是有赖于工业的一般发展而获得的经济效益，例如

---

①格林沃尔德.现代经济辞典〔M〕.北京：商务印书馆，1981：44.

市场规模的扩大、资源与能源供给的增加、通信和运输工具的改进等，这类规模经济称之为外部规模经济。外部规模经济的获得，"不是直接有赖于个别企业大小"，而是"由于相关的工业部门的发达而产生的"，它是"任何生产部门都可获得的"。①另一类是有赖于从事这项工业的个别企业的资源、组织和经营效率的经济，也就是随着企业生产要素投入量的增加，产品产量随之增加，单位成本费用相应降低而获得的经济效益，这类规模经济叫做内部规模经济。内部规模经济又可分为外延规模经济和内涵规模经济，前者是指依靠追加生产资料和劳动力来扩大生产规模从而获得机器、厂房以及原料、燃料、辅助材料的购买等方面的经济效益。后者是指挖掘现有潜力，如提高现有生产设备的利用率、节约原材料的消耗、提高劳动者素质、开展技术革新改进生产组织和管理制度等，在不增加投入的情况下而获得的经济效益。随着生产力的发展，外部规模经济对内部规模经济的影响作用越来越大，只有在二者统一的前提下，才能准确地确定一个企业的规模及其经济效益。对于社会主义企业来讲，走内涵规模经济显得尤为重要。数量结合论只是提到了内部规模经济中的外延规模经济，而把外部规模经济与内涵规模经济抛在了一边，显得残缺不全。另外，衡量经济体规模的大小，不能仅仅局限于数量的多少，而应该注重生产效能的高低。因此，忽视质的分析，也是数量结合论的缺陷之一。

既然生产成本降低论和数量结合论没有全面而准确地反映规模经济的内存规定性，那么，重新界定规模经济就显得十分必要。我们认为，规模经济是指经济规模与经济效益的系统关系，其本质是通过生产要素的优化组合，降低生产成本，获得最佳的经济效益。②这一定义可做如下解释：

（1）规模经济的载体是经济规模，经济规模是指劳动者、劳动手段和劳动对象这些生产因素，在各种经济实体和经济部门中的集中程度。按照这种集中程度的不同，可把经济规模分为许多层次，每个层次内部又可分为大、中、小三种。可以说，经济规模是规模经济的核心问题。

①马歇尔.经济学原理：上册〔M〕.北京：商务印书馆，1981：327.
②王军旗.对建立社会主义规模经济学的思考〔J〕.陕西师范大学学报，1991（1）.

（2）经济效益是指经济活动中的劳动耗费和资金占用与劳动成果的比较。经济效益的高低，既可以从劳动成果看，也可以从劳动耗费和资金占用看。提高经济效益，是规模经济的出发点和归宿。

（3）经济规模不是越大越好，也不是越小越好，而是有一个适合度，这个度存在于经济规模与经济效益的系统关系之中，而且具有动态的特点。只有获得最佳经济效益的经济规模才是规模经济。

（4）生产要素的优化组合是获得规模经济效益的途径。优化组合并不单纯依靠生产要素量的扩张，其中包括质的提高以及比例的协调。

4.2 规模经济的"魔力"

1959 年，英国学者马克西和西尔伯斯通合著出版了《汽车工业》一书，这本书根据当时的生产技术和工艺水平，研究了汽车生产线的平均费用和产量之间的关系，强调指出：当汽车年产量从 1 万辆增加到 5 万辆时，单位成本将下降40%，从 5 万辆增加到 10 万辆时，单位成本下降15%，从 10 万辆增加到 20 万辆时，单位成本下降5%。根据这一变化趋势，马克西和西尔伯斯通描绘了一条汽车生产成本随产量不断下降的曲线。事实上，这条曲线不仅适用于汽车工业，而且适用于其他工业，不仅适用于工业战线，而且对农业、商业等其他部门也是极其有效的。

规模合理，能够产生经济性，这是由社会化大生产所产生的，因为任何企业规模向经济规模发展的过程中，都会产生一种效益递增作用，萨缪尔森称之为"规模的收益递增"。这种递增之源在于以下几个方面：

（1）生产设备的完整性。规模的经济性，首先来源于生产力因素的不可分割性。企业要进行生产，就要有一定的机器设备。任何机器设备，都必须在加工对象达到了相当的数量之后，才能进行。无论企业生产规模是大还是小，每种设备都是完整固定的，具有设计的整体生产能力。只有使每台设备的能力都得到充分发挥和充分利用，才能取得最佳的经济效益。否则，就会使现有的设备能力闲置。

（2）设备、工艺组合的完整性。企业不论大小，生产一种产品都要具有同样的设备组合和工艺流程。因此，在生产过程中，合理地配置设备和人员，使生产过程各阶段的能力均衡，使整个企业的产量规模接近设备生产能力的公倍数（即公倍数原则），并使生产能力得到充分发挥，才能产生效益递增。否则，将失去规模效益。

（3）容积增加的经济性。如冶炼炉为了扩大它的生产能力，需加大设备时，容体耗用材料的面积只与表面积有关，而产量却随容积增加而增加。耗用材料增加一倍，容积的增大往往大于一倍，这就是容积增加的经济性。

（4）附属设备的共享性。在生产过程中，许多附属设备有共同重复使用的性质，如输变电路、道路、供电、供热等基础设施。根据这种性质，建设大型经济规模的企业，就更为有利。

（5）反复生产的娴熟性。在大规模生产中，通过产品的重复生产活动，劳动者的技术熟练程度可大大提高，当产量成倍增长时，单位成本就会下降，从而产生经济性。

（6）企业管理的科学性。企业管理能力具有很大的伸缩性，管理组织和人员则具有相对性。所以当规模较大时，管理人员及费用并不需要同比例增加，而只要科学管理就能适应，科学性会随着企业规模的合理而转化为经济效益。[①]

形成规模经济的原因，从根本上说是由于生产活动的"不可任意分割性"。那么，大规模生产的好处究竟有哪些呢？我们可以从微观与宏观两个方面加以解释。从微观角度讲，它可以提高企业的经济效益，这是因为：

第一，大规模生产在技术、工艺方面具有不可比拟的优势。大批量生产体系的发展，必定是同采用更先进的工艺，使用更大型、高效率的设备相联系的，这无疑会促进劳动分工，取得劳动分工的所有好处；会采用更先进、更科学的机器设备，提高机器设备的生产能力和利用率；还可以通过连接各个工序

①晋晖.论规模经济〔J〕.生产力研究，1987（2）.

取得技术经济效果。

第二，大规模生产可取得管理方面的经济效益。适度的生产、经营规模可促进管理分工，使组织管理者全力以赴从事组织管理工作，使管理机构实现良性运行，同时还可减少单位产品的管理费用。

第三，可获得商业方面的经济效益。适度的生产、经营规模在购买原材料和出售成品时，有可能取得某种优惠；其单位产品的运输成本、包装、托运费用相对低；可利用副产品；建立配套成龙的销售网络，取得分工的效益。

第四，可取得金融和风险方面的经济效益。适度的生产、经营规模能提供可靠的担保，信誉较高；可通过多样化生产、经营，回避单一经营的风险。

从宏观来看，生产经营规模对工业增长以至整个国民经济的发展都有重大影响。

第一，对工业经济技术指标的影响。一般而言，适度的生产、经营规模，有利于工业经济技术指标的提高。相反，规模过小，则工业经济技术指标低。日本从 1951—1975 年通过单位投资规模的大型化对钢铁工业累计投资 231 亿美元，钢产量净增 11 448 万吨。我国从新中国成立至 1983 年，通过单位投资规模的小型化对钢铁工业累计投资 840 亿元，然而我国钢产量仅净增 3986 万吨，二者差距悬殊。其根本原因之一在于单位投资规模小，以及由此形成的生产、经营规模的不同。

第二，对资源配置、利用的影响。小规模生产拦截了效益较高的大规模经济的原料来源，对原料进行粗放式加工，导致资源利用效率低。相反，大规模生产有利于原材料的节约和利用。以火力发电机组为例，35 万千瓦机组的热效率为 5.5 万千瓦机组的 1.47 倍，重油消耗定额可下降 26%；60 万千瓦机组，其热效率为 5.5 万千瓦机组的 1.54 倍，重油消耗定额可下降 28%。

第三，对产业组织结构的影响。一般认为，小企业间的联系较松散，大型企业间的联系则较紧密。在大规模生产条件下，可避免小规模生产的盲目发展，使企业规模构成要素间的经济联系愈加密切，必然导致规模经济。

第四，对宏观管理的影响。企业总体格局的小型化和分散化，使市场稳定性较低，信息渠道不畅和地方性市场的封闭现象严重，不利于宏观上的间接控制，而大规模生产有利于国家从整体上调控经济运行，促进国民经济的良性发展。

第五，对工业化进程的影响。一般而言，某一工业行业或主要产品要经历"婴儿期"、成长期、成熟期和衰老期四个阶段。善于利用规模经济的国家能够缩短"婴儿期"，并使成长期的增长曲线变得更加陡峭，产量跳跃式大幅度上升，从而大大加快工业化进程。[①]

4.3 规模经济的最优化原则

大规模生产能够产生经济性，并不是说规模越大越经济，而是要选择合理的经济规模及其结构，实现经济规模的最优化。然而，确定最优的经济规模受到多种因素的制约，主要有以下几个方面：

第一，自然条件制约。其中包括山川、河流、矿藏、领海、土地、森林、草原以及位置和气候条件，这些都是制约规模经济及其效益的基础因素。它们对于确定生产部门的规模，尤其是对确定以天然劳动对象为原料的部门以及以农产品为原料的部门的规模，起着至关重要的作用。

第二，供求函数制约。市场对某种产品的需求量决定着这类产品企业规模的一般水平。如果把经济规模程度与市场需求因素之间建立起函数关系，就会发现市场对哪种商品或劳务需求量增大，生产这类商品的劳务的经济规模就会随之增大，反之亦然。可见，市场需求是自变量，经济规模是因变量。自变量与因变量两者呈正比关系，确定经济规模的大、中、小，应根据市场需求而确定。

第三，投资能力制约。经济规模的确定要根据投资的最佳利用来设计。另外，投资能力按整个工业部门所能吸引的投资额来考虑，而不能仅仅以局部地区有限投资为根据来决定经济规模，必须量力而行地做出选择。

第四，配套协作制约。现代工业大规模生产是以专业化协作和产业关联为特征的，经济规模离不开为它配套和协作的条件。只有建立在配套协作的基础上，才能收到良好的经济效果。

第五，科技水平制约。包括自然科学、社会科学的知识体系，先进的生产工具和物质设施，科学的管理技能和操作方法，等等，都直接关系到经济规模和规模结构的内部组合，因而也影响着经济效益的递增。

第六，外生变量制约。经济规模的发展变化，不仅与其经济因素有联系，也与非经济因素密切相关。诸如政治、文化、社会意识、传统观念等因素，都在一定条件下制约着经济规模的大小。

由此可见，不同类型、不同层次的经济规模，都受着种种因素的制约。这些因素相辅相成、相反相成，构成错综复杂的合力。规模经济规定性的变化，反映着生产力系统质的变化，而质变又反映着一定的量的界限。经济体规模大小及其规模结构的合理与否，都制约着生产力的发展。

因此，在确定经济规模时，必须对诸因素进行综合比较和定量分析，选择最优的经济规模和规模结构，以求获得最佳的经济效益。

西方经济学家认为，一个规模的经济效益变动要连续经过三个阶段：一是递增阶段，即生产力增长快于规模增长，表现为效益提高幅度大于规模要素投入幅度；二是持平阶段，即效益产生与规模要素投入同步进行，表现为规模效益趋于稳定；三是递减阶段，即效益增长慢于规模增长，表现为效益递减。

显然，最优经济规模的临界线在第二阶段上。这说明，经济规模过大或过小都是不适宜的。当经济效益处于第一阶段时，我们就应当运用控制论的正反馈原理，进一步扩大经济规模以获得更大的效益递增。当规模的经济效益进入第二阶段时，我们可以运用控制论的负反馈原理，使经济规模稳定在现有水平上，以保证经济效益的持平状态。当规模的经济效益进入到第三阶段后，就必须调整其规模结构，以避免经济效益产生负值。[①]

实现规模经济，需要从两个方面努力：一是充分实现生产和管理过程的标准化、专业化和简单化，发挥分工和协作的效益；二是重造企业组织结构，加强企业之间的合并和联合，增强企业国际竞争力，不断进行技术和设备的更新改造，扩大生产规模。

4.4 规模经济学的构建

1. 规模经济理论的产生和发展

"规模经济"一词，出自西方微观经济学之中，但其思想萌芽可以上溯到17世纪末、18世纪初的重农学派。该学派的代表人物魁奈曾经指出："用于种植谷物的土地应当尽可能地联合成由富裕的土地耕种者经营的大农场，因为大农业企业与小农业企业相比，建筑物的维修费较低，生产费用也相应地少得多，而纯产品多得多。"[②]显而易见，魁奈已经看到了资本主义大农业在降低生产成本、提高土地产量产值方面的规模优势。但魁奈对规模经济的研究仅限于农业经济，他并未把这一重要思想扩大到其他生产领域。

把规模经济与制造业相联系的第一位资产阶级经济学家是亚当·斯密。亚当·斯密在1776年出版的《国富论》中，对规模经济思想进行了专门论述。他认为，分工受市场范围的限制，当市场规模狭小时，生产规模的扩大会受到限制；反之，市场范围的扩大，会促进专业化分工与协作，从而使技术革新和大批量生产成为可能。亚当·斯密以制针业为例，说明了大规模工场生产在提高单位产品数量、降低劳动消耗和原材料消耗等方面有突出的优点。

当代资产阶级经济学家也很重视规模经济的研究。美国经济学家萨缪尔森在其代表作《经济学》中，对规模经济问题进行了一定的分析。他的研究表明：

---

① 胡运龙，郑琦. 试论规模经济〔J〕. 经济纵横，1989（1）.

② 马克思，恩格斯. 马克思恩格斯全集：第33卷〔M〕. 北京：人民出版社，2005：39—40.

在同一时间内当投入的一切生产要素加倍时，其收益不只增加一倍，而是成倍地递增。但在某一点之后，由于增加相同的投入量而增加的产出量多半会变得越来越少，前者被称为"规模的收益递增"，后者被称为"规模的收益递减"。在这里。萨缪尔森已经比较明确地提出了经济规模的适度问题。他还进一步发挥了亚当·斯密的专业化能够提高生产率的思想，指出大规模生产的经济效果是现代（经济）生活标准的基础，自给自足的自然经济是与大规模的专业化生产背道而驰的，只有在商品经济得到充分发展的条件下，才能实现大规模生产的一切经济效果，诸如节约劳动、更新设备、降低成本、提高效益等等。可以看出，资产阶级经济学家对规模经济的研究仅限于微观范围内。

马克思首次对宏观规模结构进行了分析。在《资本论》第一卷，马克思对资本主义的分工协作以及机械化大规模工业生产、专业化协作进行了精辟的阐述。在第二卷第三篇，马克思又用四章宏大的篇幅，详细地考察了原有规模生产（即简单再生产）与扩大规模生产（即扩大再生产）的实现条件及其相互关系，得出了原有规模生产是扩大规模生产的基础以及两大部类在扩大规模生产中保持适当比例等结论，进而又分析了 C 和 V 在扩大规模生产中的增长速度，提出了生产资料生产占优先地位的原理。尤其需要指出的是，马克思还把规模经济区分为有形规模经济和无形规模经济，前者是指依靠追加生产资料和劳动力、扩大生产空间而取得的经济效益；后者是指依靠挖潜改造、提高劳动者素质，在不增加人力、物力和财力的情况下所取得的经济效益。

列宁对马克思规模经济理论的发展，是把技术进步和有机构成的提高引入扩大规模生产之中，制订了新的生产图式，提出了扩大生产规模必须遵循的客观规律，即在生产技术进步的扩大规模生产条件下生产资料生产优先增长的规律。20 世纪 50 年代以后，苏联、波兰的一些经济学家结合本国建设经验，探讨了有关规模经济的基本理论，并且尽可能地将其贯彻于经济建设的实践之中，取得了良好的经济效益。在中国，针对 20 世纪 50 年代经济建设中基建规模过大的问题，陈云同志就提出了"建设规模和国力相适应"的正确主张，创造性地运用了马列主义关于规模经济的理论。1983 年以来，我国经济学界针对投资过热、基建规模失控等问题，进行了广泛而深入的研究，提出了控制投资规模、调整投资结构、提高投资效益等一系列重要观点。特别是20世纪80年代中期以来，面对农业生产持续徘徊不前的态势，就我国农村人均承包耕地的弊端、土地流转和相对集中机制等问题，学术界又进行了热烈的讨论，出现了一批有分量的论文。所有这些，都是对社会主义规模经济问题的有益探索，为社会主义规模经济学的建立做了理论上的准备。

2. 社会主义规模经济学的研究对象

与传统的政治经济学不同，规模经济学研究的对象不是生产关系，而是在既定的生产关系条件下，研究经济规模与经济效益之间的函数关系。对于这种函数关系的研究，必然涉及资源、技术、劳动者素质、投资体制、产出指标等方面。因此，它以经济实体的生产集中程度为研究领域，同时也涉及生产关系、上层建筑等有关方面。

在现代西方经济学文献中，西方经济学家往往把规模经济解释为"大批量生产的节约""大规模生产的经济效果""大规模生产的优越性""与生产规模成比例的收益"等。

社会主义经济制度的建立，为规模经济学的研究开辟了广阔的前景。它除了研究微观规模经济外，还要研究宏观规模经济；除了研究工业企业规模经济外，更重要的还要研究国民经济的基础——农业规模经济。这种研究一方面要有选择性地借鉴西方规模经济学中有关经济模型、定量分析的有益成分或因素；另一方面，而且是更重要的，必须以马克思主义的基本理论为指导，从社会主义经济建设的实践出发，探讨社会主义规模经济学的规定性。

基于上述考虑，我们认为，可以给社会主义规模经济学下这样一个定义：社会主义规模经济学是从宏观、微观相结合的角度研究与社会主义市场经济体制相适应的经济规模与经济效益之间运动规律的科学。[1] 具体地讲，它的内涵包括以下几个方面：

---

①王军旗. 对建立社会主义规模经济学的思考〔J〕. 陕西师范大学学报，1991（1）.

第一，社会主义规模经济学必须反映社会主义市场经济体制的基本要求。它所研究的既不同于西方私有制条件下的市场经济，也不同于中国、苏联等社会主义国家过去几十年曾经有过的高度集中的计划经济，而是社会主义市场经济，其基本要求是市场在国家宏观调控下对资源配置起基础性作用。只有坚持这个原则，才能保证国民经济持续、稳定、协调地向前发展。离开了这一点，社会主义规模经济学的研究就会步入迷途。

第二，研究对象是社会主义经济规模与经济效益的运动规律，而不是社会主义国家的经济决策。经济规模是指劳动者、劳动手段和劳动对象这些生产要素，在各种经济实体和经济部门中的集中程度。这种集中程度的出发点和归宿点是经济效益，而经济效益又表现为经济活动中实际成果与消耗的对比关系，它要求以最小的劳动消耗和劳动占用创造出更多的物质财富。如果生产规模过大，超过了经济实体的承受力，就会出现规模不经济的现象，这就必然涉及经济规模的适度问题。经济规模是否适度，取决于社会生产力的发展水平，特别是科学技术的发展水平及其在生产上的应用程度。由于社会生产条件是不断运动变化的，经济规模的适合度也呈现出动态的演化过程。只有在大量调查研究的基础上，才能准确把握经济规模的"度"，从而达到获得规模经济效益的目的。

第三，它的研究角度既不同于宏观经济学，也不同于微观经济学，而是把宏观与微观有机地结合起来，既研究国家宏观经济总量的有效配置，研究生产要素在各地区、各部门之间的合理分配与流动，又研究企业能够取得最佳经济效益的适度规模。因此，社会主义规模经济学是一门带有边缘性、应用性的经济学科。

3.社会主义规模经济学研究的主要内容

建立社会主义规模经济学，除了明确它的研究对象外，还要规定它研究的主要内容。概括地讲，社会主义规模经济学主要研究社会主义经济运动过程中适度规模的理论与方法，为最大限度地提高社会经济效益和企业经济效益服务。具体说来，社会主义规模经济学研究下列内容：

第一，研究规模经济在发展国民经济中的地位与作用。规模经济是国民经济中的重要问题之一，它对发展社会主义市场经济，实现生产要素在全社会范围内的优化组合，保证国民经济持续、稳定、协调地发展，具有举足轻重的作用。同时，它作为生产力经济学的一个分支，对于企业在扩大再生产过程中正确地选择经济实体的适度规模，争取收到最佳的经济效益，起着重要的作用。

第二，研究规模经济发展战略。规模经济战略直接关系到社会主义经济发展的目标和方向。实践证明，过去那种"大而全""小而全"的规模经济战略，并不能获得规模经济效益。随着改革的深入，需要建立一种适度规模与高度社会化、专业化、商品化有机结合的发展模式。这就必须研究达到这种模式的途径和方法，制定实施战略目标的步骤和政策措施。

第三，研究规模经济体系。社会经济体系是由不同层次、不同规模的要素构成的，从规模经济体系来看，大致从如下序列来研究：

（1）生产设备的规模经济。这是决定企业规模经济的基本因素。设备过小，难以获得规模经济效益，这是被我国经济建设的实践所反复证明了的。随着科学技术的不断发展，生产设备的更新与换代日新月异，其效能也得到大幅度提高。怎样选择先进的生产设备，怎样确定大型设备与中小型设备的比例，这是决定企业规模大小的首要问题。

（2）企业的规模经济，即通过合理地选择和控制企业的建设规模、生产规模以及它们的变化而获得的经济效益。由于企业是国民经济的细胞，企业的规模经济自然就成为生产力诸要素紧密结合和高效运转的基础。从经济效益的来源看，企业规模经济又分为企业内在规模经济和企业外在规模经济。前者主要研究某一企业中种种生产要素投入量增加时，产出量是否随之增加，单位生产成本的降低能否带来相应的经济效益；后者主要研究外在因素对企业扩大规模的制约和影响，其中包括市场规模、资源规模、能源规模、运输规模、通信规模等。

（3）经济联合体的规模经济。指诸多企业纵向联合而成的经济实体从规模变化上获得的经济效益。为此，必须研究经济诸要素聚集的渠道和企业纵向联合的途径，为决策者在考虑企业或企业集团的兼并或联合时提供理论依据。

（4）城乡规模经济。这是生产力布局中的宏观规模经济总量，它反映生产力的地区布局和企业群体组合的横向联系。为此，必须研究城市的发展速度和合理布局，研究农村区域规划及其与城市的配套衔接等问题。[①]

第四，研究规模经济组织结构。包括产业结构、企业结构、劳动力结构、产品结构和地区结构等，其中主要的是产业结构、技术结构、劳动力结构和企业结构。

（1）产业结构。指生产力因素在各产业间的分配以及由此而产生的投入产出联系和技术协作联系。产业结构是整个经济规模结构的基础，其他一切规模结构都是在它的决定作用或制约作用下形成的。

（2）技术结构。指生产力系统中先进程度不同的诸技术手段之间的相互关系和数量比例。技术结构是规模结构中的主导力量，它的根本性变革引起产业结构的巨变，从而引起其他规模结构的变化。

（3）劳动力结构。指不同类别的劳动力相互之间的关系和比例。作为生产力运动过程中的主观条件，劳动力结构对其他规模结构起着巨大的制约作用。

（4）企业规模结构。是指大、中、小企业之间的生产联系和比例关系。生产联系，主要指大、中、小企业之间的分工协作关系；比例关系，主要指大、中、小企业各自的生产能力（或产值）在总生产力（或产值）中所占比重的大小。揭示企业规模的发展趋势，明确调整现有企业结构和建立合理企业结构的原则，这也是社会主义规模经济学的一项重要任务。

第五，研究制约经济规模及其效益的因素。经济规模的大小及其规模经济的实现，受到多种因素的制约和影响，其中主要的包括自然资源、经济条件、科学技术的发展水平、社会历史条件和国际环境。

第六，研究规模经济的指标体系。规模经济的指标包括投入指标和产出

---

①参见《社会科学》（上海）1985年第12期薛永应同志的文章。

指标，这两类指标都可以用多种形式表现出来，并且这些指标之间还存在着一种内在的联系。因此，表现经济规模及其效益的众多指标就构成一个指标体系。

4.社会主义规模经济学研究的方法

社会主义规模经济学的的任务，是依靠科学的方法来完成的。从总体上讲，社会主义规模经济学必须以马列主义为指导，运用辩证唯物主义与历史唯物主义的立场、观点和方法，分析社会主义现代化建设中出现的生产规模过小、设备利用不足、基建规模失控等问题的原因，探讨符合我国国情的生产规模体系。同时，还要充分考虑研究西方规模经济理论，吸收对我们有价值的管理经验和研究方法。具体地讲，可采用以下方法：

第一，运用静态分析与动态分析相结合的方法，研究经济规模的相对稳定性和运动变化规律。所谓静态分析，就是在资金数量、人口、技术条件、生产组织和市场需求状况等不变的前提下，考察某一经济实体在一定时期内的适度规模。显然，这种分析对于排除外界干扰因素、保证研究过程在其纯粹状态下进行是完全必要的。还应该看到,经济规模的适合度是一个动态的演化过程，随着时间和经济条件的变化，它也改变自己的质态和量态的存在形式。因此，必须把静态分析与动态分析有机地结合起来，使它们相得益彰，共同服务于社会主义规模经济学的研究。

第二,运用定性与定量相结合的方法，研究社会主义规模经济学的特殊性，建立与之相适应的数学模型。社会主义规模经济学是一门实用性很强的科学，要求在坚持定性分析的同时，注意搞好定量分析。经济信息的收集与整理、数学模型的建立与求解、规模适度的计算与预测，都必须运用数学方法进行定量判断。只有这样，才能使社会主义规模经济学达到真正完善的地步。

第三，运用规范与实证相结合的方法，研究社会主义规模经济学的基本原则和发展趋势。规范方法是从一定的价值判断准则出发，探讨什么是应该做的，什么是不应该做的，什么是值得实现的。与这种方法相对应的是实证方法，它撇开对社会经济活动的价值判断，只研究经济活动中种种现象之间的相互联系。这两种方法各有利弊，只有把二者结合起来，才能取得互补效应。

4.5 农业适度规模经营的界定

如何准确理解和把握农业适度规模经营的含义，这是一个难度比较大的理论问题。但这个问题不解决，就会使具有良好经济效益的规模经营失去应有的说服力，在实践中也容易引起人们的误解，从而导致两种偏差现象：一种现象是急于求成，搞一刀切，表现为违背农民意愿，用行政命令的方式强制集中土地，到头来欲速则不达。另一种现象是故步自封、畏缩不前，在条件具备的地区贻误推行规模经营的良机。无论哪一种情况，都会阻碍农业生产力的发展，延缓实现农业现代化的进程。因此，无论是从理论上讲还是就实践而言，弄清农业适度规模经营的内涵和外延都是十分必要的。

综观我国学术界对这一问题的探讨，大致可以概括为四种意见：

第一种意见认为，农业适度规模经营在我国有特定的含义，一般是指在保证土地生产率有所提高的前提下，与一定的经济发展水平、物质装备程度和生产技术相适应，并能使从事专业化农业生产的农民收入达到或略高于其他行业同等劳动力的收入水平时，一个务农劳动力所应经营的耕地面积。相对于原来狭小的土地规模而言，是指土地规模的扩大。这种观点可称之为面积扩大论。[①]

第二种意见认为，农业适度规模经营既是一定生产力水平的标志，也是一定阶段经济效益的反映。从本质上讲，它是在现有条件下，以家庭经营为基础，为了达到或超过其他行业劳动者的收入水平，合理地利用各种生产要素，在稳定和提高土地生产率的前提下，主要通过自己的劳动能力经营的耕地面积。简言之，就是经营的面积与经营的条件相适应，使各种生产要素实行最优

---

①吴梦蛟.农业适度规模经营与土地集中机制〔J〕.浙江学刊，1988（6）.

组合，从而达到最好的经济效益、社会效益和生态效益。这种观点可称之为生产要素优化论。[1]

第三种意见认为，规模经济是指经营规模与经济效益之间的关系。随着规模的变动，企业经济效益由小到大，就是规模经济；反之，就是规模不经济。农业适度规模经营，就其实质而言，是农业生产力合理的社会组织形式，是农业生产发展的结果和必然要求。这种观点可称之为社会结合论。[2]

第四种意见认为，农业适度规模经营可分为三个层次：劳动规模经营、土地规模经营和技术规模经营。在劳动规模经营层次中，生产要素的增加反映在土地上，所要改变的主要关系是劳动力和土地的不适当比例，目的在于通过土地要素的增加实现规模主体对其他要素的支配能力。在土地规模经营层次中，通过扩大土地经营数量，提高劳动生产率，实现农民对于收入增长的要求，其目的是扩大劳动者的生产能力。在技术规模经营层次中，增加生产主要依靠大量应用现代农业技术，充分发挥机械技术、生产技术的增产效应，通过提高土地生产率实现收入增长。这种观点可称之为结构层次论。[3]

上述四种意见分别从不同的侧面揭示了农业适度规模经营的含义，都有一定的道理，但都存在着各自的缺陷。面积扩大论看到了相对集中土地对农业适度规模经营的重要性，积极推行规模经营对农民获得平均利润的意义，并把提高土地生产率放到了首位，这对于人多地少的我国来讲尤其需要如此。但在强调扩大土地规模的同时，忽视了劳动生产率的提高和集约化生产的作用。其实，农业适度规模经营首先涉及土地面积的大小，但它不仅仅是以扩大土地面积为依据，"因为土地面积只能间接地证明农场的规模，而且农业集约化发展得愈广泛，愈迅速，这种'证明'就愈不可靠。农场的产品价值则是直接地

---

①杨国瑞.浅论土地适度规模经营〔J〕.农业经济，1988（1）.

②毕宝德.农业适度规模经营：问题与对策〔J〕.经济理论与经济管理，1989（1）.

③参见吴伟东发表在《中国农村经济》1988年第6期上的论文.

而不是间接地证明农场的规模，并且在任何情况下都能证明"。[①] 传统的农业经营管理体制单就土地面积而言，不能说不具有规模性（至少在我国是这样），但是从效果看，并未实现规模经济。那种"一大二公"的规模经营方式所带来的并不是投入与产出的良性循环，而是生产要素的浪费、生产成本的提高和土地产出率的下降。

生产要素优化论把家庭经营看作是规模经营的基础，强调规模经营的目的是达到最好的经济效益、社会效益和生产效益，具有一定的合理性。但并未揭示出农业适度规模经营的特殊规定性，因为规模经营虽然与生产要素优化组合有密不可分的关系，但二者毕竟是有严格区别的。农业适度规模经营是从一定的生产条件出发，通过生产要素优化组合，合理使用自然资源，促进劳动生产率提高，降低生产成本，以达到规模效益。可以说，农业适度规模经营是从组织形式方面研究规模经济效益的。

社会结合论力求从规模经济一般推论出农业适度规模经营的特殊规定性，在思维方法上给人以一定的启示。但把农业适度规模经营理解为农业生产力的社会组合形式，本身给人以含混不清的感觉，使人无法把握规模经营的真正含义。

结构层次论在一定程度上指出了发展农业适度规模经营的一般过程及趋势，对于拓宽人们思考问题的视野具有参考价值。但并未涉及农业适度规模经营的实质问题，而且农业适度规模经营的实施过程本身就意味着劳动规模经营、土地规模经营及技术规模经营交织在一起，应相辅相成、交互作用，在实践中很难分清孰先孰后的次序。

基于上述分析，我们认为，农业适度规模经营应定义为：在一定的技术条件下农业生产单位所能获得最佳经济效益的经营规模。其本质是通过生产要素的优化组合（主要是适时适度地相对集中原来分散搭配的土地），降低生产

---

①列宁.列宁全集：第27卷〔M〕.北京：人民出版社，1990：204.

成本，提高土地产出率和劳动生产率，使从事种植业的农民收入达到或略高于其他行业同等劳动者的收入水平，从而取得最佳经济效益、社会效益和生态效益。① 具体来说，它包括下列内容：

第一，农业适度规模经营不仅仅取决于量——扩大耕地面积与集中分散搭配的土地，更重要的是取决于质——经济效益和投入产出比。单纯以土地面积的大小来作为衡量规模经营的标准是不全面的，衡量规模经济的质只能是经济效益。

第二，规模经营的量有一个"度"，这个度的标准就是单位农业劳动力依靠自己的劳动所能够经营的最佳的土地数量，如果达不到这个度，务农劳动力和农户的经营规模过小，就会浪费劳动时间和生产要素，从而使从事种植业农民的收入水平远远低于务工经商者的收入，结果影响农民经营土地的积极性，导致农业的兼营化和相对萎缩。相反，如果超过了这个度，也会引起农业劳动力的超负荷运载，使物质技术装备和社会服务难以与之相适应，到头来粗放经营导致土地产出率下降，从而与规模经营的目标相悖。

第三，适度规模经营是一个相对的、动态的概念，而不是一个静态的概念，永远不会有一个统一的规模标准，也不可能有实现规模经营的同一时刻。推行规模经营必须从各地的生产力水平出发，在稳定和完善家庭联产承包责任制的基础上，积极创造条件，采取灵活多样的形式，走多元化之路，并在实践中不断发展、不断完善，以求达到产出极大化的最佳规模。

第四，降低平均成本，是农业适度规模经营的核心，提高土地产出率是规模经营的基本要求。没有这一点，推行规模经营就失去了任何意义。

第五，提高劳动生产率和农业的比较利益是规模经营的目标。为此，除了国家在价格上逐步消灭"剪刀差"，还必须牢固树立"全民支农"的思想，尤其是在农业机械、种子、技术咨询、资金等方面，为农民提供优质服务，使

---

① 王军旗.农业适度规模经营之我见〔M〕.光明日报：第3版，1989-07-29.

农民真正成为商品生产者，从而达到等量劳动获得等量报酬、等量资金获得等量利润的目的。

4.6 当代中国的"土地流转"

随着十八届三中全会的召开，"土地流转"日益成为中国城乡使用频率很高的一个词汇。中央出台的一系列土地新政，标志着新一轮的农村改革已经拉开了帷幕。如何在坚持农村土地集体所有性质的前提下完善联产承包责任制，既保障基本农田和粮食安全，又通过合乎规范的流转增加农民收入，一系列问题在下一步改革中要好好研究。

1. 我国农村土地适度规模经营正当其时

随着国家经济实力的增强，我国总体上已进入以工促农、以城带乡的发展阶段，进入加快改造传统农业、走中国特色农业现代化道路的关键时刻。

一是推动农业适度规模经营的基础已经具备。随着城市化进程的加快，我国大约有 2.1 亿农业剩余劳动力转移到城镇，留守农村的人群主要是老弱妇孺，很多地区土地闲置、撂荒现象突出。正是基于这样的事实，我们说推动土地承包经营权合理流转，实现农业适度规模经营，已经具备了客观基础。

二是推动农业适度规模经营的环境业已形成。目前，我国农民的货币收入主要来自非农收入，此时农民对土地权利的保有，主要基于两方面的考虑：首先是土地的最后保障功能。在城市不能给进城务工农民提供社会保障的情况下，土地就成为他们最后的保障。其次是土地权益的补偿功能。土地保障功能可以为农民换取制度保障功能，土地权益可以为农民换取市民所拥有的基本生存权益。这种替换的实现，就为推动农业适度规模经营提供了一个很好的机会。

三是推动农业适度规模经营的动力依然强劲。最近几年，由于国家加大了对农业的扶持力度,粮食价格不断上涨,政府补贴不断增多,有不少农民愿意扩大种植规模,这说明农村已具备了实现规模经营的内在动力。

2. 他山之石:西方发达国家的土地交易

在西方发达国家,土地流转一般被称作"买卖、租赁、抵押"等土地交易。

美国的农业是当今世界上最发达、最具有代表性的现代农业。家庭农场是美国土地生产经营的基本单位。美国政府采用信贷支持、政策引导、利息调节、价格补贴等经济手段,通过各种优惠政策,鼓励家庭农场规模的适度扩大。在土地流转过程中,一般不涉及土地的所有权,而大多是土地使用权和经营权的有偿转让。土地转让的主体一般由政府与家庭农场主通过签订经济契约来实现。土地流转的主要目标在于扩大农场规模、优化组合生产要素,以及运用先进的科技与管理经验。

英国的农业一直以"地主—佃农制"为基础。圈地运动之后,政府为扩大农场经营的规模,促进土地流转,在政策上给大农场以很多优惠。1945 年之后,农场主的地位逐渐提高,而地主却面临较高的修理成本和对新建筑的要求,并且地租受到控制。农场主取得越来越大的安全租佃权,最终导致实际意义上的终身租佃。1967 年修订的《农业法》规定:政府提供合并小农场所需费用的 50%,对愿意放弃经营的小农场主可以发给 2000 英镑以下的补助金,或者每年发给不超过 275 英镑的终身年金。在政府鼓励、市场竞争和农业技术改进等因素的共同作用下,英国的土地流转顺利进行,农场数量减少很快。

法国目前只有土地所有者自己直接经营和租佃两种土地经营制度。法国大革命后形成的小农占优势的状况曾经延续了 100 多年。但由于农场规模偏小、土地切割零碎分散,阻碍了土地的规模经营,法国政府于 20 世纪 20 年代制定了促进土地流转的土地改组政策,促进并支持中等农场的发展。通过建立"土地整治与农村安置公司",由国家购买土地,经过整治后转让给需要土地的农民,以利于发展中等类型的家庭农场。政府对中等规模的农场在土地购买、贷款和税收上给予优惠。此外,采取对年老农民发放终生养老金的办法,促使他们离开农业，让出来的土地主要用于扩大农场规模。法国还设有土地市场管理机构——土地事务所，该机构对小块土地享有优先购买权，对购买的土地整治合并后卖给有经营前途的农民。土地转让或租契也必须经过该机构的批准。①

3. 目前我国土地流转的五大模式

在十七届三中全会召开之前，不少地方已对土地流转做了一些有益探索。当前，农村土地流转已形成了五种模式：

一是土地互换。30 年前，农村实行土地联产承包责任制，农民分到了土地。但由于土地肥瘦不一，大块的土地被分割成条条块块。经过土地互换，将七零八落的小块土地改造成一块块大条田，可以提高土地的产出率。

二是出租。在市场利益驱动和政府引导下，农民将土地经营权出租给大户、业主或企业法人等承租方，出租的期限和租金支付方式由双方自行约定，承租方获得一定期限的土地经营权，出租方按年度以实物或货币的形式获得土地经营权租金。主要形式有大户承租型、公司租赁型、反租倒包型等。

三是"股田制"。在坚持承包户自愿的基础上，将承包土地经营权作价入股，建立股份公司。在土地入股过程中，实行农村土地经营的双向选择（农民将土地入股给公司后，既可继续参与土地经营，也可不参与土地经营），农民凭借土地承包权可拥有公司股份，并可按股分红。该形式的最大优点在于产权清晰、利益直接，以价值形态形式把农户的土地承包经营权长期确定下来，农民既是公司经营的参与者，也是利益的所有者，是当前农村土地流转机制的新突破。

四是宅基地换住房，承包地换社保。重庆市被国家批准为统筹城乡综合配套改革试验区后，在土地改革上创造了"九龙坡模式"，农民可放弃农村宅基地，宅基地被置换为城市发展用地，农民在城里获得一套住房。农民放弃农村土地承包经营权，享受城市社保，建立城乡统一的公共服务体制。

五是"股份＋合作"。以土地经营权为股份共同组建合作社，按照"群众

---

① 张康，张舒. 土地流转：一抔黄土别样情〔J〕. 政工导刊，2009（2）.

自愿、土地入股、集约经营、收益分红、利益保障"的原则,引导农户以土地承包经营权入股。合作社按照民主原则对土地统一管理,不再由农民分散经营,而是挂靠龙头企业进行生产经营。实行按土地保底和按效益分红的方式,年度分配时,首先支付社员土地保底收益,留足公积公益金、风险金,然后再按股进行二次分红。

以上几种模式各有其优势,但也存在不成熟之处。特别是一些地方已经出现土地开发过程中随意扩大非农用地比重的倾向,有些所谓"农业开发项目"中非农用地比重甚至达到50%。对于这些做法,国家正在出台措施加以制止和纠正。

4. 土地私有:并不美丽的农村问题"神话"

世界典型国家的土地流转具有两个共同特点:一是土地流转的目的和结果都是扩大土地规模经营,而这种扩大都是基于经济发展、农业技术进步、农村劳动力转入非农产业的城市化拉动作用。二是以小农户经营为主的土地私有制国家,仅依靠市场的力量并不能完全实现土地的合理流动,土地私有权在一定条件下会成为土地流转的障碍,必须通过立法和其他措施使土地得以合理流动。这一点对我国而言特别重要,因为"土地私有化"的想法并不能真正解决我国的农业问题。

我国农村土地制度的核心是其二元性,即所有权归集体,使用权分配到农户。因此,要说私有化,土地使用权的"私有化"早在30年前土地承包改革时就已经开始了。2001年时,在浙江的一些县就有超过60%的土地在农户间流转。而前年夏天,有关方面在对云南、山东两省的调查中发现,由企业参与和引导的规模化经营在各种农产品中都已普遍开展。一批用地近万亩、雇工近千人的大型民营种植园脱颖而出。今天的中国农村,传统中的一家老小、守着自家一亩三分地的小农经营正在被规模化、专业化、企业化的现代农业一点点取代。但所有这些改革,丝毫不涉及土地所有权的私有化问题。

中国农村的发展,最终要走的道路必然是现代发达国家农业所走过的同一条路：农业人口的城市化与工业化。所以，解决中国农村问题的核心，不在于土地是否私有化，而在于城市有没有创造足够的就业机会，提供合适的社会制度与基础设施，来吸纳离开土地的农业人口。我国农业和发达国家农业相比缺少竞争力，根源在于我们人多地少，经营规模小，劳动生产率低，在市场上没法和大规模的农业相竞争。单从人均耕地面积来说，我国人均耕地面积就大大低于美国。我国即使搞土地私有化，仍是小规模经营，还是没法和人家竞争。因此，将土地私有化并不能解决中国的农业问题。为提高农业的竞争力，应通过提高土地的利用效率、发展适度规模经营来实现。

5. 多条防线阻击权力资本的"圈地盛宴"

随着政府对农村土地流转引导和服务功能的逐步加强，目前，农村土地流转的行为逐步趋于规范，主要体现在三个方面：一是由过去以农户之间、业主与农户间的自发流转为主向以政府和市场引导与自发并重的自主流转转变；二是由过去无偿代耕向按市场规律的有偿流转转变；三是由过去依靠口头协议的不规范流转向签订书面协议的规范流转转变。但是，与其他公共政策一样，农村土地流转政策也是利弊互现。当前，土地流转实施过程中存在的问题主要体现在五个方面：

第一，农民的土地和宅基地，除近邻大中城市或沿海发达地区的具有较大资产价值外，其他的多在偏远地区，甚至山区，且土地面积小，价值非常有限，比起农民在城市安家立业所需的资金而言只是杯水车薪。所以，对大多数农民而言，直接将土地和宅基地换取生活资产的想法并不可行。正如中央农村工作办公室主任陈锡文所讲，让现有的几亿农民马上从农村土地上全部转移出来，并不太现实。

第二，农民通过转让土地虽有现金收益，但由于他们大多缺少一技之长，在城镇务工一旦失业，其赖以生存的土地也不复存在，将失去生活的退路。在给予他们相应的社会保障之前，将其在农村生活的退路断掉，会给社会稳定埋下隐患。

第三，当资本进入农村收购土地和宅基地时，考虑到个别地方官员中存在的腐败问题，一旦资本和腐败勾结，农村土地流转可能演变为资本与权力的"圈地盛宴"，给农民和国家利益造成巨大损失。

第四，随着农业活动受企业控制，由于水稻、小麦等粮食生产成本高、收益低，出于对利润最大化的追求，很多企业将会改变土地传统的粮田用途，转向水产养殖、牲畜养殖以及水果、花卉、蔬菜等生产和加工。最近广为宣传的成功的农业规模经营无不都是这种模式。一旦这种模式大面积铺开，会造成粮食生产的大幅萎缩，势必导致粮价的进一步上扬，最终负担又将转移到老百姓身上。

第五，由于受城市现有的公共服务设施、医疗、教育等条件和规模的限制，人口的过快涌入会给资源本已紧张的城市带来压力，使城市更加拥挤。如果城乡一体化建设的政策不能很好跟进的话，未来城市的生活空间可能会进一步缩小。

考虑到这一政策在实行过程中可能碰到的问题，需要结合各地农村的特定情况，循序渐进，谨慎推进。目前要明确的是：一是坚持确保所有权、稳定承包权、搞活使用权的原则；二是维护农民的权益，坚持"自愿、有偿、依法"的原则；三是坚持土地资源优化配置和土地同其他生产要素优化组合的原则；四是坚持保护耕地，重点保护基本农田的原则。这可以说是农村土地流转的"底线"，任何超越这些底线的行为都是错误的。①

6.我国土地流转改革大事记

1982年，深圳特区开始按城市土地等级不同收取不同标准的使用费。

1987年，国务院提出土地使用权可以有偿转让。当年12月，深圳市公开拍卖了一块国有土地的使用权，这是新中国成立后首次进行的土地拍卖。

1988年，国务院决定在全国城镇普遍实行收取土地使用费（税），全国各城市开始建立房地产交易所，各专业银行成立房地产信贷部。

1990年，国务院允许外商进入大陆房地产市场，发布了《城镇国有土地

---

① 陈丽红：《土地流转的基本原则》，资料来源：土易网，2014年8月7日。

使用权出让和转让暂行条例》《外商投资开发经营成片土地暂行管理办法》和相应的有关文件。

1992 年,广东省南海市(现为广东省佛山市南海区)下柏村农民将承包经营的土地以股权形式,流转给村集体成立的经联社(或经济社)统一经营。新一轮土地改革"胎动""土地流转"成为此轮改革的主题。

1995 年,国家土地管理局公布《协议出让国有土地使用权最低价确定办法》,提出培育和发展土地市场的 8 项要求。

2005 年,经农业部第二次常务会议审议通过,《农村土地承包经营权流转管理办法》自当年 3 月 1 日起施行。

2008 年 10 月,党的十七届三中全会通过的《中共中央关于推进农村改革发展若干重大问题的决定》指出,允许农民以转包、出租、互换、转让、股份合作等形式流转土地承包经营权,发展多种形式的适度规模经营。自此,这一轮土地改革正式开始起步。

2012 年,中央一号文件要求,2012 年基本完成覆盖农村集体各类土地的所有权确权登记颁证,推进包括农户宅基地在内的农村集体建设用地使用权确权登记颁证工作。国土资源部数据显示,截至 2012 年 10 月底,农村集体土地所有权确权登记颁证率达到 86%。

2013 年,党的十八届三中全会发布的《中共中央关于全面深化改革若干重大问题的决定》提出赋予农民更多财产权利,要求建立农村产权流转交易市场,推动农村产权流转交易公开、公正、规范运行。[1]

---

[1]白朝阳,赵剑云,夏一仁,等."新土改"要迈四道槛:粤、渝、川、津、京农村土地流转试点调查〔J〕.中国经济周刊,2012-12-25.
陈小瑛.深圳农地入市第一拍落槌〔J〕.华夏时报,2013-12-21.

4.7 从流转到托管

20世纪80年代联产承包责任制，用"分"的方式激发了农民积极性，解放了生产力，而随着城镇化快速推进，"统"不到位已经成为新的制约。2013年以来，我国山东等地以土地托管为切入点，深化供销合作社综合改革，创新服务机制和服务模式，为种粮大户、家庭农场、农民合作社和农业企业等提供"保姆式""菜单式"托管服务。

这种服务规模化模式在不改变农民的土地承包权、收益权和国家惠农政策享有权的前提下，实现了多重效益。比如，通过实施统一耕种、统一管理、统一收储、统一加工、统一销售、统一分配"六统一"的规模化服务、集约化经营，减少化肥用量15%左右，控制了面源污染，从源头上为农产品质量安全提供了保障。在土地托管过程中，通过实施推平陇背、宽幅精播、多层施肥、良种推广、早播晚收、蜡熟早收、统防统治、机播机收、烘干贮藏等服务，每亩粮食作物可增产20%～30%，增效400～600元，经济作物可达1000元以上。

"土地托管"在良种推广、耕种浇水、测土配方、统防统治、联合收割、加工销售等关键环节，为农户提供全程社会化服务，形成了"农民外出打工、供销社给农民打工"的新格局，走出了"以服务规模化促农业现代化"的新路子。

2013年以来，山东省土地托管发展迅速。2014年，新泰土地托管面积为3万亩，年底预计将达20万亩；高密市决定将全市143万亩土地交由供销社托管；潍坊将服务粮食作物同时延伸到花生、蔬菜、棉花、瓜果等经济类作物……。截止到2014年6月，山东省供销合作社系统托管土地530万亩（含复种面积），受惠农民110余万户；有2267个村参与了社村共建，土地托管服务帮助村集体增收6350万元。预计到2018年，山东省供销合作社在全省土地托管总面积将达到 2000 万亩，成为农业社会化服务的主渠道。

我国已经进入从传统农业向现代农业加快转型的关键阶段，农村的基本矛盾是一家一户分散经营和实现农业现代化之间的矛盾。农业现代化要求走集约化、规模化的路子，而我国人多地少的基本国情，决定了相当长一段时间内，生产环节只能进行适度的规模化经营，这就需要在坚持农村家庭经营基本制度的基础上，加快建立完善农业社会化服务体系，以服务的规模化弥补生产环节的规模不足。[①]

[①]资料来源：《山东供销社：土地托管服务规模化》，《经济日报》2014 年 6 月 3 日；《山东省力争 5 年内托管 2000 万亩土地》，《大众日报》2014 年 6 月 10 日；《侯成君：用托管服务解决"谁来种地"》，《人民日报》2014 年 7 月 24 日；以及央视《新闻联播》2014 年 10 月 16 日相关报道。

第五章 西方存在理论与中国非公有制经济"异军突起"

5.1 "大森林的故事"

阿弗里德·马歇尔（1842—1924）是新古典学派的主要代表人物，又是现代西方微观经济学家的奠基者。他运用生物学中大森林中树木的生长规律来分析企业的生存与发展，也就是著名的"大森林的故事"。马歇尔认为，大企业尽管享受到了规模经济的一切好处，但总有一天，它会由于不能及时地调整自己的相应策略，难于应付突发事件而失去优势。与此同时，中小企业则趁机抢占市场。因而中小企业不会灭亡，反而会广泛存在。

他认为，一个企业由小企业成长为中型企业，再成为一个大企业，这就如同森林中一株小树，逐渐长成中树，再成长为大树，最后老死。他说："我们可从森林中新生树木从老树的浓郁中奋力向上挣扎的情况获得启示。新生树木中，许多都夭折了，但总有少数可以生存下去。这些少数得以生存的树木一年比一年壮大，它们的高度愈高，就会得到更多的阳光和空气，总有一天，它们会成为附近树木中最高者。这种情况似乎会维持下去。但事实并不是这样，一棵树尽管可以比另一株树能维持活力较久和较为茂盛，但它终归摆脱不了年龄对它的影响。所以，较高的树木比它的竞争者可以得到较多的阳光和空气，但它也逐渐失去生命，相继让位于物质力量虽小，但青春活力较强的其他树木。"①

马歇尔认为，"树木的生长如此"，"企业的发展原理亦如此"。小企业同样沿着"小——中——大"这一过程发展，而大企业最终在"衰老"之后必然为小企业所取代。马歇尔指出："差不多在每个行业中，大企业是不断地兴盛和衰落，……因为，在一般繁荣时代，一方面的衰败必然为另一方面的繁荣所抵消有余。"②

在马歇尔看来，大企业绝不会有"永远的繁荣"，衰败是必然的，只是个时间长短的问题。

中小企业的存在有其合理的因素：①中小企业由于生产规模小，管理费用相对较低。②小企业同大企业一样，也能从外部获得必要的信念和知识。这方面，中小企业同大企业相比，尽管处于劣势，但毕竟保证了这些中小企业的生存。③随着科学技术的发展，中小企业也会采取先进的技术和管理经验进行生产经营。

5.2 罗宾逊的"最佳规模论"

自由竞争进入垄断阶段后，随着跨国公司的迅速发展，大规模生产的优势充分显示出来。但是，中小企业并没有销声匿迹，相反顽强地发展壮大，并在西方发达国家的地位愈加突出，其原因何在？西方经济学家进行了长期的研究，逐步形成了中小企业存在理论，最具代表性的当属剑桥学派。

1931年，英国新剑桥学派的倡导者罗宾逊出版了他在剑桥大学任教的第一本专著《竞争产业的结构》，该书集中论证了"规模经济"的限度问题，认为超过这一限度，就会出现收益递减的后果，中小企业的生存和发展的关键在

①李玉刚.激活中小企业〔M〕.北京：民主与建设出版社，1999：66.
②李玉刚.激活中小企业〔M〕.北京：民主与建设出版社，1999：66.

于寻求适度规模。

在罗宾逊看来，大规模经营有优势，也存在着一定的局限性。企业经营规模还能无限扩大，当规模扩大到一定程度后，就会出现收益递减，其主要原因有：①难以继续进行分工。分工可以提高生产效率。但有一个限度，超过某一限度再进行分工会降低效率，因为进一步分工意味着技术复杂程度提高，成本增加，所以分工不可以无限地进行。②大规模经营导致管理层次关系繁杂，决策效率低。在世界瞬息万变的今天，容易坐失良机，影响企业的整体效益。

作为大规模经营的对立面，小规模企业尽管存在一系列的困难和劣势，但"尺有所短，寸有所长"，小规模经营的企业自有其自身的优势。①管理费用低，决策有效率。管理费用低不仅仅指管理人员的费用低，而且包括机会成本。因为小企业决策效率高，因而机会成本相对较低。②人员富有朝气。中小企业的从业人员往往对本企业有着相当强的归属感。这样他们会想企业之所想，急企业之所急，在工作中干劲倍增。

按照罗宾逊的解释，所谓的最佳规模企业是指在规模经济的界线下，在现有的技术和组织能力的条件下，单位平均生产费用最低的企业。这种最佳规模，大企业可以实现，中小企业同样可以做到。但是罗宾逊认为中小企业要想实现这种最佳规模，必须排除三种阻碍因素：①"市场的不完全性"妨碍了中小企业成长；②景气变动和偶然事件会把有发展前途的新企业扼杀掉；③有些企业不能连续扩大生产能力。

在罗宾逊"最佳规模论"的影响下，日本经济学家末松玄六教授结合日本的具体实践，在1971年出版的《中小企业经营战略》一书中，创立了最适规模理论。在这本专著的《序言》中，他写道："我认为规模越小的企业，利润率、投资效益等越高，……中小企业应坚持独立自主的原则，在劳动、知识熟练集约化以及商品、服务差别化上下功夫，才是确保生存能力的有效途径"。[①]

末松教授在这一理论上的突出贡献就是，指出行业不同，企业所需的最适规模也不同，因此在某些行业中往往只有中小规模的企业才能生存，在那

① 李玉刚.激活中小企业〔M〕.北京：民主与建设出版社，1999：70.

些需求呈现多样化的行业尤其不利于大企业生存。这些大规模的商业企业存在着三个明显的缺陷：①统一性增强，使企业缺乏活力，削弱了对灵活多样的零散小企业的竞争力。②由于实行标准化，忽视了消费者的个性化，不能满足消费者不同消费档次消费偏好的要求。③由于企业规模大，工会组织有力，对企业决策产生了负面影响。最终结果是，这些大企业不得不适当分权。

末松教授在上述分析的基础上，区分了最大收益规模和最大效率规模两个概念。按照末松教授的解释，最大收益规模是指在一定的行业中，以大概的收益额所表示的最大经营规模。在完全竞争的市场条件下，平均成本最小的规模就是收益最大的规模；在不完全竞争条件下，最大收益规模是指利润额的极大值。末松认为，企业最大效率规模，就是把平均费用、销售利润率、总资本附加值率、全员人均附加值额或产量、设备利用率等，按标准测定，视其效率最大的规模。从费用看，是最小平均费用的规模；从利润看，则是最大利润率的规模。这样的规模，就叫"最适规模"。

最大收益规模的最适规模，强调利润的绝对量，而最大效率规模的最适规模则强调相对的利润率，这样最大收益规模所指的最适规模与最大效率规模的最适规模往往不相重合，有些企业规模符合最大收益规模的最适规模，却往往不符合最大效率规模的最适规模，反之亦然。末松教授举了一个例子：总资本 100 万日元的小规模商店，总资本利润率提高 30%，它最多获利 30 万日元，而另一个总资本为 1 亿日元的大企业，总资本利润率仅仅提高 5%，它可多获得 500 万日元，从最大效率规模的最适规模来看，小商店是适宜的，而从最大收益规模来看，大商店则更有利。他始终坚信，中小企业只要达到最适规模，就会同大企业一样，不断发展壮大。

5.3 "大规模时代的终结"

从 20 世纪 50 年代中期到 70 年代初，日本实现了长达 18 年的快速增长。这一时期，日本经济的主要特征是以重工业、化工业为核心，追求企业大型化，许多 20 世纪 50 年代初被解散的财阀企业，在发展过程又重新合并，形成了一系列的超级企业。但是进入 20 世纪 70 年代以后，日本国内面临着产业结构的重大调整，许多大型企业成为"夕阳产业"，再加上"石油危机"的冲击，大企业的发展陷入困境。在这种背景下，中村秀一郎教授提出了"大规模时代终结"理论。

中村教授在《大规模时代的终结——多元化产业组织》一书中，批判了在大企业的控制和支配下中小企业处于不稳定和无力化状态的错误观点，认为随着现代资本主义经济的变化，中小企业可能出现结构性大发展。

按照中村教授的观点，战后初期至 20 世纪 60 年代末，日本中小企业尽管取得了迅速发展，但这毕竟是经济恢复和高速发展的特定历史条件的产物，而中小企业取得长足的发展，应该是 20 世纪 70 年代的事情。随着"大规模时代的结束"，多元化产业结构的出现，为中小企业的生存和发展带来了千载难逢的机遇。对此，他进行了具体分析。他认为，当重工业和化学工业成熟之后，日本进入了信息化、社会化、产业网络化阶段。这一阶段主要有以下几个特征：由于需求结构多样化，多品种小批量的生产体制取代了少品种大批量的生产体制；产业结构从资本密集型转向技术、知识密集型，人们对"规模经济"的迷信从根本上发生了动摇；多元产业结构形成。所有这些因素，都为中小企业的大发展创造了有利条件。中村教授将其归结为四个方面：

（1）经济国际化趋势。社会发展到今天，各国经济已经成为一个息息相关的网络系统，彼此相互联系、相互依存、相互影响。即便在一国内，垄断发展很快，但竞争在世界范围内进行，其他国家纷纷参与竞争从而抑制了企业的过度膨胀，这样，中小企业就可在企业的间隙中求得生存和发展。

（2）产业结构的变化。未来产业并非是钢铁、汽车等资本密集型产业，而是知识、技术密集型产业，如信息、生物工程等等。这些产业部门的生存以知识为核心，只要能够开发出新产品、新工艺，中小企业也会获得高利润。

（3）消费结构的变化。进入20世纪70年代以后，随着人们收入水平的提高，闲暇时间日益增多，消费结构也愈来愈多样化、高级化、个性化和专业化。于是，那种单一品种大批量生产的企业就远远不能适应现代消费结构的需要，而那些灵活机动、多品种小批量生产的中小企业则日益活跃起来。

（4）国家政策的扶持。第二次世界大战后，世界各国都普遍加强了对经济生活的干预。日本政府专门制定了扶持中小企业的有关政策，这些政策为中小企业的发展创造了良好的外部环境，进入20世纪70年代以后，中小企业日益成为经济中不可忽视的一支重要力量。[①]

不难看出，中村教授的理论是从战后世界各国产业结构的变化并结合日本的实际情况加以论述的。中村教授的观点主要有两点：一是消费结构的变化，导致了产业结构的多元化。这种多元化为中小企业提供了生存空间。二是知识、技术在企业中的地位日益重要，许多中小企业仅仅凭借技术、知识优势就可获得丰厚的利润。

5.4 不完全竞争理论

这一理论发端于意大利经济学家斯拉法。完全竞争论者认为，参加竞争的生产者和消费者，都不会影响商品的市场价格，基本可以认为市场价格是恒定的。但是，斯拉法从资本主义生产的现实出发，分析了当生产规模扩大到一定程度会出现"滞销"并直接影响价格的现实情况，得出了价格决不是恒定的

---

① 李玉刚. 激活中小企业〔M〕. 北京：民主与建设出版社，1999：77.

结论，进而对完全竞争理论提出了怀疑。

后来的西方经济学家认为，完全竞争的市场应具备下述四个条件：①大量的买者和卖者，以至他们当中每一方都不能影响价格；②产品之间的无差异性；③参与市场活动的经济单位具有完全信息；④厂商可以无成本地自由进入或退出市场。与完全竞争相对的市场状态是垄断，即整个行业中只有唯一的一个厂商的市场组织。具体来讲，垄断市场的条件主要有三点：①市场上只有唯一的一个厂商生产和销售商品；②该厂商生产和销售的商品没有任何相近的替代品；③其他任何厂商进入该行业都极为困难或不可能。在这样的市场中，垄断厂商可以控制和操纵市场价格，而在完全竞争的市场中，厂商仅仅是价格的接受者。张伯伦和罗宾逊夫人认为，完全竞争市场和垄断市场在现实生活中都是不存在的。他们认为，产品的差别是造成垄断的决定性因素（如质量、品种品牌等）。然而，厂商的产品又往往具有一定程度的替代性，由于产品差别的存在导致了一定程度的垄断，而产品的替代性又导致了一定程度的竞争，于是，现实生活中大量存在的市场是"不完全竞争"市场。

按照张伯伦和罗宾逊夫人的观点，不完全竞争的市场状态成为中小企业成长的沃土。张伯伦特别强调了"产品的差别性"对中小企业生存的重要作用，他指出，由于"产品的差别性"不仅大企业能形成垄断因素，中小企业也会形成一定的垄断因素。因此，中小企业也会生存、发展，即便中小企业之间不能形成"产品差别性"，在激烈的市场竞争中，中小企业依靠自己的灵活性也未必会被大企业所吞并，只要它们适应市场需求，及时地调整策略，照样可以在夹缝中生存。罗宾逊夫人则提出了"市场不完全"的概念。所谓"市场不完全性"，主要是指参与竞争的企业条件各不相同。这种不同体现在许多方面，例如销售时间的不同、销售技巧与环节不同、运输费用有差别等，所有这些最终都对价格发生了一定的影响，而对价格施加影响的不一定是大企业，中小企业只要经营策略正确，同样可以影响市场价格形成。因此，中小企业的生存也就成为不容质疑的事情。

5.5 非公有制经济发展的历程

在经济文化落后的国家，无产阶级掌握国家政权和国民经济命脉之后，如何认识和对待非公有制经济，是长期困扰社会主义国家的一个重大问题。中国共产党在 1949 年执政以后，对这一问题进行过艰辛的探索，既经历过重大的挫折，也取得了巨大的成就。回顾我国对非公有制经济的认识历程和政策变化，分析这些政策产生的实际效果，对于我们深刻理解十五大提出的社会主义所有制问题的新思路和新政策，不断探索和完善社会主义所有制结构，有着积极的意义。

从新中国成立到 1953 年社会主义改造开始，是我国认识和处理非公有制经济的第一个阶段。这一阶段党和政府从中国的具体实际出发，在继承新民主主义革命时期认识成果的基础上，对非公有制经济做出了基本正确的分析判断，采取了正确的政策。

在新中国成立之初，《共同纲领》就规定，我国的所有制结构是五种经济成分并存。经济建设的根本方针是公私兼顾、劳资两利、城乡互助、内外交流的政策，达到发展生产、整顿经济之目的，使国营经济、合作经济、农民和手工业者的个体经济、私人资本主义经济和国家资本主义经济分工合作，各得其所。凡是有利于国计民生的私营经济事业，人民政府应鼓励其经营的积极性，并扶助其发展。毛泽东在七届三中全会上还告诫全党："有些人认为可以提早消灭资本主义实行社会主义，这种思想是错误的，是不适合我们国家的情况的"。1953 年 7 月，曾对当时的民族资本主义有过深刻的分析："中国现在的资本主义经济其绝大部分是在人民政府管理之下的，用各种形式和国营社会主义经济联系着的，并受工人阶级监督的资本主义经济。这种资本主义经济已经不是普通的资本主义经济，而是一种特殊的资本主义经济，即新式的国家资本主义经济。它主要地还是为了资本家的利润而存在。……因此，这种新式国家资本主义经济是带有很大的社会主义性质的，是对工人和国家有利的。"历史地看，这些认识符合我国的实际情况，从当时所制定的政策执行效果看也是好的。

从 1953 年社会主义改造酝酿到 1956 年改造基本完成，是我国认识非公有制经济的第二个阶段。在这一阶段，我国对非公有制经济采取了种种限制的政策。之所以采取这样的政策，与当时对非公有制经济的认识发生变化有着直接的关系，而产生这种认识的根源，则是对马克思主义某些论断进行简单教条的理解和严重脱离了中国的具体实际。

从 1953 年关于党在过渡时期总路线的学习和宣传提纲分析，当时我党把新民主主义社会解释为是一个由逐步改变直到"完全消灭城乡资本主义经济成分"，"使生产资料的社会主义所有制成为我国国家和社会的唯一的经济基础"的过渡时期。在 20 世纪 50 年代，党内绝大多数人认为，社会主义经济应该是由全民所有制和集体所有制经济两种经济成分组成。

从 1957 年社会主义改造完成到 1978 年十一届三中全会的召开，是我党认识和处理非公有制经济的第三阶段。在这一阶段，我国照抄照搬了斯大林的"二元公有制模式"，实行了一种高度集中的经济管理体制。在对待非公有制经济问题上，盛行"对立论"，认为非公有制经济是社会主义经济的对立物，是滋生资本主义因素的土壤，与社会主义经济水火不相容，发展社会主义经济就是用计划经济的方式，促进全民所有制经济迅速增长，决不允许非公有制经济有藏身之地。

在"对立论"影响下，不断地割"资本主义尾巴"，连家庭副业、自留地、集市贸易都当作私有制的残余来批判，其结果抑制了各种积极性，减少了生产力的增长点，使整个社会经济死气沉沉、缺乏活力。正如邓小平同志指出的那样，中国社会从 1958 年到 1978 年 20 年时间，实际上处于停滞和徘徊状态，国家的经济和人民的生活没有得到多大的发展和提高。可以说，这是"对立论"

所带来的恶果。

党的十一届三中全会以来,我党在总结了"对立论"的历史教训的基础上,制定了以公有制为主体、多种经济成分共同发展的方针,对个体经济、私营经济、外资经济积极引导,使非公有制经济在断档了 20 多年后重新出现,并且以迅雷不及掩耳之势高速度发展。据统计,1978—1994 年,国有经济年均增长速度为 8%,非国有经济年增长率为 25%。到 1995 年,全国从事私营、个体、外资企业的人数分别为 956 万人、4614 万人和 1700 万人,比 1994 年分别增长 47.5%、22.2% 和 21.4%,非公有制企业的从业人数占全国从业人数比重的 11.6%,注册资金已占全国工业总产值的 19.5%,工商税收占全国工商税收总数的 19.9%。

非公有制经济的发展,对于满足人们消费需求、增加财政收入、缓解就业压力、引进国外先进技术功不可没。现实的发展需要中央在政策上给予扶持,"有益补充论"得以诞生,这是我国认识非公有制经济的第四阶段。在这一阶段,我党明确提出了一个命题:非公有制经济是社会主义经济必要的有益的补充。党的十四大报告也论述到:"在所有制结构上,以公有制包括全民所有制和集体所有制经济为主体,个体经济、私营经济、外资经济为补充,多种经济成分长期共同发展。"

"有益补充论"替代"对立论",是我党在非公有制经济问题认识上的一次历史性飞跃,它肯定了非公有制经济在国民经济发展中的积极作用,赋予了其合法的经营地位,极大地推动了非公有制经济的发展。但是,也应该看到,"有益补充论"存在着很大的局限性,具体表现在:①把非公有制经济摆在了配角位置,它只是社会主义经济的附属物,而不是有机组成部分,就像一个人的心脏不好,给其安一个心脏起搏器,它是心脏的补充,而不是人体的组成部分一样。②把非公有制经济存在的原因归结为社会主义初级阶段生产力不发达,在其本质上还是视非公有制经济为社会主义的异己物,公有制经济是社会主义经济的主人，非公有制经济成为主人的服务员，需要时呼之即来，不需要时挥之即去，一旦生产力发达了，初级阶段越过了，就可能将非公有制经济废除，甚至再来一次"三大改造"，重新实行公有化。③这种观点付诸实践之中，必然带来一系列问题。有些私营企业主"当一天和尚撞一天钟"，心里老是不踏实，把赚来的钱不愿意用于扩大再生产，而是用于浪费性的消费；有些地方政府对非公有制经济的发展不但不热心、不支持、不给创造条件，反而采取歧视态度，千方百计地加以限制，迫使非公有制经济"挂羊头卖狗肉"，不愿意承认其非公有制性质。因此，"有益补充论"是我国经济体制改革前期的主基调，它的历史进步性不能掩盖其局限性，改革实践呼唤着认识上的另一次历史性飞跃。

在十四大精神的鼓舞下，非公有制经济得到长足的发展，其中八五时期的三资企业几乎每年翻一番，年递增95.6%。这些新情况在经济学界引起了很大的争议，形成了两种截然不同的观点：一种观点认为，非公有制经济的调整发展，不会改变社会主义性质，国有制比重的下降，既不是政府号召的结果，也不是反革命破坏的结果，而是客观的经济规律所导致的，它是历史的进步而不是倒退。另一种观点认为，鼓励非公有制经济的发展，降低国有制的比重，会动摇社会主义社会的经济基础，动摇公有制的主体地位。国有企业降到30%，中国充其量是个"半社会主义国家"；如果降到25%，便可称作"半资本主义国家"；如果降到20%，那中国岂不是成为与法国一样的"资本主义国家"了吗？

1995年，有一篇文章指出："私营经济的迅速发展削弱了党的领导"，新崛起的资产阶级和"党内走资本主义道路的改革派"勾结在一起，威胁了"无产阶级专政"的巩固。另一篇文章也认为，"由于私营企业迅猛发展，成倍增长，由于资产阶级自由化、腐败、地方主义和官僚主义的存在与发展，阶级斗争有可能重新上升为我国社会的主要矛盾"。更有甚者，著名经济学家董辅礽教授同年在一家报纸发表了《非公有制经济是社会主义经济的重要组成部分》

一文后，这家报纸的主编被撤职，理论版也被取消。

面对两种观点的长期争论，面对理论界的噪音，广大干部群众心头浮起了疑问：非公有制经济还要不要发展？

关键时候，党的十五大郑重宣布："非公有制是社会主义市场经济的重要组成部分"。这是继"有益补充论"后我党在非公有制经济问题认识上的又一次历史性飞跃，我们可以将其称为"重要组成论"。"重要组成论"的提出，大大提高了非公有制经济的地位，标志着我党对非公有制经济的认识进入到第五阶段。

从"重要组成论"的基本内涵来看，应包括以下三个方面：

第一，非公有制经济不是外在于社会主义市场经济的东西，而是社会主义市场经济内在的、有机的组成部分。

第二，非公有制经济与公有制经济相互依赖、相互促进、共同发展，没有公有制经济，社会主义市场经济就失去了主体；相反，没有非公有制经济，社会主义市场经济就失去了发展的动力。只有把二者结合在一起，才能推动社会主义市场经济的健康发展。

第三，在经济起飞阶段，还要大力发展非公有制经济，对多种所有制经济包括公有制经济和非公有制经济一视同仁，使其公平竞争、优胜劣汰。

从非公有制经济发挥作用的经营领域看，应在竞争性、盈利性行业扮演主角，通过拍卖、收购、兼并等形式，使国有经济逐渐从这些领域退出，让非公有制经济充分发挥经营机制灵活的特长。此外，非公有制经济还可参股关系国家综合经济实力的重要基础设施建设和高新技术产业，包括集成电路、生物医药、能源、钢铁、原材料等，让非公有制经济关心国有企业，使国有企业得到充分的监督。只有这样，才能在非公有制经济迅速发展的情况下，使国有经济的控制力逐步提高，促进国民经济发展的良性循环。

1999 年 3 月，全国人大九届二次会议通过了《中华人民共和国宪法修正案》，它明确规定："在法律规定范围内的个体经济、私营经济等非公有制经济，是社会主义市场经济的重要组成部分。"这是国家根本大法对非公有制经济 20 年来生存发展及其贡献的充分肯定。

党的十六大以来，我国非公有制经济进入了进一步强调"共同发展"的重要阶段，非公有制经济迎来了新的重要发展时期。2002 年 6 月，全国人大颁布实施了《中华人民共和国中小企业促进法》，把中小企业的改革与发展工作纳入法制化的轨道，成为中小企业和非公有制经济发展进程中的重要里程碑。2005 年 2 月，国务院研究制定了《关于鼓励支持和引导个体私营等非公有制经济发展的若干意见》（以下简称"非公经济 36 条"）正式下发。这是一部全面促进非公有制经济发展的重要的政策性文件，对于推动非公有制经济跨入历史发展的新阶段，实现更快更好的发展，具有重要的现实意义和深远的历史影响。2009 年 8 月，国务院常务会议又专门部署促进中小企业发展的政策措施。非公有制经济迎来了历史上最好的发展时期。

据统计，到 2013 年，全国非公有制经济企业已超过 1000 万户，个体工商户超过 4000 万户，其中，中小微企业获得的贷款在全部贷款中的比例仅 20% 多一点，却创造了 80% 的城镇就业、90% 以上的新增就业岗位以及 60% 的 GDP 和 50% 的税收。[①]

非公有制经济是在实践中不断深化的。即使在改革开放后的一段时期里，我们也仅将非公有制经济当成是一个补充成分。现在，我们已经认识到，个体、私营等各种形式的非公有制经济是社会主义市场经济的重要组成部分。我们认为，随着国有经济布局调整的推进、随着国有资产管理体制改革的推进和国有企业改革的深化、随着财政体制向公共财政体系的转轨、随着对外开放的扩大和社会主义市场经济体制的不断完善，非公有制经济的地位将更加重要，将是社会主义市场经济中与公有制经济平等竞争、相互融合的成分，并将在以后相当长时期内发挥更加突出的作用。

---

① 王钦敏.非公经济对 GDP 贡献率超过 60%〔N〕.人民日报，2013–03–06.

　杨勇.对小微企业的金融服务要多管齐下〔N〕.金融时报，2014–07–10.

5.6 繁荣的原因

改革开放以来，非公有制经济的平均增长率远远超过国有经济和集体经济的增长率，对 30 多年来的经济增长起到了很大的作用。尤其是在亚洲金融危机后中国经济相对困难的几年里，非公有制经济对国民经济发展的推动作用是明显的。由于国有经济布局的调整将会持续相当长一段时期，非公有制经济将会成为国民经济强劲稳定的发展动力。

在社会主义初级阶段，非公有制经济的存在和发展具有客观必然性。马克思、恩格斯指出，所有制形式决定于生产力发展水平，"社会制度中的任何变化，所有制关系中的每一次变革，都是产生了同旧的所有制关系不再相适应的新的生产力的必然结果"。生产力决定生产关系，生产关系一定要适应生产力的发展，这是人类社会发展的普遍规律。从生产力发展程度讲，中国人口多，底子薄，人均国民生产总值居于世界后列。突出的现象是：13 亿人口，近 8 亿在农村，基本上还是用手工工具搞饭吃；一部分经济比较发达的地区同广大不发达地区和贫困地区同时存在；少量具有世界先进水平的科学技术同普遍的科技水平不高现象同时并存。中国生产力的发展表现为不发达、多层次和不平衡等特点，这决定了在中国社会主义初级阶段，社会主义经济不能只有公有制经济，而必然是包括公有制、私有制以及其他所有制在内的多种所有制经济。社会主义经济建设的历史经验也指出，只有坚持以公有制为主体、多种所有制经济共同发展，才能真正坚持、发展和繁荣社会主义经济。

非公有制经济与公有制经济的关系决定了要大力发展非公有制经济。在社会主义市场经济条件下，非公有制经济与公有制经济完全可以发挥各自优势，相互促进，共同发展。具体地说，非公有制经济与公有制经济的关系主要表现为：一是公平竞争的关系。公平竞争是市场经济的要义，也是市场主体发展壮大的基本条件。没有公平竞争的环境，即使处于优势地位的企业，也不可能持续健康成长。非公有制经济与公有制经济在"归属清晰、权责明确、保护严格、流转顺畅的现代产权制度"基础上的公平竞争，是社会主义市场经济体制不断完善、社会主义市场经济不断发展的必要条件。二是互相渗透的关系。现代市场经济既不是单一的公有制经济，也不是单一的非公有制经济，而是各种所有制经济互相渗透、互相融合的混合所有制经济，股份制就是这种渗透和融合的典型形式。十八届三中全会《中共中央关于全面深化改革若干重大问题的决定》指出："国有资本、集体资本、非公有资本等交叉持股、相互融合的混合所有制经济，是基本经济制度的重要实现形式，有利于国有资本放大功能、保值增值、提高竞争力，有利于各种所有制资本取长补短、相互促进、共同发展。允许更多国有经济和其他所有制经济发展成为混合所有制经济。国有资本投资项目允许非国有资本参股。"这必将极大地促进非公有制经济和公有制经济的融合、渗透。三是共生相长的关系。非公有制经济和公有制经济同处于社会主义国家的行政管理和宏观调控下，根据统一的市场规则运行。作为市场主体，两者处于竞争相长的过程中，你中有我、我中有你，你离不开我、我也离不开你，大力发展非公有制经济符合双方的利益。

非公有制经济的作用决定了要大力发展非公有制经济。非公有制经济是社会主义市场经济的重要组成部分，具有积极的作用。首先，非公有制经济的发展打破了公有制经济一统天下的格局，增强了经济活力。垄断和竞争不充分，必然带来经济效率的损失。非公有制经济的发展，使得市场主体多元化，形成了多元竞争格局，这有利于节约社会资源、提高经济效率，有利于建成完善的社会主义市场经济体制。其次，非公有制经济的发展促进了公有制企业特别是国有企业的改革。非公有制经济的发展，不仅对国有企业形成了加快改革和发展的压力，而且为国有企业的改革建立了一个"参照系"，有利于加快国有企业的改革进程；非公有制经济的发展是混合所有制经济发展的必要条件，以股份制为代表的混合经济的发展，有利于国有企业建立法人财产权和法人治理结构，实现所有权和经营权分离，形成企业内部的制衡机制和科学的决策机制，从而有利于从根本上改革传统国有企业；非公有制经济已成为吸纳社会新增劳动力就业的主渠道，有利于国有企业分流富余人员，提高效率。最后，非公有制经济的发展加快了我国国民经济的发展。非公有制经济在国民经济的很多领域发挥着不可替代的作用，不仅提供了多样化的产品和服务，而且提供了大量的就业机会。[①]

5.7 巨大成就

非公有制经济经过不断发展，取得了巨大成就。

（1）创造了大量的就业机会。我国是一个发展中国家，劳动力就业问题，始终是我国经济发展中面临的一个严峻问题。改革开放以来，非公有制经济的发展，为庞大的人口压力提供了广阔的就业空间。在过去几年里，国有经济和集体经济的就业人数持续减少，而正是非公有制经济每年创造了数百万的就业机会，不但吸收了新增的就业人员，也吸收了从国有企业分流出来的人员，总计解决近两亿人的就业问题。由于近年来非公有制经济的快速发展，形成了巨大劳动力需求，吸纳了绝大部分劳动力的增量和存量转移，缓解了就业压力。根据 2004 年第一次全国经济普查情况来看，在工业、建筑业、批发和零售业、住宿和餐饮业中，按现行中小型企业划型标准，中型企业法人从业人员为 3546.43 万人，占全部企业法人从业人员的 30.76%；小型企业法人从业人员为 5894.78 万人，占全部企业法人从业人员的 51.13%；中小型企业从业人员合计已占全部划型企业法人从业人员的 81.89%。目前，非公有制经济提

①王克忠.非公有制经济论〔M〕.上海：上海人民出版社，2003：117–120.

供了城镇 75% 以上的就业岗位。国有企业的下岗失业人员大多在非公有制企业实现了再就业，一亿多农民工中有相当大一部分也是在非公有制企业务工，特别是最近几年，非公有制企业已开始成为我国高校毕业生和复转军人就业的重要渠道之一。今后，非公有制经济仍将会是创造就业机会的最大来源。

（2）增加了中央和地方的财政收入。这一方面表现为非公有制经济向国家和地方上缴税金增长较快，另一方面表现为非公有制经济对财政依赖度很小，这本身就是对国家财政的一大贡献。在未来，非公有制经济直接和间接创造的税收将占有政府税收中越来越大的比重，特别是在增量上会占有越来越大的比重。在各种经济成分中，个体私营企业的税收增长是最快的，明显高于全国水平及其他经济成分，私营企业税收增长率五年来一直保持在 30% 以上，对国家新增财政收入的贡献份额不断加大。目前，全国绝大多数地市县的经济主体力量已经是个体私营经济，地方财政收入的主要来源也是个体私营经济。比如，浙江温州市个体私营经济纳税即占全市工商税收的 80% 左右。

（3）推动了经济的持续增长。非公有制经济的崛起和壮大，已经成为国民经济的一个新增长点。据统计资料表明，1979 年，国有经济产值占工业总产值的比重为 78.47%，集体经济为 21.35%，其他经济为零；到 1995 年，国有经济的比重下降为 33.97%，集体经济上升为 36.59%，非公有制经济猛升为29.44%，基本上形成了"三分天下有其一"的格局。1993—1996 年，我国在实行宏观紧缩的同时，之所以能够实现国民经济的高速增长，主要原因在于非公有制经济对总需求的拉动。近年来，我国个体私营经济的发展速度成倍地高于全国经济增长速度，占 GDP 的比重从 1979 年的不足千分之一增长到目前已超过 1/3，非公有制经济投资已占到全社会固定资产投资比重的 50%。据统计，在 40 个工业部门中，非公有制经济在 27 个部门中的比例已经超过 50%，在部分行业已经超过 70%，成为推动行业发展的主体。在部分地区，个体私营经济已经成为经济增长的主要推动力量，比如浙江省个体私营经济占 GDP

比重已超过 70%。

（4）推进了国有企业改革的深化。非公有制经济的发展，对国有企业的改革产生了极大的示范效应，它们采取兼并、收购、承包、租赁、托管、重组、推进再就业等多种形式，对国有企业实施改制和重组，有力地推动了国有企业改革向纵深发展。

（5）加快了产业结构调整的步伐，大大促进了第三产业的发展。在党和国家一系列方针政策指引下，个体私营等非公有制经济延续了近几年快速发展势头。据第一次全国经济普查统计，2004 年年底，私营企业法人单位 198.2 万户，与 2001 年第二次全国基本单位普查的同口径数据比较，私营企业增加 65.8 万户，占全部企业法人的 60.98%；个体经营户达到 3921.6 万户。私营企业法人单位和个体工商户合计超过 4100 万户。目前非公有制经济已成为数量最多、比例最大的企业群体。

（6）成为推动农村工业化、城镇化的重要力量。近年来，以非公有制企业高度集聚为特征的产业集群发展迅速。如广东省的大沥铝材、西樵纺织；福建省的晋江鞋业、南安建材；浙江省的永康五金、温州打火机等。部分产业集群已成为我国的重要制造业基地，产品在全国占有很高的市场份额。浙江温州的打火机和眼镜出口占全国的 90%，低压电器产值占全国的 1/3；嵊州的领带产量占全国的 80%；以非公有制经济为主体的产业集群有力地推动了农村工业化和城镇化进程。在广东珠三角的 404 个建制镇中，以产业集群为特征的专业镇有 1/4，不少产业集群在全国已占有举足轻重的地位，如大沥的铝材产量已占到全国的 40% 以上，中山古镇的灯饰销量已占到全国的 60% 以上，不少非公有制企业已经成为当地中小企业发展的龙头。

（7）成为对外开放的生力军。近年来，随着外贸经营权的放开，私营外贸企业发展迅速，出口增长迅猛，成为对外开放的一支生力军，作用越来越大。据海关总署数据，非国有企业（内资）出口总额从 2002 年的 327.7 亿美元增加到 2008 年的 3807.0 亿美元，增长 10 倍还多，占全国出口商品比重的 26.6%。近年来，浙江省非公有制经济出口已占全省出口的将近一半，超过国有及外商投资企业，成为浙江省出口的主力军。目前，一批有实力的非公有制企业已走出国门，成为实施"走出去"战略的新生力量。[①]

（8）成为完善社会主义市场经济体制的直接参与者和积极推动者。尽管我国已经初步建立了社会主义市场经济体制，但完善市场经济体制还需要相当长一段时间。在这个过程中，非公有制经济将是平等竞争、力行法治等基本规则的直接参与者和积极推动者。

（9）对社会公益事业做出了不可低估的贡献。

（10）极大地促进了企业的技术创新。

（11）为企业家队伍的发展壮大提供了广阔的天地。

（12）增加了城乡居民的收入，丰富和满足了人民群众多样化的物质文化生活需求。

（13）对促进社会主义精神文明建设做出了巨大的贡献。

5.8 互联网时代的"淘宝经济学"

2013 年淘宝"双十一"交易额突破 350 亿元，平均每一分钟发出 9.8 万个包裹，有 40 万快递员备战这场"双十一"的全民欢宴。开场不到 1 小时，即实现销售金额 64 亿元。64 亿元又是一个怎样的概念？ 2012 年，上海 359 家线下零售企业在 7 天黄金周的成交额就是 64 亿元。2013 年淘宝"双十一"

---

①李伟、吴平：《"十一五"期间非公有制经济发展取得六大成就》，新华社，2010 年 7 月 30 日。

交易额最终突破 350 亿元，而阿里巴巴集团董事长马云将未来的目标定在"千亿"元的销售量级和创造 1 千万就业岗位这样一个目标。①

这就是"淘宝周末经济"：3 天网上卖出一千吨洗衣液；阿里巴巴美国上市创造财富奇迹；马云"新首富"……网购规模年增 60%，已逼近连锁百强，在不远的将来或将追平。与此同时，民营经济在金融领域也大放光彩。在 2013 年，中国互联网金融风起云涌，典型事件有"三马卖保险""阿里小贷""支付宝一跃成为中国基金业的第一"。于是，人们惊呼"2013 年是中国互联网的元年""互联网金融将颠覆传统金融"。②

网络经济模式（brokerage model），是指企业作为市场的中介商通过虚拟的网络平台将买卖双方的供求信息聚集在一起，协调其供求关系并从中收取交易费用的商业运作模式。这种企业可以是商家对商家的、商家对消费者的、消费者对消费者的或消费者对商家的经纪商。因此又有人称之为是交易所型的厂商，其负责制定关于提供和获得信息的规则，以及交易者达成协议和完成已达成协议等的规则，即网络经纪商实质上是为消费者提供一间虚拟的"在线会议室"，消费者通过"轮流发言"来寻找适合的交易对象。这样的例子有 B2B、B2C 电子交易市场，旅行服务机构，在线经纪公司和在线拍卖所，等等。

淘宝网在自己的品牌介绍里指出："淘宝网（taobao.com）是中国深受欢迎的网购零售平台，目前拥有近 5 亿的注册用户数，每天有超过 6000 万人的固定访客，同时每天的在线商品数已经超过了 8 亿件，平均每分钟售出 4.8 万件商品。截至 2011 年年底，淘宝网单日交易额峰值达到 43.8 亿元，创造 270.8 万个直接且充分就业机会。随着淘宝网规模的扩大和用户数量的增加，淘宝也从单一的 C2C 网络集市变成了包括 C2C、团购、分销、拍卖等多种电子商务模式在内的综合性零售商圈。目前已经成为世界范围的电子商务交易平台之

---

① 迟有雷. 天猫"双十一"交易额 350 亿 马云称超千亿不是梦〔N〕. 经济观察报，2013-11-12.
②《2014 中国中小企业投融资高峰论坛成功举办》，资料来源：搜狐财经，2014 年 1 月 20 日。

一。"

阿里巴巴集团股票于美国时间 2014 年 9 月 19 日正式挂牌纽交所。19 日上午 11 点 55 分，阿里新股 IPO 开盘价报 92.7 美元，较发行价上涨 36.3%，不到 5 分钟股价一度逼近 100 美元。按发行价 68 美元计算，阿里巴巴市值达 1676 亿美元，融资规模达 217.6 亿美元，成为美国史上融资额最大的 IPO。若承销商全部行使超额配售权，融资总额将达到 250.2 亿美元，将成为全球最大规模 IPO。马云本人，也以创始人身份，以 8.9% 的持股比例坐享阿里巴巴 149 亿美元市值，以 218 亿美元的总净资产成为中国新首富。[①]

阿里巴巴的奇迹源于坚持不懈的创新。无论是早期的淘宝、天猫还是后来陆续推出的各类产品，阿里巴巴的宗旨是"让天下没有难做的生意"，核心业务就是让交易更简单，而起步时也没有什么惊天动地，当时的马云还是一位英语教师，他怀揣着电子商务的梦想，和 17 个"小伙伴们"在杭州创办了阿里巴巴网站，不断适应改革开放的发展环境，创新经营理念，伴随改革的脚步"阿里系"品牌接续问世，被消费者所认同进而受追捧，创新使阿里巴巴不断创造奇迹。

阿里巴巴的成功，是马云及其团队洞悉世界经济走势、大胆开拓创新、不断探索的结果，其背后是中国改革开放大环境下市场经济繁荣、消费需求不断扩大以及营商环境不断优化等诸多有利因素，这些有利条件对作为民营企业的阿里巴巴创新发展起到了重要的容纳、滋养和助推作用，阿里巴巴抓住机遇，乘势而上，成为时代的弄潮儿。阿里巴巴的成功，是中国改革开放政策所取得的巨大成功的一个缩影，对中国成千上万的中小创新型民营企业既是激励，也是梦想。

什么是 BAT？ BAT 是三家上市公司百度、阿里、腾讯的缩写。业内普遍

---

①刘夏.阿里巴巴集团股票正式挂牌纽交所 马云成内地新首富〔N〕.新京报，2014-09-20.
　信莲.阿里上市打破西方关于"中国不能创新"的迷思〔N〕.中国日报，2014-09-19.

认为，BAT 三大体系进一步明晰，将对国内互联网未来发展起主导作用。首先，中国互联网整体在世界的关注度日益得到提升；其次，国内互联网产业格局更加鲜明，形成三大体系，其他热门互联网公司发展到一定阶段后会选择站队；再次，上市本身对 BAT 三家当前的相对格局不会产生很大影响；最后，由于三家均面临移动互联网转型压力，阿里上市后会促进本地生活服务互联网化的发展，以及提升以数据为核心链接整个消费生态相关市场的热度。传统行业会更重视互联网化，尤其传统零售互联网化提速。其实阿里巴巴集团 IPO 是一种象征，既是一个旧时代的告别，也是一个新时代的开启。从某种意义上讲，互联网已变成一种"传统行业"，或者叫经济生活的"新常态"，再诞生类似阿里巴巴式的公司已无可能，只会在一些新兴行业诞生。这些新兴行业将与互联网密切相关。原来创业公司初期依靠 VC，后期上市后靠金融资本，如今主要靠阿里巴巴、腾讯这样的产业资本驱动。不管 BAT 三家投资是好是坏，其投资风格会比风投更加专业，也有更强引导作用。若 BAT 三家均投资一个方向，则意味着这个方向会是未来科技发展趋势。

在 2012 年 12 月中国经济年度人物评选现场，马云与万达集团董事长王健林进行了一场"电子商务能否取代传统实体零售"的辩论。王健林透露，他已经和马云设下了一个亿元的赌局："2020 年，如果电商在中国零售市场份额占到 50%，我给马云一个亿。如果没到，他就给我一个亿。"无论结果如何，赢家都是中国的民营经济，以及整个中国经济和全体消费者。①

5.9　新游戏、新规则

众所周知，知识经济是以电脑、卫星通信、光缆通信和数码技术等为标

---

①《王健林马云对赌 1 个亿：十年后电商份额将占 50%》，资料来源：人民网财经频道，2012 年 12 月 13 日。

志的现代信息技术和全球信息网络"爆炸性"发展的必然结果。在知识经济条件下，现实经济运行主要表现为信息化和全球化两大趋势。这两种趋势的出现无不与信息技术和信息网络的发展密切相关。现代信息技术的发展，大大提高了人们处理信息的能力和利用信息的效率，加速了科技开发与创新的步伐，加快了科技成果向现实生产力转化的速度，从而使知识在经济增长中的贡献程度空前提高；全球信息网络的出现和发展，进一步加快了信息在全球范围内的传递和扩散，使传统的国家、民族界限变得日益模糊，使整个世界变成了一个小小的"地球村"，从而使世界经济发展呈现出明显的全球化趋势。因此，知识经济实质上是一种以现代信息技术为核心的全球网络经济。深化对知识经济的研究和认识，我们不难发现，尽管目前人们对未来经济的描述有多种说法，诸如知识经济、信息经济、后工业经济、新经济、注意力经济等等，但它们的基础是相同的，这就是计算机与计算机网络，特别是国际互联网络。①

财富无处不在。网络经济时代的这种改变，对生产力的影响在什么地方？生产力是生产关系的物质基础。网络经济的发展，对生产力要素理论产生了全面的影响，这表现在：

（1）使生产力的首要因素——劳动力对其信息能力即获取、传递、处理和运用信息的能力的依赖空前增强，并促进新型劳动者即信息劳动者的出现与快速增加。

（2）使生产力中起积极作用的活跃因素——劳动工具网络化、智能化以及隐含在其内的信息与知识的分量急剧增大，信息网络本身也成了公用的或专用的重要劳动工具。

（3）使不可缺少的生产要素——劳动对象能得到更好的利用，并扩大其涵盖的范围，数据、信息、知识等都成了新的劳动对象。

（4）使生产力发展中起革命性作用的科学技术如虎添翼，由于科技情报

---

①朴炳华.网络经济的内涵及其发展途径〔J〕.商场现代化，2007（3）.

交流的加强和科技合作研究的发展，科技进步日新月异，信息科技成了高科技的主要代表，它对社会和经济的渗透作用和带动作用不断强化。

（5）使对生产力发展有长期的潜在的重要作用的教育发生了根本性变革，远程教育、终身教育日趋重要，本来就是与信息相互交融的教育更加信息化、社会化和全球化了。

（6）使组合、协调生产力有关要素以提高它们综合效益的管理对生产力发展的决定性作用更加强化，导致管理科技甚至也成了高科技。管理信息化已发展到内联网、外联网、互联的网际网新阶段，并与各种业务流程信息化相融合。信息不仅是管理的基础，而且与知识一道也成了管理的对象。信息管理、知识管理日益成为管理的重要组成部分和新型的增长点。

（7）使作为生产力特殊软要素的信息与知识通过对生产力其他要素所产生的重大影响，以及对这些要素的有序化组织、总体性协调，发挥其物质变精神、精神变物质两个过程相互结合的特殊作用。①

面临新经济，熟悉以下这些新的"游戏规则"就显得十分重要：

（1）蜜蜂比狮子重要。当力量逐渐远离中心，竞争优势属于那些知道如何拥抱分散的控制点的人。

（2）级数比加法重要。当人与物之间的连线数目增加时，这些连线造成的效果会呈倍数增加，所以初期的成功不会自我设限，而会自我滋长。

（3）普及比稀有重要。当制造技术已臻完美，副本可以大量流通时，产生价值的是普及性而非稀有性，改变了传统的商业定律。

（4）免费比利润重要。当资源变得充裕，慷慨可以孕育财富。追求免费，提前迎接无可避免的价格滑落，而且运用唯一真正的稀有资源——人们的注意力。

（5）网络比公司重要。当网络吸纳进所有的商业，一家公司的主要焦点

①乌家培，立木.网络经济对生产力要素理论的影响〔J〕.经济研究参考，2000（35）.

从尽可能扩大公司本身的价值，转移到尽可能扩大网络的价值。除非网络存活下来，否则公司也会跟着灭亡。

（6）造山比登山重要。当新的速度加快，放弃高度成功的事业或项目以避免它最终过时，于是变成最困难但重要的任务。

（7）空间比场所重要。当实质上的邻近关系（场所）被不分何物、何时、何地的多重互动关系（空间）所取代，中介者、中间人及中等利基（指获利的基础）市场的机会将大幅扩张。

（8）流动比平衡重要。当激扰及动荡成为商业的常态，最有用的生存策略是一种高度选择性的持续混乱，我们称之为"创新"。

（9）关系比产能重要。当无形胜过有形，软件胜过硬件，最强而有力的科技是那些强化、放大、延伸、增加、革取、唤起、扩充及开展各种关系类型的科技。

（10）机会比效率重要。提升机器的效率可以致富，但在无效率之中发掘和创造机会可以产生远大于此的财富。[①]

---

①凯文·凯利.网络经济的十种策略〔J〕.广州：广州出版社，2000.

第六章 西方市场经济理论与中国的市场化改革

6.1 "看不见的手"

"看不见的手"的说法源自近代经济学的鼻祖亚当·斯密，用来形象地说明市场经济这一资源配置方式。那么，什么是市场和市场经济呢？西方经济学家却有不同的理解。美国经济学家萨缪尔森（Paul A.Samuelson，1915）指出："原始意义上，市场就是买卖物品的地方。中世纪经济史记载销售货摊（摆满着黄油厚片，乳酪角锥，未加工鱼肉和大堆蔬菜）形成了乡镇的商业中心。当代，重要市场包括进行石油、小麦和其他商品交易的芝加哥商会和买卖美国最大企业所有权凭证的纽约股票交易所。"

萨缪尔森认为："更一般地说来，市场就是买方和卖方相会合以交换东西所利用的一种机制。市场可能是集中化的（就股票、债券和小麦说来），或是分散化的（就住宅或旧汽车说来），甚至也可能是电子市场（如对于许多金融资产和服务所出现的这样的市场）。市场的关键特性是，它使买方和卖方一起确定价格和数量。"简言之，"市场就是一种商品的买者和卖者相互影响以决定其价格和数量所利用的一种机制。"①

---

①萨缪尔森.经济学：英文版〔M〕.第14版.上海：上海财经大学出版社，1992：36-37.

奥地利经济学家、1974 年诺贝尔经济学奖金获得者弗里德里希·冯·哈耶克（Friedrich A Von Hayek，1899—1992）认为："我们刚刚开始理解，发挥先进的工业社会的作用，要依据一个何等微妙的通信系统。这个通信系统，我们叫作市场。它是一种整理分散信息的机制，比人们精心设计的任何机制都更为有效。"①

西方经济学家断言，"在实践中，市场必须用总量产品来定义，这些产品在供给或需求方面是比较接近的替代品"。市场这一概念意味着"由独立工商企业（国营的、私营的和其他的）决策来决定生产和分配"。他们认为："竞争的市场是很有益的，因为这些市场提供经济上合理决策的动力，刺激成本降低，使生产适应于需求，并有创新。"②

在西方经济学家看来，市场体系中的一切东西都有价格，即用货币表现的该东西的价值。价格是表现人们和厂商自愿交换各种不同商品所依据的条件。另外，价格对生产者和消费者还充当信号，价格在市场上协调生产者和消费者的决策。较高价格势必降低消费者的购买而激励生产，较低价格则激励消费而阻抑生产。所以，"价格是市场机制的摆轮"。

但是，市场并不是资本主义经济的本质属性。这已是西方经济学者的共识，他们认为"不能把市场同资本主义混同起来，市场是同商品经济共生的，而商品经济早在古代奴隶社会就已经出现了。资本主义社会是商品关系和市场最发达的社会"。因而"资本主义把一切都变为商品，其中最重要的是劳动力成为商品。雇佣劳动制度才是资本主义经济的本质特征"。③

市场经济的概念是 1920 年 4 月奥地利米塞斯在《社会主义制度下的经济计算》一文中首次明确提出的。西方学者大多视市场经济为一种经济组织方式（各种经济组织方式划分的依据是对三个基本经济问题的不同解决方式），并将这一方式与其他经济组织方式相对照。

---

①商务印书馆编辑部.现代国外经济学论文选：第 2 辑〔M〕.北京：商务印书馆，1981：87.
②胡代光.西方经济学说的演变及其影响〔M〕.北京：北京大学出版社，1998：364–365.
③萨缪尔森.经济学：英文版〔M〕.第 14 版.上海：上海财经大学出版社，1992：37.

美国格林沃尔德主编的《现代经济词典》认为，市场经济是一种经济组织方式，在这种方式下，生产什么样的商品、采用什么方式生产以及谁将得到商品等问题，依靠供求的力量来解决。

萨缪尔森把社会组织方式划分为三种，即主要由习惯支配一切、独断独行的法规和命令决定一切、主要由价格制度（市场制度、盈利和亏损制度）决定一切。汤普森类似地将经济体制划分为传统经济、命令经济和市场经济。雷诺兹只是对经济体制的名称稍作改变，认为三种经济体制分别是自给经济、计划经济和市场经济。[①]

日本野尻武敏认为，市场经济是一种经济运行的调节方式。他说："从总体上来看，价格调节只有两种方式，一是中央当局者从整体上实行的计划调节方式，另一种是根据供求的自由汇合而形成的市场价格进行调节的市场调节方式。前者被叫作管理经济（或计划经济），后者被称为市场经济（或流通经济）。"[②]德国欧根类似地认为经济体制有两种基本形式：市场经济和中央管理经济。在市场经济中，对个别计划的协调是完全分散地通过市场进行的，而在中央管理的经济中，则完全通过集中控制。

可见，西方经济学家对市场经济有大致相同的描述，都不同程度地从经济运行方式的角度，把市场经济的特征理解为自主、分散的决策和再通过市场协调分散的决策。

6.2　市场经济的作用

市场经济的作用是什么？西方经济学家一般认为，就是市场提供导致交换的适当的交易条件，即在其条件范围内，适当价格可以被决定，市场可以被"出清"。确切地讲，就是市场机制如何运作以决定价格、工资和产量，这

---

①魏埙.现代经济学论纲〔M〕.济南：山东人民出版社，1997：336.
②野尻武敏.经济政策学〔M〕.西安：陕西人民出版社，1990：22-23.

三个是最基本的经济问题。

萨缪尔森将这三个基本问题概括为通过市场解决生产什么（what），如何生产（how），为谁生产（for whom）的问题。

（1）生产什么、生产多少、何时生产。萨缪尔森认为，在可供选择的物品和劳务中，所有这些都取决于消费者的货币选票，即他们的日常购买决定。企业受到最大利润期望的驱动，它们被高利润吸引生产那些需求很大的商品；而由于同样的原因，企业则放弃不赚钱的生产领域。在萨缪尔森看来，"消费者不可能独自命令应生产什么商品。消费者需求必须与企业的商品供给相吻合"。全部经济的资源同可得到有效利用的科学和技术一起，限制着消费者可能把他们的货币投票放到的位置，而市场便在其中起着使消费者嗜好与技术限度相协调的作用。①

奥斯特罗姆认为，在市场经济条件下，生产什么和生产多少可以通过每种商品供求曲线的相互作用来解决，任何影响商品短缺的事件将会使调节过程起作用，吸引资源帮助缓解短缺问题。奥斯特罗姆还对比了市场经济与计划经济的作用区别，"制订计划是不可避免的，问题不是是否必须制订一个人的中央计划人员。"② "价格能廉价地、迅速地传递信息，同时也鼓励资源的使用者和所有者对此做出反应。"③

（2）如何生产，即由哪些人、使用哪种资源、利用哪种技术来生产物品。在市场经济环境中，这些都决定于不同的生产者之间的竞争。生产者对付价格竞争和把利润增加到最大限度的最好方法，就是采用效率最高的生产方法，使成本达到最低限度。奥斯特罗姆认为，在公开市场的情况下，生产积极采用技术和增加投入，这可以最低成本创造各种不同的产出水平，拥有使用资源权利的人会积极地把资源利用于使用价值最高的地方，市场鼓励企业家去积极发展和采用能够提高生产率的组织形式，任何商业联合体的盈利能力，在很大程

①萨缪尔森.经济学：英文版〔M〕.第14版.上海：上海财经大学出版社，1992：38.
②奥斯特罗姆.制度分析与发展的反思〔M〕.北京：商务印书馆，1996：26.
③奥斯特罗姆.制度分析与发展的反思〔M〕.北京：商务印书馆，1996：270.

度上取决于它能成功地挑选小组的成员以及采用适应于小组及其生产活动的具有鼓励性结构的组织形式。

（3）如何分配，即社会产品如何分配给不同的人和家庭。萨缪尔森认为，社会产品的分配取决于生产要素市场的供求。全体居民的收入分配决定于拥有的要素数量和要素价格（工资、地租、利息、利润等）。居民户用他们出卖劳动和其他投入所取得的收入来购买企业生产的商品；企业把他们的商品价格确定在劳动和财产的费用的基础上。商品市场的价格使消费者需求与企业供给实现平衡，要素市场的价格使居民户供给与企业需求实现平衡。

奥斯特罗姆认为，市场制度的一个特点是个人的收入与他们所拥有的资源对产量做出的贡献量是非常直接和密切相关的。因此，个人积极想获取有关使用他们的资源（包括他们的劳动力）的各种办法的情报，挑选那些能提供最高补偿的办法。能获得很高利润的机会鼓励个人进行投资和提高生产率，在缓解商品短缺的同时增加了他们自己的收入。他还指出，采用一种不让把价格制度用作分配机制的经济制度会把报酬从那些能提高生产率——作为市场标准的特性转移，转向其他特性，如利用政治制度作为一种分配机制的相对优势，因此测定产出将是较少的。

奥斯特罗姆在论述如何利用市场解决经济问题时，还补充了市场机制对风险承担的作用。认为在市场制度下，个人通过选择拥有某些资产（如人力资本、住宅等）而不选择其他资产（如石油公司的股票），非常清楚如何承担风险，而且个人还可以进入市场变更他们带有风险的资产的有价证券，出售不再需要的资产，购买其他资产。但在中央控制的经济制度下，公司承担了政治公司经理所做出决定的全部价值后果。政治的生存根本不受市场制度中私有公司生存条件的支配。①

---

① 魏坝 . 现代经济学论纲〔M〕. 济南：山东人民出版社，1997：339.

6.3 市场失灵论

市场经济是通过市场调解社会经济活动、配置社会资源的一种经济组织形式，它具有主动性、高效性、灵活性等特征。具体说来，市场调节的有效性表现在以下几个方面：

（1）劳动力和生产资料的自发调节器。市场调节的实质是对市场上不同经济主体的利益调节，但其凭借的手段是价格与价值的相对背离。当市场上某种商品供不应求时，价格就会自动上涨到价值以上，从而刺激更多的商品生产者去生产和经营这种商品。反之，当某种商品供过于求时，市场价格就会降至价值以下，从而又会迫使商品生产者压缩这种商品的生产规模甚至放弃这种商品的生产和经营。市场调节正是通过价格这个"晴雨表"来调节经济主体的经济利益，从而使价格与价值趋于一致，使生产要素按照一定比例分配于各部门之中。

（2）社会生产力的内在驱动器。市场调节所依据的基本规律是价值规律，它的本质是商品的价值量由社会必要劳动时间决定。如果企业生产某种商品的个别价值低于社会价值，按照社会价值决定的价格出售商品，企业就能获得超额利润。反之，如果企业生产某种商品的个别价值高于社会价值，其超过部分就不会被社会所承认，企业就得不到平均利润，甚至破产、倒闭。经济主体在追求平均利润甚至超额利润的内在动力和竞争的外在压力的双重作用下，积极改进生产技术、提高劳动生产率，从而推进生产力的迅速发展。

（3）经济波动的天然报警器。经济波动中的市场调节是通过价格、利率、工资、汇率、股票价格等这些与货币相联系的价值形式实现的。价格的涨落，反映出某些产品与资源在供给和需求上的量的变化；不同商品和劳务的价格对比关系的变化，反映着社会供给结构或需求结构的变化；利息率的高低表明资本供求的状态；汇率的变化反映了本国货币与他国货币在币值对比关系上的变化，从而对商品和劳务的进出口产生影响，等等。这些变化都反映了整个社会资源配置的状态及变化的方向。人们通过这些天然的信息语言传送出的供给和需求的有关信息，了解经济形势及其变化发展趋势，确立自己的选择和决策。

这几点说明，在社会经济生活中，市场调节在不需要外力干预的情况下，能够自动地实现配置稀缺资源、促进经济增长等功能。但是，我们必须看到，市场调节并非完美无缺，正如有的西方论者所指出的那样，经济学者"必须避免另一极端"，即"迷恋于价格制度的美妙，认为它是完美无缺的，是天然和谐的，是不受人影响的"。"每个人都知道，现实不是如此"。[①] 既然市场调节不是至善至美的，那么，它的失灵又表现在哪些方面呢？

（1）市场调节具有滞后效应。市场调节是一种事后调节，这种调节是通过市场价格的涨落来实现的。在一个生产过程结束之后，由于供给与需求之间可能不一致，从而导致价格的变动。价格的变动又反向地影响供求关系：或抑制需求，刺激生产；或刺激需求，抑制生产。价格变动通过影响供求关系，进而影响下一轮生产过程，而在前一轮生产过程中，由于产品不对路或生产与需求不相适应，就有可能出现损失。另外，瞬息万变的市场价格只能反映市场供给和需求的短期数量变化，而不能反映供给与需求的长期趋势。生产者只能根据眼下的价格高低来决定以后的生产经营，而无法判断消费者未来的商品需求状况。等到企业捕捉到市场下一期反馈来的信息时，市场状况又会发生新的变化。还是萨缪尔森说得好："价格制度的缺点之一就是：在现实世界中，竞争远不是'完全'的。厂商不知道消费者的爱好在何时变动；因此，他们可能过多地生产某一类物品，而过少地生产另一类物品。当他们积累到经验的时候，情况可能已经又变动了。"[②]

---

①萨缪尔森：经济学〔M〕.北京：商务印书馆，1979：62.
②萨缪尔森：经济学：上册〔M〕.北京：商务印书馆，1979：68.

（2）市场调节具有溢出效益。溢出效益或称外部经济效果，它是所有的市场失灵中"最为严重的失灵"。按照萨缪尔森的解释，"当企业或人们向其他人施加损害或利益，而又不向这些人支付应有的代价或收取应有的报酬时，就出现了外部效果（或溢出效应）"。①更确切地说，溢出效应就是一个经济人的行为对另一个人的福利所产生的效应，而这种效应并没有从货币和市场交易中反映出来。例如，当一家工厂喷出的烟雾损害当地居民的健康和财产，而该企业不为此支付任何费用的时候，便产生了外在经济负效应。它使人类的生存环境不断恶化，导致生态效益、社会效益下降，产生社会资源浪费等恶果。

（3）市场调节具有失衡效应。这里所讲的失衡，包括总量失衡和结构失衡两个方面。从前者看，市场调节只能对商品生产的微观平衡起自动调节器的作用，而不能保证整个国民经济的总量均衡。这是因为，总供给和总需求的平衡，是以国民收入分配和使用过程中消费储蓄、投资等总量的平衡为条件的，而这些宏观平衡是价值规律的自发作用所难以胜任的。不仅如此，仅仅依靠市场调节还有可能导致宏观经济的失衡。譬如，有些商品的生产已经超过了社会需要量，但由于竞争过度而使市场信号失真，加之企业本身收集和处理信息的能力较弱，有可能重复投资、盲目上马，从而导致供求总量的进一步失衡。

从后者看，市场调节也不利于产业结构的调整。市场调节对于供给弹性大或可替代性强的产品比较有效，所谓的"供给与价格成正比，需求与价格成反比"说的就是这个道理。但对于供给弹性与需求弹性小的重要产品，市场调节的作用从信号变动到行为调整往往需要一个漫长的过程。例如，钢材严重短缺，即使价格上涨，也不容易立竿见影地刺激生产，因为钢材数量的增加从投资上马、扩大规模到产品问世，往往要经历好几年的时间。因此，市场调节对于总量平衡、结构优化是无能为力的。它由竞争而引起的生产要素在不同地区、不同部门的转移，常常会造成社会经济生活的剧烈震荡。

（4）市场调节具有局部效应。市场调节是对局部利益的调节，其调节范围是商品经济活动，即以盈利为目的的生产与经营活动，而对社会中的相当

---

① 〔美〕萨缪尔森.经济学：上册〔M〕.北京：商务印书馆，1979：67.

一部分非盈利性的经济活动，如环境保护、公路建设、公共福利、文教卫体、宣传教育以及基础设施和风险比较大的技术开发，市场调节是鞭长莫及的，而这些事业对于经济腾飞又是必需的。例如，铁路是商品流通的大动脉，由于需要庞大开支，一般企业难以承担，这就需要国家从长计议，统筹安排。

（5）市场调节具有垄断效应。企业之间的竞争，形成生产的高度集中，使企业的横向联合成为可能。某些企业集团凭借其规模经济的优势而垄断市场，他们往往会从价格承受者的地位转变到价格决定者的地位，限制产品、提高价格，以获得超额利润。另外，"在竞争的制度下，许多生产者根本不知道其他生产者所使用的方法，从而成本不会降至最低点。有的时候，在竞争中，为了获得胜利，技术知识的保密和保持高额产量是同样重要的。"①这又从另一个方面阻碍科学技术在更大范围的推广，使生产力的充分发展受到一定程度的限制。

（6）市场调节具有分化效应。单一的市场调节意味着企业生产什么、生产多少、为谁生产完全取决于货币选票，这就必然形成社会分配的不公和两极分化。萨缪尔森指出："物品流进选票或货币最多的地方。富人的狗可以得到穷人的孩子为了避免软骨病而必须饮用的牛乳。从道德观念看，不完善是十分可能的，但是，从市场机制所应完成的任务来看，拍卖市场正在完成他所应该完成的任务——把物品交给出价最高的人，交给具有最高的货币选票的人。"②道德判断服从于价值判断，这既是市场调节的出发点，也是市场调节的归属。另外，在市场调节过程中，"一夜之间既有可能变为大富翁，又有可能变成穷光蛋"。

由于以上因素的存在，市场失灵是不可避免的，而市场失灵的存在通常被认为是对政府采取行动来改进资源配置的效率提供一个理由。在西方经济学者看来，市场是一匹驾驭经济运行的好马，但能量总有一个极限，超过这个极限，市场机制的作用必然难以发挥。因此，不能把市场的作用"神化"。

---

① 〔美〕萨缪尔森.经济学：上册〔M〕.北京：商务印书馆，1979：62.
② 〔美〕萨缪尔森.经济学：上册〔M〕.北京：商务印书馆，1979：67.

6.4 萨缪尔森的"两手论"

亚当·斯密的"看不见的手"学说建立在完全竞争和没有市场失灵的假定前提条件下，而当存在垄断、外部效应、公共物品、信息不对称等情况时，"看不见的手"的显著效果就会大打折扣。据此，萨缪尔森提出了"两手论"，即"看不见的手"与"看得见的手"并行不悖。他认为，"市场能够解决我们一切问题"的纯粹自由放任论和"市场可以而且必须由联合生产者为社会需要而有意识地计划去取代之"的传统马克思假定经不起现实的验证。他提出，市场与计划各有利弊，是不可或缺的两个手段。据此，萨缪尔森指出："为回答市场机制的缺陷，各国都采用政府的'看得见的手'，以与市场的'看不见的手'并行。政府凭拥有和经营某些企业（如军用业）以取代市场；政府控制一些企业（如电话公司）；政府花钱用于宇宙空间探索和科学研究；政府对其公民征税并再分配收入给贫穷人民；政府运用财政金融力量以促进经济增长和制服经济周期。"[①] 按照萨缪尔森的意见，政府的经济职能主要有三个方面：促进效率，提倡公平以及扶植宏观经济增长与稳定。

关于"两手论"，其他西方经济学家也有论述和分析。早在 20 世纪 40 年代后期，英国詹姆斯·米德就提出：那种不依赖于价格机制而依赖于对生产和销售数量控制的计划，经过无数次实际检验，已不是吸引人的一种机制。但在充分发挥货币和定价制度的同时，显然需要国家计划和干预，以便阻止大量失业，保证收入和财富的大体上公平分配，避免因竞争作用而导致反社会的巨大浪费，协调当代社会经济结构的巨大变化，等等。

美国海尔布伦纳认为，计划与市场并非毫无共同之处，实际上，它们是社会政策的工具，更具体地说，它们是协调生产活动和分配活动的方法，每个

---

①萨缪尔森.经济学：英文版〔M〕.第 14 版.上海：上海财经大学出版社，1992：41.

方法各有利弊。

现在，越来越多的西方经济学者强调，市场经济的效益主要来自三个方面：①经济当事人的自由；②经济当事人之间的竞争；③国家干预。认为没有国家的支持和参与，市场经济就不能达到预期的目的。阿根廷虽然实行市场经济并且有丰富的自然资源，但是由于缺乏有效的国家管理，因此市场经济并没有得到较好发展。

勒努阿认为，只有国家的干预和市场的结合才能形成市场经济。市场越是发达，国家干预越是重要。国家的作用是任何个人、集团和地方集体都不能替代的。

在西方经济学家看来，"计划和市场一直被教条的社会主义者和教条的反社会主义者看作是两个不可调和的对立物，然而，完全有理由宣称，任何现代社会都以两者的混合为基础"。[①] 这也代表了现代西方学者对"两手论"的主流看法。

6.5 商品生产消亡论

马克思和恩格斯从资本主义经济的发展过程中，看出生产社会化与生产资料的资本主义私人占有之间的尖锐矛盾，最终必将经过剥夺剥夺者，使"事实上已经以社会生产为基础的资本主义所有制转化为公有制"。公有制则是与商品生产水火不相容的，恩格斯指出："一旦社会占有了生产资料，商品生产就将被消除，而产品对生产者的统治也将随之消除。"[②] 马克思也认为："在一个集体的、以生产资料公有为基础的社会中，生产者不交换自己的产品；用在产品上的劳动，在这里也不表现为这些产品的价值，不表现为这些产品所具有的某种物的属性，因为这时，同资本主义社会相反，个人的劳动不再经过迂

---

①魏埙．现代经济学论纲〔M〕．济南：山东人民出版社，1997：341．

②马克思，恩格斯．马克思恩格斯选集：第3卷〔M〕．北京：人民出版社，1995：633．

回曲折的道路,而是直接作为总劳动的组成部分存在着。"① 从这些论断中可以看出,科学社会主义创始人所设想的共产主义社会(社会主义社会是共产主义社会的初级阶段),是公有制基础上有计划的产品经济。这里所讲的公有制,不是社会占有部分生产资料,而是全社会的一切生产资料都归社会全体成员公有,并且生产者的个体劳动已经直接社会化了,因而货币资本会完全消失,生产将由一个社会中心来组织进行。所以,马克思、恩格斯关于未来社会商品生产将要消亡的理论,是有充分根据的。

需要指出的是,马克思、恩格斯的上述科学设想,绝不是要后人超越商品经济这一发展阶段,恰恰相反,他们主张在自由人联合体经济实现以前,必须经过一个商品经济的充分发展阶段。关于这一思想可以从马克思对人类社会形态的另一种划分中得到印证。②

马克思从个人之间的社会联系的性质这个角度,把人类社会划分为依次演变的三种形态,这就是:"人的依赖关系(起初完全是自然发生的),是最初的社会形式";"以物的依赖性为基础的人的独立性,是第二大形式";"建立在个人全面发展和他们共同的、社会的生产能力成为从属于他们的社会财富这一基础上的自由个性,是第三个阶段"。③ 显然,这三种形态可以看作是自然经济、商品经济和自由人联合体经济(或产品经济)。④ 其中第一阶段是前资本主义社会,第二阶段社会形态可以理解为与资本主义社会具有同等含义的商品经济形态,第三种社会形态就是"每个人的自由发展是一切人的自由发展

---

① 马克思,恩格斯.马克思恩格斯选集:第3卷〔M〕.北京:人民出版社,1995:303.

② 马克思曾把人类社会做了两种不同的划分,即"五形态说"和"三形态说",前者是指人类社会发展必然依次经过原始社会、奴隶社会、封建社会、资本主义社会和共产主义社会这五个阶段。后者是指人类社会要经过自然经济、商品经济和产品经济三个阶段。关于"五形态说"和"三形态说"的关系问题,王伟光认为,无论是"五形态说"还是"三形态说"都是马克思、恩格斯在历史唯物主义基础上对社会发展形态的科学分期。二者的理论根据是一致的,二者是相互包容。以生产力发展状况为主线,依据社会基本矛盾运动规律的特点,直接考察社会经济关系的性质和特征而进行的划分,也就是"五形态说",是最主要的、最基本的划分。我们认为,这种观点是比较科学的。参见《光明日报》1990年5月7日王伟光的文章。

③ 马克思恩格斯全集:第30卷〔M〕.北京:人民出版社,2005:107-108.

④ 复旦大学经济系"社会主义商品经济模式"课题组.社会主义商品经济理论模式〔J〕.复旦大学学报,1989(6).

的条件"的自由人联合体即共产主义社会形态，"第二个阶段为第三个阶段创造条件。因此，家长制的，古代的（以及封建的）状态随着商业、奢侈、货币、交换价值的发展而没落下去，现代社会（即资本主义社会——引者加）则随着这些东西同步发展起来"。① 这就使我们深刻地认识到，人类社会发展的五种形态可以逾越，但生产力发展的三种形态不能逾越。就是说，商品经济的充分发展是社会经济发展不可逾越的阶段，更确切地说，是人类社会走向共产主义社会所不可逾越的阶段。由此可见，马克思、恩格斯关于未来社会商品生产消亡的理论，是建立在对资本主义商品生产理性思维的基础之上，商品生产的消亡不是无条件的，而是有条件的。其经济条件是实现了生产资料的整个社会占有，每个人的劳动直接表现为社会劳动；物质条件是商品经济的充分发展。缺乏其中之一者，急于取消商品、货币关系，都是与马克思的基本理论背道而驰的，也只能给社会主义经济建设带来严重的危害。

6.6 特种商品生产论

十月革命胜利后，苏联在1918—1920年实行了一种旨在消灭商品生产和商品交换的军事共产主义政策。它的特点是全部经济活动，包括宏观经济活动和微观经济活动（企业日常经济活动和家庭经济活动）的决策权力，都集中在国家手中。不可否认，这种政策在战争、经济封锁等异常条件下，能够比较迅速地动员和集中必要的人力、物力、财力，战胜敌人，克服经济方面的困难。但长此以往，就会带来严重的后果：农民抵制余粮收集制，粮食黑市贸易猖獗，城镇人口严重缺粮；国营企业实行供给，导致原材料和劳动力的巨大浪费，以致95%的国营企业无法继续进行生产。整个国民经济已经到了崩溃的边缘。

列宁在经历了军事共产主义政策的挫折以后，曾提出了一个颇为鲜明的思想："我们绝不会受本能地轻视商业的'感情社会主义'或旧俄半贵族半农

---

① 马克思，恩格斯．马克思恩格斯全集：第30卷〔M〕．北京：人民出版社，2005：108.

民的宗法情绪的支配。"① 在这里,列宁将轻视商业的"主义"称为"感情社会主义"是意味深长的。这个时期苏联实行了新经济政策,其主要内容:一是取消余粮收集制,改为实行粮食税,"用农民所必需的工业品去换取粮食"②;二是取消国营企业的供给制,实行经济核算。新经济政策的核心是恢复商品生产和商品交换,也就是列宁所说的恢复"正常的社会主义的产品交换"。

在无产阶级夺取政权后如何对待商品经济这个问题上,列宁能够充分肯定商品、货币的作用,其理论贡献是应该肯定的。但列宁所论及的只是由资本主义向社会主义的过渡时期,至于社会主义生产关系基本确立以后,商品经济与社会主义的关系如何,都尚未论及。从这个意义上讲,反对"感情社会主义"这一历史性任务并未最后完成。

过渡时期结束后,苏联经济学界就社会主义要不要继续保持商品生产和商品交换进行了长达几十年的争论,最后由斯大林在《苏联社会主义经济问题》一书中做了结论:在社会主义还存在着全民所有制经济和集体所有制经济的条件下,"商品生产和商品流通便应作为我国国民经济体系中必要的和极其有用的因素而仍然保持着"。③ 具体阐述如下:

第一,在社会主义制度下,城市主要从事工业生产,乡村主要从事农业生产;城市工业以全民所有制为基础,乡村农业以集体所有制为基础。城乡之间的这种社会分工和两种社会主义所有制的存在,决定了在城乡之间必须保留商品生产和商品交换。

第二,国营企业之间虽然也有社会分工,虽然也要"亲兄弟、明算账",但是,产品从一个国营企业转到另一个国营企业,所有权并未转换,仍属社会主义国家所有。所以,生产资料在国营企业之间的交换,是形式上的商品交换,事实上的产品分配。

第三,价值规律在社会主义经济中仍是客观规律,但它对社会主义生产

---

①列宁.列宁选集:第四卷〔M〕.北京:人民出版社,1995:616.

②列宁.列宁选集:第四卷〔M〕.北京:人民出版社,1995:502.

③斯大林.苏联社会主义经济问题〔M〕.北京:人民出版社,1961:10-13.

不能起调节者的作用，只能在流通领域的一定范围内保持着调节者的作用。

斯大林称社会主义商品生产为特种商品生产。其理由是：①社会主义商品生产以生产资料公有制为基础，"它所涉及的基本上都是联合起来的社会主义所有者（国家、集体农民、合作社）所生产的商品"。②社会主义商品生产的范围受到严格的限制，它主要是消费资料生产，基本生产资料的生产不包含在内。因此，"我国的商品生产，并不是通常的商品生产，而是特种的商品生产，……显然，它绝不能发展为资本主义生产，而且注定了要和它的'货币经济'一起共同为发展和巩固社会主义生产的事业服务"。①

斯大林明确肯定了社会主义制度下商品生产的必要性，并把社会主义商品生产与资本主义商品生产严格地区别开来，这是继列宁之后，在商品经济问题上对马克思主义所做的一大贡献。但是，他的特种商品生产论，是一种很不完善、极不彻底的社会主义商品生产理论，其局限性表现在：①商品生产和商品交换是社会主义经济的一个要素，而不是社会主义经济的重要特征，商品生产只能在计划经济的夹缝中生存；②公有制形式的差别是导致社会主义商品生产的唯一原因，从而导致了全民所有制经济各企业之间的产品交换不是商品交换，生产资料不是商品的错误结论；③价值规律只调节商品交换，不调节商品生产，因而从根本上否定了价值规律对社会主义经济的调节作用。

在这种商品生产理论的指导和影响下，所有社会主义国家都毫无例外地形成了一种高度集中的管理体制，从而在一定程度上延缓了社会主义现代化建设的进程，限制了社会主义制度优越性的充分发挥。对这种经济管理体制进行改革，是摆在社会主义者面前的一项艰巨任务。

---

①斯大林.苏联社会主义经济问题〔M〕.北京：人民出版社，1961：13.

6.7 计划经济的困惑

从 1958 年到"文革"十年，国民经济到了崩溃的边缘。

之所以产生这样的后果，是因为我们在理论上混淆了两种计划经济的含义：一种类型是马克思、恩格斯所设想的计划经济；另一种是现实中存在过的或发展的计划经济。事实上，Ⅰ类型的计划经济建立在生产力高度发展的基础之上，由于"生产资料的全国性的集中"，使生产过程"按照共同的计划自觉地从事社会劳动"成为现实。社会主义革命在几个发达的资本主义国家同时胜利后，就会建立起一个集中经营、统负盈亏，只有技术分工，没有社会分工，也不需要商品、货币插手其间的社会主义计划经济制度。与资本主义生产的无政府状态相比，这种计划经济制度具有无比的优越性：

（1）可以合理而又充分地使用劳动力和生产资料。马克思谈到，在实行计划经济的社会主义社会，"把劳动普遍限制在合理的程度，并且在工人阶级的各个阶层中再按年龄和性别进行适当安排"，[①]这样，可以消灭资本主义社会普遍存在的产业后备军，并且，社会能有计划地合理地安排生产资料，使生产机器所费的劳动少于使用机器所代替的劳动。由于机器的广泛使用，节约了大量的劳动时间，降低了劳动强度，使劳动者得到全面发展。

（2）可以保证国民经济重大比例的协调发展。计划经济是作为资本主义竞争和无政府状态规律的对立物而提出来的，因此，在资本主义生产方式下存在的农业畸形发展、工业和农业的比例失调现象将荡然无存。在计划经济制度下，农业不仅能够得到充分、合理的发展，而且工业和农业也从对立转

---

①马克思.资本论：第 1 卷〔M〕.北京：人民出版社，2004：734.

向联合，从而使它们互相配合、共同促进，并得到协调发展。

（3）可以消灭资本主义社会所存在的拜物教和经济危机等现象。马克思在分析商品拜物教时谈到，"只有当社会生活过程即物质生产过程的形态，作为自由联合的人的产物，处于人的有意识有计划地控制之下的时候，它才会把自己的神秘的纱幕揭掉"。① 这就是说，计划经济取消了商品的神秘性，使其还原为本来面目即人支配物而不是物支配人。同时，由于"联合起来的合作社按照共同的计划调节全国生产，从而控制全国生产"，使"结束无时不在的无政府状态和周期性的动荡这样一些资本主义生产难以逃脱的劫难"变为现实，② 从而可以避免由周期性危机而引起的社会财富的极大浪费，使社会主义经济得到更为迅速的发展。

但是，要发挥计划经济的这些优越性，不仅要求在计划的指导思想上实现主客观的统一，避免计划与实际的严重脱节，而且还要求有其他的经济技术条件。概括起来，实行计划经济需要具备下列五个条件：

（1）社会生产力发展到这样一种程度，以至自动化生产成为社会生产的最基本和最普遍的形式，劳动者在生产过程中仅仅起着辅助的作用，经营者消灭了，所有者虚化为名义上的所有者，因而生产活动可以摆脱情绪——劳动者、经营者和所有者积极性的影响，完全按照预定的计划或既定的程序进行。

（2）生产的社会化达到这样一种程度，以至任何一项生产活动离开计划程序都无法单独进行。

（3）生产的集中化达到这样一种程度，以至整个社会的生产活动可以由作为政府部门的计划当局集中监控。

（4）社会能比较确切地掌握生产和需求的各种信息，并对它们的变动能

---

① 马克思.资本论：第1卷〔M〕.北京：人民出版社，2004：97.

② 马克思，恩格斯.马克思恩格斯选集：第3卷〔M〕.北京：人民出版社，1995：60.

够及时了解并迅速地在计划实施过程中做出反应。

（5）计划的制订和实施过程中涉及的各种利益关系能够得到统筹兼顾，有碍于实现全局利益的各种局部利益对于计划的制订和实施过程所产生的种种干扰，能够有效地妥善地得到克服和解决。

在这些条件不具备或不完全具备的情况下，追求完整的、无所不包的计划，实行单一的计划调节，无异于官僚主义的空想，也会带来诸如宏观上比例失调、微观上效益低下等问题。

与 I 类型的计划经济不同，II 类型的计划经济建立在苏联、中国这些生产力比较落后的社会主义国度里。由于不具备 I 类型的计划经济条件，因而还需要在坚持计划经济的同时，充分发挥市场调节的积极作用。遗憾的是，多数社会主义实践者选择了一条旨在否定商品经济的计划经济制度，而且把计划经济片面理解为指令性计划，从而形成了一种高度集中的管理体制。这种管理体制在社会主义革命胜利初期，曾发挥了积极的作用：集中大量的人力、物力和财力，优先发展重工业，从而保证国家在短时期内为实现工业化奠定了基础。但是，长此以往，这种过度集中、统得过死的经济管理体制越来越暴露出弊端：

（1）决策上的高度集中，造成信息失灵、价格信号失真、产供销脱节，使经济结构失衡。

（2）官僚主义现象严重，导致几次宏观决策上的重大失误，特别是经济指导思想上的失误。

（3）企业隶属于政府，内无经济利益上的动力，外无来自竞争的压力，更缺乏生产经营的活力，从而引起生产上窝工低效、分配中吃大锅饭等现象。

6.8 有计划商品经济论

十一届三中全会的召开，为拨乱反正、纠正经济建设上的"左"的指导思想扫清了障碍，人们对社会主义制度下商品经济的研究再次形成高潮，其成果主要表现在以下几个方面：

（1）再次澄清了商品经济与资本主义经济之间的原则区别。

（2）肯定了在全民所有制经济内部，在各个国有企业之间，也存在着实质性的商品关系。这是因为，全民经济内部存在着国家整体利益、企业局部利益、职工个人利益的矛盾，必须三者兼顾。因此，必须在全民经济中实行所有权和经营权适当分离，并把企业局部利益和职工个人利益同企业经营好坏紧密挂起钩来。这样，从所有权角度看，国营企业都是一家人，都属于全体人民所有；而从经营权看，各个国有企业之间就存在着明显的你我界限，必须以商品生产者互相对待，实行等价交换，才能符合国有企业之间的互助互利关系。

（3）商品经济的基本规律即价值规律以及这一规律赖以发生作用的市场机制，与有计划按比例规律和计划机制共同对社会主义经济起调节作用。

这些认识集中体现在十二届三中全会通过的《中共中央关于经济体制改革的决定》（以下简称《决定》）里面。《决定》明确指出：社会主义经济"是在公有制基础上有计划的商品经济"。可以说，这是社会主义经济建设正反两方面经验教训的科学总结。

6.9 计划取向论与市场取向论之争

随着十二届三中全会通过的《决定》的发表，结束了长期以来包括20世纪80年代把计划经济与指令性计划相等同、与商品经济相对立的陈腐观念，使人们对商品经济的认识进入到一个新的阶段。

有计划商品经济理论的确立，并未终止经济学界的讨论。在理解有计划商品经济的内涵以及由此而引起的我国经济改革的目标取向等问题上，仍然存在着较大的分歧，其中比较流行的有两种意见：一种是计划取向论；另一种是市场取向论。计划取向论认为，有计划的商品经济强调了计划经济的属性，计划经济标志着社会主义方向，代表着质的规定性，它是社会主义经济的本质特征，商品经济只能是从属于社会主义的准商品经济，商品经济则是服务于计划经济的手段，服务于计划经济，发展商品经济的目的就在于更好地实现计划经济。市场经济是同计划经济、社会主义经济根本对立的。在西方经济学文献中，市场经济已是一个比较规范化的、有其既定含义的概念。它的特点是以私有制为基础、经济决策高度分散、经济运行主要受市场机制自发调节、实行"契约自由原则"，承认市场分配的不公平和两极分化。[1] 简言之，市场经济等于资本主义经济。社会主义国家如果实行市场经济那一套，国家对社会经济活动就难以控制，从而动摇社会主义经济的基础。十年改革的失误，就在于过分夸大了市场机制的作用。要振兴经济，就必须强化计划调控的力度，改革的目标取向只能是完善计划经济。这种意见也可称之为"有商品的计划经济论"。

---

[1]《中国人民大学学报》1990 年第 1 期第 5-6 页。

与计划取向论相对立的是市场取向论。持这种意见的人认为，有计划的商品经济，其落脚点是商品经济，它强调了发展商品经济的重要性。商品经济、市场经济、货币经济是同一系列的范畴，是同一事物在俄语、英语、德语中的不同称谓。商品经济等于市场经济，有计划的商品经济就是有宏观管理的市场经济，社会主义商品经济就是社会主义市场经济。把市场经济等同于资本主义经济，进而视市场经济为社会主义异己物，这反映了在社会主义者中长期流行的对市场的憎恶心情。①

持这种观点的人还认为，改革中出现的宏观失控等问题，不能片面地归结为"市场放得多了""计划强调得少了"，而应该抓住前一阶段强调破除行政协调为主的指令性计划体制，却没有相应地抓紧建立竞争性市场这个问题，从促进竞争性市场的建立、加强宏观管理和行政指令这两个方面做努力，力求尽快改革现行的经济体制，促进国民经济较快地转入良性循环。就是说，市场取向的改革应予肯定，否定或抛弃市场取向的改革，将导致否定建立社会主义有计划商品经济新体制的种种努力。这种意见亦称之为"有宏观管理的市场经济论"。②

上述两种意见各有一定的道理，但其片面性也是显而易见的。

计划取向论的误区之一：商品经济是社会主义的服务员。早在改革伊始，孙冶方就对"价值规律外因论"提出了尖锐的批评。他指出：价值规律是客观存在着的经济规律，它不是大观园中的丫头，可以让人随便"使唤""利用"。在"利用"的背后还隐藏着另一种理论上的可能性。当气候适宜或自己主观上不再需要这个"丫头"的时候，将又不去"利用"，以至再企图把它逐出社会主义经济的园地。我们认为，孙老对"价值规律外因论"的评论也适用于对计划取向论的驳斥。笔者也从中得到启发，从而认识到：商品经济不是社会主义

① 《改革》1990 年第 2 期，第 32 页。
② 《改革》1990 年第 2 期，第 32 页。

的服务员，可以"招之即来，挥之即去"，它本应是社会主义经济的一个属性。在生产力相对落后的社会主义初级阶段是这样，在生产力相对发达的社会主义高级阶段也毫不例外。把发展商品经济仅仅看作是手段，这就把商品经济排除在社会主义经济的内在规定性之外，无异于视商品经济为社会主义的异己物。其实，计划调节和市场调节同是社会主义经济的本质属性。二者相互依存、不可分割。二者统一的基础是社会化的生产和社会主义阶段公有制的具体实现形式。在此基础上，既存在实行计划调节的必然性，同时又存在发展商品经济的必然性。生产社会化要求有计划地分配社会劳动,使国民经济按比例协调发展，公有制的存在也提供了实现计划调节的可能性。同时由于存在着具有独立经济利益的不同经济实体，经济关系中必须贯彻等价交换原则，这又决定了必须实行商品经济。因此,社会主义经济是计划调节和商品经济内在的有机的统一体。

计划取向论的误区之二：市场经济等于资本主义经济。实际上，即使是有些资产阶级学者也不把市场经济与资本主义经济相等同，认为市场经济可以"随夫而姓"的资产阶级学者大有人在。譬如，西德汉堡世界经济研究所所长古托夫斯基就认为，市场经济是一个中性概念。他指出："市场经济，既不能说它是好的，也不能说他是坏的；既不能说它是社会福利的，也不能说它是与社会福利相对立的，它完全是一个中性概念。""它的含义仅仅是通过竞争，形成价格，以保证企业家生产居民需要的产品。""市场经济的基本原则，不论在社会主义制度里还是在资本主义制度里，不管是生产资料公有制，还是生产资料私有制，都是独立存在的。"[1] 美国著名的比较经济学者莫里斯·博恩斯坦主编的《比较经济体制》一书，也有"资本主义市场经济""社会主义市场经济"等提法。因此，用不太全面的西方经济学文献，来说明市场经济是资本主义的天赋特权，这是有失偏颇的。20 世纪 80 年代，西方舆论界并没有因为易

---

[1]西德社会市场经济考察〔M〕.北京：企业管理出版社，1986：116-118.

帜前的南斯拉夫等社会主义国家实行市场经济，就把它划到资本主义阵营去，而是将其称之为"市场社会主义"，反映资本主义本质属性的，并非市场，而是劳动隶属于资本，是资本对剩余价值的占有。因此，我们不能简单地把市场经济与资本主义划等号，正如不能简单地把商品经济与资本主义划等号一样。

市场取向论强调，我国经济体制改革，就是要扩大商品货币关系，充分发挥市场调节的积极作用，这是完全正确的，问题在于，我们的经济体制改革，就包括相互关联的两个方面：一方面要增强市场调节的力度，充分利用"看不见的手"来调动地方、企业和劳动者的生产积极性；另一方面就是要完善和改革宏观管理体制，把计划调节建立在自觉运用价值规律的基础之上，使"看得见的手"能够更好地发挥指导和协调作用。可以说，这是同一过程两个不同的方面。强调前者而忽视后者，在理论上是片面的，在实践中也是行不通的，我们认为，比较科学的提法应该是计划——市场双向改革。[①] 其现实依据表现在以下几个方面：

第一，生产力发展水平的多层次性和不平衡性。正如有的论者所指出的那样，中国当代生产力是"四世同堂"的特殊生产力格局，以"采集渔猎经济"为特征的原始生产力，以手工技术为基础、以农牧手工业为特征的手工生产力，以机器技术为基础的近代机器生产力，以及以电子技术为特征、由一系列高技术的新产业群为代表的现代生产力，在中国大地上同时并存。

从产业结构和地区布局看，则表现为独特的不平衡：一是农业与工业发展不平衡。我国农业基本上是以手工劳动为主的低层次平面垦植，个别地方还表现出"刀耕火种"的原始生产方式迹象；工业则以机器生产力为主体，只有少数新技术产业，如航天工业、核工业等表现出现代生产力的某些特征。二是地区发展的不平衡。从总体上讲，我国的生产力水平从沿海到内地、从东部

---

① 许精德，王军旗.有计划商品经济与计划——市场双向改革〔J〕.经济学家，1991（2）.

到西部，呈递减态势。由于这种独特的生产力格局，使我国的商品经济发展程度呈现出纷繁复杂、参差不齐的局面。少数沿海地区和个别大城市开始具备现代商品经济的某些特征，多数城市更明显地表现出自由商品经济的特征，占人口70%左右的广大农村则处于自然经济向商品经济的转换阶段，还有极少数贫困地区根本没有商品经济的意识，或只有物物交换的某些表象。

第二，市场的半径小，区域性、封闭性的市场占相当比重。生产要素在地区之间、部门之间的自由流动严重受阻，加之地方财政大包干的实施和国家政策在地区之间的差异而产生的利益矛盾，"地方割据、诸侯经济"现象愈演愈烈。

第三，市场功能残缺不全。当前我国的市场，主要是商品市场，而在商品市场中居于主体地位的又是消费资料市场。生产资料市场虽有所发展，但还有一部分生产资料由国家计划调拨和实行专营。资金市场、劳动力市场、技术市场、房地产市场、信息市场则处于起步状态。市场体系不完善、市场功能弱化，使价格的调节作用十分有限。

第四，物质资源约束与劳动力需求约束并存。科尔纳曾把传统的社会主义经济称之为"资源约束型经济"，在这种经济条件下，常常表现为需求过旺、供给短缺的特征。从供求总量看，自然是总需求大于总供给。应该说，这是对社会主义经济特征较为准确的描述。但将其照搬到我国，则不一定完全适合。从我国20世纪80年代物质资源供求的角度分析，科尔纳的观点是符合实际情况的，即使在市场销售疲软的特定环境中，也未超出总需求大于总供给的圈子。就劳动力的供求态势看，结论就不大一样。现实依据是：在广大农村，一年约有1/3的劳动时间闲置（折合全日制农业劳动力1亿左右）。在城市，一方面失业人数在直线上升；另一方面企事业单位内部又滞存着大量的"在职失业"人员，这也是劳动力需求约束的一种表现形式。

第五，企业预算软约束。与资本主义自由企业制度不同，社会主义国家的企业，特别是大中型国有企业的预算约束是软的，"如果亏损了，它也不会真正破产，即停止营业。企业总会得到外来援助，接受追加贷款、减免税收、获得补贴，或提高销售价格，结果它最后总会摆脱财务困境"。这种"父爱主义"的存在，导致了企业不可满足的投资饥渴，使"它的需求几乎不受偿付能力的限制"。[①] 改革中出现的承包制，使"父爱主义"的程度有所减弱，但"包盈不包亏"的现实，使企业预算软约束的状况依然如故。

上述五个方面说明，在我国经济体制改革中，市场发育、市场调节作用的充分发挥，必须与宏观调控功能的转换相适应。以为只要放开价格，让"看不见的手"主宰改革之舵，一切问题就迎刃而解的想法，是改革幼稚病的一种表现。

6.10 总设计师吹响的号角

当经济学界围绕改革的目标取向争论不休之际，国内刮起了一股什么都问一问姓"资"姓"社"的歪风，把矛头直接指向市场经济，在实践中也引起了极大的思想混乱，阻碍了改革开放的前进步伐。1990 年 12 月 24 日，邓小平在和几位中央负责同志现场谈话中就说："我们必须从理论上搞懂，资本主义与社会主义的区分，不在于是计划还是市场这样的问题。社会主义也有市场经济，资本主义也有计划控制。资本主义就没有控制，就那么自由？最惠国待遇也是控制嘛！还要以为搞点市场经济就是资本主义道路，没有那么回事。计划和市场都得要。不搞市场，连世界上的信息都不知道，是自甘落后。"[②] 这席话，同一年后南方谈话的精神一致，在南方谈话中，这些思想有了

---

①亚诺什·科尔奈. 短缺经济学：上册〔M〕. 北京：经济科学出版社，1986：35.
②伍柏麟. 中国市场化改革理论 20 年〔M〕. 太原：山西经济出版社，1999：272–273.

更充分的展开。

才隔了一个月，他在与上海市负责同志谈话中说到希望上海人民改革开放的"思想更解放一点，胆子更大一些，步子更快一点"时重申："不要以为，一说计划经济就是社会主义，一说市场经济就是资本主义，不是那么回事，两者都是手段，市场也可以为社会主义服务。"在南方谈话中，他说："计划多一点还是市场多一点，不是社会主义与资本主义的本质区别。计划经济不等于社会主义，资本主义也有计划；市场经济不等于资本主义，社会主义也有市场。计划和市场都是手段。"紧接着，他进一步指出："社会主义的本质是解放生产力，发展生产力，消灭剥削，消除两极分化，最终达到共同富裕。"在这里，邓小平提出了"社会主义本质"的新内涵，把市场经济作为手段与社会主义本质联系在一起，阐明运用市场经济手段要达到的根本目的，是邓小平关于社会主义市场经济理论的新发展。这个精辟论断，从根本上消除了把计划经济和市场经济看作属于社会基本制度范畴的思想束缚，使得人们在计划与市场关系问题上认识有了新的重大突破，为十四大的召开奠定了思想基础和理论准备。

6.11 十大进展

邓小平南方谈话发表后，全国上下，从中央到地方，掀起了学习、贯彻、落实的浪潮。

1992 年 2 月 28 日，中央将南方谈话以中共中央 1992 年 2 号文件的名义向全党下发和传达。3 月，中央政治局召开全体会议，讨论南方谈话精神，就改革开放的一些重大问题做出部署，并发表了会议公报。会议完全赞同邓小平的重要谈话，认为谈话不仅对当前的改革和建设，对开好党的十四大，具有十分重要的作用，而且对整个社会主义现代化建设事业具有重大而深远的意义。

同年 5 月，中央制定了《中共中央关于加快改革，扩大开放，力争经济更好更快地上一个新台阶的意见》，作为中央 4 号文件下达。在加快改革方面，提出了转换经营机制，培育和发展市场体系，加快物资、商业体制改革，深化经营体制改革，积极扩大国外市场，加快金融体制改革和财政体制改革，加快教育和科研体制改革的要求。在扩大开放方面，提出了以上海浦东开放为龙头，进一步开放长江沿岸城市，逐步开放沿海城市，形成周边对外开放的格局。文件还要求继续办好特区、沿海开放城市和沿海经济开放区，加快内陆对外开放步伐，省会城市实行沿海开放政策，扩大开放领域，拓宽利用外资形式。

1992 年 10 月 12 日，中共十四大在北京召开，确立经济体制改革的目标模式，是这次大会的一个中心课题。报告指出，我国经济体制确定什么样的目标模式，是关系整个社会主义现代化建设全局的一个重大问题。这个问题的核心，是正确认识和处理计划与市场的关系。改革开放十多年来，市场范围逐步扩大，多数商品的价格已经放开，计划直接管理的领域显著缩小，市场对经济活动调节的作用大大增强。实践表明，市场作用发挥比较充分的地方，经济活力就比较强，改革态势也比较好。我国经济要优化结构，提高效益，参与国际竞争，就必须继续强化市场机制的作用，实践的发展和认识的演化，要求我们明确提出："我国经济体制改革的目标是建立社会主义市场经济体制，以利于进一步解放和改革生产力。"

十四大确立社会主义市场经济目标模式后，根据我国著名经济学家张卓元的概括，我国经济学界在对市场经济认识上又取得了十大进展：①现代企业制度的提出和企业改革思路的重大转变。②建立和发展资本、土地、劳动力、技术等要素市场，实现要素价格的市场化。③改变地方财政包干制，用分税制来规范中央和地方的分配关系。④中央银行独立执行货币政策，调控宏观经济运行的作用日益明显，把政策性业务与商业性业务分离开来，实现利率市场化，逐步使人民币成为可兑换的货币。⑤坚持效率优先、兼顾公平的原则，允许属于个人的资本等生产要素参与收益分配。⑥全面建立社会保障制度。⑦与国际市场接轨，加入世界经济一体化进程。⑧提出了社会主义市场经济体制的基本框架。1993年11月，《中共中央关于建立社会主义市场经济体制若干问题的决定》，给社会主义市场经济体制的基本框架做了明确的规定。指出："坚持以公有制为主体、多种经济成分共同发展的方针，进一步转换国有企业经营机制，建立适应市场经济要求，产权清晰、权责明确、政企分开、管理科学的现代企业制度；建立全国统一开放的市场体系，实现城乡市场紧密结合，国内市场与国际市场相互衔接，促进资源的优化配置；转变政府管理经济的职能，建立以间接手段为主的完善的宏观调控体系，保证国民经济的健康运行；建立以按劳分配为主体，效率优先、兼顾公平的收入分配制度，鼓励一部分地区一部分人先富起来，走共同富裕的道路；建立多层次的社会保障制度，为城乡居民提供同我国国情相适应的社会保障，促进经济发展和社会稳定。这些主要环节是相互联系和相互制约的有机整体，构成社会主义市场经济体制的基本框架。"需要指出的是，以上表述，是迄今为止我们对社会主义市场经济体制比较准确和完整的认识，是对社会主义市场经济体制目标模式的具体化。⑨两个根本性转变的相互促进。1995年9月，中共十四届五中全会通过了《中共中央关于制定国民经济和社会发展"九五"计划和2010年远景目标的建议》，对未来5年和15年确定了雄伟的发展蓝图。建议提出：实现"九五"计划和2010年的奋斗目标，关键是实行两个具有历史意义的根本性转变，即经济体制由计划经济体制到市场经济的转变，经济增长方式由粗放经营到集约经营的转变。通过两大转变促进国民经济持续、快速、健康发展和社会全面进步。提出两个根本性转变，可以使改革和发展密切结合起来，相互促进。⑩坚决抑制通货膨胀。

6.12 四破四立

1997年9月召开的十五大,高度概括和总结了我国现代化建设的历史经验,在社会主义市场经济理论上实现了四大突破,被誉为跨世纪的马克思主义政治经济学。

(1)突破了以国有经济比重的多少衡量社会主义性质和公有化程度的传统观念,确立了调整国有经济布局的战略决策。

第一,重新界定了社会主义公有制的含义,发展了马克思主义所有制理论。如前所述,马克思、恩格斯基于对资本主义社会的理性思考,提出了"剥夺剥夺者"后所建立的未来社会是"自由人联合体"。在这个社会,整个社会实行单一的财产公有制。

后来的斯大林从当时苏联的实际出发,首先突破了公有制等于全民所有制的经典教条,提出了把社会主义公有制划分为全民所有制和集体所有制两种形式。这一模式的提出,是对马克思主义所有制理论的第一次突破,对社会主义国家产生了巨大影响。解放后,我国把公有制的两种形式写进了第一部宪法,使二元公有制模式定型化。

随着改革实践的发展,需要我们重新认识社会主义公有制。基于这种考虑,十五大提出了社会主义公有制新的含义:"公有制经济不仅包括国有经济和集体经济,还包括混合所有制经济中的国有成分和集体成分。"这一论断冲破了困扰理论界"姓社姓资"的思想障碍,突破了公有制等同于全民所有制加集体所有制的传统观念,确立了"公有制经济=国有经济+集体经济+混合所有制"中的国有、集体成分,扩大了公有制的内涵和外延,是对马克思主义所有制的第二次重大突破。

第二,用质与量相统一的辩证唯物主义观点衡量公有制的主体地位。在传统的认识中，对公有制主体地位的把握，主要是以量作为根据和尺度的。这些数量标准包括：资产标准，即以公有经济固定资产原值和净值占社会固定资产原值和净值的 60% 以上为衡量标准；产量标准，即公有制经济产值占社会全部产值的 76% 左右为衡量标准；就业人数和企业数量标准。从量出发，必然要求公有制的纯度，重视比例上的绝对量，往往为了提高这种纯度和保持预定的"主体"而轻视"质"的作用，限制为提高"质"而应该实施的改革，以牺牲质的水平为代价去保持量上的需要。其结果是国家大包大揽，影响了公有制经济的作用。

十五大报告实事求是地分析了我国公有制企业的经营现状，明确指出："公有制的主体地位主要体现在：公有资产在社会总资产中占优势；……公有资产占优势，要有量的优势，更要注重质的提高。"这就是说，对公有制主体地位的认定应采取质与量相结合、以质为主的做法。事实上，我国公有资产在社会总资产中的比例尽管有所降低，但仍然居于数量上的优势，1996 年公有制经济仍然占国民生产总值的 76%。在这种情况下，我们应该把公有制经济从数量扩张型转到质量增长型上来，以质为主，兼顾一定的量，质量结合，调整好现有的所有制结构。

第三，调整国有经济的布局，把国有经济的重点放在增强控制力上来。十五大报告指出："国有经济控制国民经济命脉，对经济发展起主导作用。……国有经济起主导作用，主要体现在控制力上，要从战略上调整国有经济布局。对关系国民经济命脉的重要行业和关键领域，国有经济必须占支配地位。在其他领域，可以通过资产重组和结构调整，以加强重点，提高国有资产的整体质量。"我们理解，调整国有经济布局，提高国有经济的控制力，需要收缩国有经济经营范围，适度降低国有经济的比重。需要保留国有国营或国家控股的主要行业和领域有：

垄断性产业（垄断性产业包括资源垄断和行业垄断，前者如金矿和稀有矿产，后者如邮电、能源、造币行业等）、公益性产业（包括大型的水利工程和城市公共交通等）、导向性产业（包括高精尖技术产业和一些新兴产业）和支柱产业或骨干企业。

（2）突破了公有制等于公有制实现形式的观念，确立了公有制实现形式可以而且应当多样化的新观念。

首先，把公有制性质同公有制实现形式区别开来。从一般意义上讲，所有制性质与所有制实现形式是两个不同的概念，二者之间既有联系又有区别。所有制并不是一个简单的财产归属关系，而是生产关系的总和，判断一种所有制的性质，应该从生产、交换、分配、消费各环节分析它的经济内容，看看用谁的生产资料来进行生产，生产出来的产品归谁占有；看看交换的产品是谁生产和谁占有的；看看被分配的产品是谁生产的又归谁占有，从而用什么形式按什么比例来分配。从社会再生产过程看，所有制必须有具体的实现形式和实现机制，这样才能在剩余产品和生产资料收益等生产成果方面体现出生产资料所有制的利益。所以，所有制实现形式为所有制性质服务，保证所有者权益的实现。这就决定了同一所有制在不同企业可以有多种实现形式，不同所有制可以采取同一种的具体实现形式。

具体到社会主义公有制，就应该以劳动者是否成为社会化生产资料的共同主人为判断依据。只有劳动者成为整个再生产过程的共同主人，并且在这个过程中以平等的身份来互相对待和发生经济往来时，社会主义公有制才算是名副其实的。公有制的实现形式，实际上是指公有资产的运营方式或经济组织形式，它可以有许多种。就经营方式而言，就有承包、租赁、托管、委托经营、兼并、收购等。资产组织方式包括有限责任公司、股份有限公司、股份合作制等。这些企业财产的组织方式和经营方式，是市场经济的产物，私有制企业可以用，公有制企业也可以用。

其次，股份制是现代企业的一种资本组织形式。股份制是利用股份公司的形式，通过发行股票筹集资本，调节社会资源配置的一种企业组织制度和经营管理制度。股份制以股份公司为核心，以股票发行为基础，以股票交易为依托。作为现代企业的一种资产组织形式，它不是资本主义私有制的天赋特权，而是商品经济和社会化大生产的产物，反映了市场经济的一般规律，它本身是中性的，与资本主义没有必然的联系。其社会属性关键是看控股权掌握在谁手中，而且股份制具有极大的兼容性，它可以容纳多种多样的所有制。它可以建立在私有制基础上，也可以建立在公有制基础上；可以以社会股、个人股为主，也可以是公有股、法人股为主；可以是资本家控股，也可以是社会主义国家控股和社会集团控股。社会主义国家控股和社会集团控股，带有明显的公有性质，不仅不会动摇社会主义根基，反而会提高公有资产的运作效率，进一步扩大公有资产的支配范围。

（3）突破了社会主义经济等于公有制经济的观念，提出了非公有制经济是我国社会主义市场经济的重要组成部分的新观念。

十五大报告指出，"公有制为主体，多种所有制经济共同发展，是我国社会主义初级阶段的一项基本经济制度"。社会主义市场经济就像八宝饭，八宝饭里糯米是主要成分，没有糯米不是八宝饭，但糯米本身并不是八宝饭。八宝饭中的糯米就像社会主义经济中的公有制经济一样，没有它就不是社会主义经济，但公有制经济又不等于社会主义经济。八宝饭里还有红枣、莲子等成分，只有把糯米和红枣、莲子组合在一起，并以糯米为主体经过制作加工才是八宝饭。非公有制经济是社会主义经济的有机组成部分，它不是外在于社会主义经济的东西，这就意味着在社会主义初级阶段还要大力发展包括私营经济、个体经济和外资经济在内的多种所有制经济，这对非公有制经济是极大的鼓舞和鞭策。

（4）突破了社会主义分配制度等于按劳分配的误区，提出了把按劳分配与按生产要素分配结合起来的新观念。

传统观念认为，按劳分配是社会主义分配制度，按生产要素分配被视为资本主义的专利。在以前党的文献里，也只是提到以按劳分配为主体、其他分配方式为补充（十三大）。十五大报告指出："完善分配结构和分配方式，坚持按劳分配为主体、多种分配方式并存的制度。把按劳分配和按生产要素分配结合起来，……允许和鼓励资本、技术等生产要素参与收益分配。"按生产要素分配第一次写进党代会的报告，必将对我国的改革开放和经济发展产生重大影响。

第一，强调按生产要素分配是对马克思关于生产要素所有权分配理论的继承和发展。马克思在其著作中深刻阐明了按生产要素所有权分配产品的必然性。他认为，任何一种产品分配都是由生产要素的自主权决定的，生产要素的占有权必然表现为分配产品的索取权。"消费资料的任何一种分配，都不过是生产条件本身分配的结果。"[1] 需要指出的是，马克思关于生产要素所有权的分配理论主要是关于资本主义社会分配关系的理论，对社会主义实行按生产要素分配是持否定态度的。因此，十五大从初级阶段理论出发，提出了这一观点，是对马克思分配理论的一大发展。

第二，强调按生产要素分配是对我国现阶段业已存在的各种非按劳分配方式的理论概括。改革开放以来，我国逐步形成了以按劳分配为主体、多种分配方式并存的分配制度。这种分配制度符合国情，深得人心，充分调动了企业、劳动者和各方面的积极性，有力地促进了社会生产力的发展。这种成功的实践要求我党从理论上给予概括，以使更好地指导实践。众所周知，生产要素是指进行社会生产经营活动必须具备的因素或条件，包括劳动力、土地、资本、技术等。按生产要素分配，是指按照物质资料生产时所投入的生产要素的多少进行收益分配。其中劳动力、资本和科学技术是现代社会生产发展的三大生产要素。通过出租土地带来的收入是地租；资本带来的收入是利润或利息；劳动带来的收入是工资。在这三大要素中，资本被称为现代市场经济的血液，资本的本性是不断增殖自身的价值，资本运动及其形态变化的结果，必然给所有者带来股息红利、风险收入和经营收益。因此，强调按生产要素分配，这是对我国现阶段业已存在的按资分配的必要性和合理性的充分肯定。

第三，强调按生产要素分配，适应了我国公有制实现形式多样化的要求。我国公有制的实现形式除了国有国营和集体经济外，还有股份制、股份合作制、企业集团、混合经济等。在这种情况下，实行单一的按劳分配显然行不通，只有把按劳分配与按生产要素分配结合起来，允许和鼓励资本、技术等生产要素参与收益分配，才能适应各种公有制企业发展的要求，从而更好地调动全社会

―――――――――――
①马克思，恩格斯.马克思恩格斯选集：第3卷〔M〕.北京：人民出版社，1995：306.

参与物质资料生产的积极性，推动科学技术迅速地转化为生产力。

允许和鼓励生产要素参与收益分配会不会导致两极分化？这是人们普遍关心的问题。我们认为，强调按生产要素分配必然导致个人收入距离的进一步拉开，但不可能引起两极分化。从国际上看，一个国家贫富差距的大小，是以基尼系数为标准来衡量的。基尼系数介于0与1之间，它的数值越小，就越接近收入分配的平均水平；反之，它的数值越大，则收入分配越不平衡。一般讲，基尼系数低于0.2，表示绝对平均；0.2～0.3，表示比较平均；0.3～0.4表示基本合理；0.4～0.5表示差距拉大；0.5以上表示差距悬殊。有关资料表明，1978—1990年，我国城镇居民个人收入的基尼系数从0.185上升到0.310，到1995年，城乡居民净收入的基尼系数已经达到0.445，超出了基本合理的界限，进入到收入差距拉大的阶段。在此基础上，强调按生产要素分配将进一步拉大业已存在的收入差距，会不会导致两级分化？事实上，"收入差距"和"两极分化"是两个不同的概念，"收入差距"所体现的是某段时期居民在获得收入数量上所存在的差别，它表示某段时期的收入数量；"两极分化"所体现的却是居民占有财富的状况。判断是否出现两极分化，一般有两条标准：其一，是否产生了两个具有相当规模的"极端阶层"，即凭借财产而占有更多社会财富的阶层与凭借劳动而占有较少社会财富的阶层，尤其是前者的数量要达到一定规模；其二，是否在占有社会财富上出现"两极"趋势，即财产所有者所占有的社会财富越来越多，而劳动者所占有的社会财富则相对减少。以这两条标准来判断，我国居民的收入差距还未扩大到两极分化。那么，怎样把握收入差距过大的"度"？就是说，我国居民收入差距的数量界限是多少？这是值得思考的问题。从统计数字上看，我国目前收入最高的10%人口的平均收入是最低的10%人口的平均收入的4.9倍，而美国1/4上层家庭收入与1/4下层家庭收入的贫富差距，1980年为6.38倍，1992年为7.9倍。需要指出的是，按生产要素分配与"经济起飞阶段"效率优先、兼顾公平原则是相吻合的，随着生产力的发展，国家通过完善税收制度调节个人收入分配，最终达到人人享受文明成果的共同富裕境界。

6.13 关键性结论与"决定性作用"

举世瞩目的党的十八届三中全会是在我国改革进入"深水区"时召开的一次极其重要的会议。会议审议通过的《中共中央关于全面深化改革若干重大问题的决定》(以下简称《决定》),更是为中国未来十年全面深化经济改革、全面开启"发展升级版"和"奇迹第二季"描绘了宏伟蓝图,吹响了新时期全面深化改革的"集结号"。全会《决定》明确提出"紧紧围绕使市场在资源配置中起决定性作用深化经济体制改革",并按照这个要求,提出了经济领域众多新的重大改革举措。这是我国改革开放历史进程中具有里程碑意义的创新和发展,将对在新的历史起点上全面深化改革产生深远影响。

1.改革指向明确

党的十八届三中全会明确提出"使市场在资源配置中起决定性作用和更好发挥政府作用"的重要论断,为进一步深化经济体制改革、完善社会主义市场经济体制指明了方向。

1992年,党的十四大确立建立社会主义市场经济体制的改革目标后,对政府和市场关系,我们一直在根据实践拓展和认识深化寻找新的科学定位。党的十五大提出"使市场在国家宏观调控下对资源配置起基础性作用",党的十六大提出"在更大程度上发挥市场在资源配置中的基础性作用",党的十七大提出"从制度上更好发挥市场在资源配置中的基础性作用",党的十八大提出"更大程度更广范围发挥市场在资源配置中的基础性作用"。可以看出,我们对政府和市场关系的认识在不断深化。

经过二十多年实践,我国社会主义市场经济体制已经初步建立,但仍存在不少问题,主要是市场秩序不规范,以不正当手段谋取经济利益的现象广泛存在；生产要素市场发展滞后，要素闲置和大量有效需求得不到满足并存；市场规则不统一，部门保护主义和地方保护主义大量存在；市场竞争不充分，阻碍优胜劣汰和结构调整；等等。这些问题不解决好，完善的社会主义市场经济体制是难以形成的。为此，党的十八届三中全会把市场在资源配置中的"基础性作用"修改为"决定性作用"。这是我们党对中国特色社会主义建设规律认识的一个新突破，是马克思主义中国化的一个新的成果，标志着社会主义市场经济发展进入了一个新阶段。这有利于在全党全社会树立关于政府和市场关系的正确观念，有利于转变经济发展方式，有利于转变政府职能，有利于抑制消极腐败现象。①

所有经济活动最根本的问题，就是如何有效地配置资源。资源配置的不同方式，会产生不同的配置效率。市场经济之所以能够使资源配置以最低成本取得最大利益，是因为在市场经济体制下，有关资源配置和生产的决策是以价格为基础的，而由价值决定的价格，是生产者、消费者、工人和生产要素所有者之间在市场自愿交换中发现和形成的。市场决定资源配置的优势在于：作为市场经济基本规律的价值规律，具有通过市场交换形成分工和协作的社会生产的机制，通过市场竞争激励先进、鞭策落后和优胜劣汰的机制，通过市场价格自动调节生产（供给）和需求的机制，从而可以引导资源配置符合价值规律以最小投入（费用）取得最大产出（效益）的要求。因此，市场决定资源配置的本质要求，是在经济活动中遵循和贯彻价值规律。使市场在资源配置中起决定性作用，其实质就是让价值规律、竞争和供求规律等市场经济规律在资源配置中起决定性作用。②

今后十年，我国经济领域改革将"紧紧围绕使市场在资源配置中起决定性作用"这个主线来展开、来推进。从"基础"到"决定"，两个字之变，意义却十分重大。这是我国社会主义市场经济内涵"质"的提升，是思想解放的重大突破，也是《决定》最大的亮点和重大理论创新。

①中共中央宣传部：习近平总书记系列重要讲话读本〔M〕.北京：学习出版社，2014：61-62.
②林兆木.使市场在资源配置中起决定性作用〔N〕.光明日报，2013-11-29.

2. 改革意义重大

理论和实践都证明，市场决定资源配置是市场经济的一般规律，市场配置资源最有效率，社会主义市场经济同样需要遵循。"让市场在资源配置中起决定性作用"的论断抓住了我国现实经济问题的根本。毋庸讳言，我国社会主义市场经济体制虽已建立，但在很多方面还不完善，核心问题是政府对资源的直接配置过多，不合理的干预太多。"决定性作用"的提法，是我们党在理论上的又一重大飞跃，有利于在全党全社会树立关于政府和市场关系的正确观念，有利于转变经济发展方式，有利于转变政府职能，有利于抑制消极腐败现象，必将对加快市场化改革、建立完善的社会主义市场经济体制起到重大的指导和推动作用。

第一，使市场在资源配置中起决定性作用是市场经济的本质要求。所谓"决定性作用"，是指市场在所有社会生产领域的资源配置中处于主体地位，对于生产、流通、消费等各环节的商品价格拥有直接决定权。市场决定资源配置的机制，主要包括价格机制、供求机制、竞争机制以及激励和约束机制。其作用主要体现在，以利润为导向引导生产要素流向，以竞争为手段决定商品价格，以价格为杠杆调节供求关系，使社会总供给和总需求达到总体平衡，生产要素的价格、生产要素的投向、产品消费、利润实现、利益分配主要依靠市场交换来完成。实践证明，迄今为止，在市场经济条件下，尚未发现任何力量比市场的作用更广泛、更有效率、更可持续。因此，只要实行市场经济体制，就必须尊重市场在资源配置中的主体地位和决定性作用，其他任何力量都不能代替市场的作用。

第二，使市场在资源配置中起决定性作用，并没有否定或忽视政府作用，而是要求更好发挥政府作用。社会主义市场经济体制比资本主义自由主义的市场经济体制更有优势，就在于社会主义市场经济兼顾了效率和公平。兼顾效率和公平，一个很重要的原因就是政府在参与资源配置过程中作用更加积极全面，更能发挥保持宏观经济稳定、弥补市场失灵、熨平经济波动的作用。

在社会主义市场经济条件下，政府不仅仅是充当"守夜人"的角色，而且要通过以国家发展战略和规划为导向、以财政政策和货币政策为主要手段的宏观调控体系对经济进行宏观调控。当然，更好发挥政府作用，不等于政府可以更多地直接参与资源配置、干预微观经济活动，更不等于代替市场在资源配置中的决定性作用。

第三，使市场在资源配置中起决定性作用，表明我们党对社会主义市场经济规律的认识和把握达到了一个新的高度。1992年年初，邓小平同志在南方谈话中明确指出，计划多一点还是市场多一点，不是社会主义与资本主义的本质区别，计划和市场都是经济手段。这解决了我们思想上的一个禁锢，即社会主义也可以发展市场经济。在此基础上，我们党对市场在资源配置中的认识不断深化，党的十八大曾提出"更大程度更广范围发挥市场在资源配置中的基础性作用"。但"基础性作用"的定位并不彻底，容易让人理解为"基础性作用"之上还有一个更高层面的"决定性作用"，而且容易把"决定性作用"理解为政府的作用。这就为政府对市场直接干预、过多干预、不当干预开了"口子"。党的十八届三中全会全面总结改革开放35年来的历程，明确提出"使市场在资源配置中起决定性作用"，揭示了社会主义市场经济的本质要求，是我们党在理论上一个新的重大突破。①

完善的社会主义市场经济体制是使市场在资源配置中起决定性作用的制度保障，这就要求我们必须积极稳妥地从广度和深度上推进市场化改革。从广度上推进市场化改革，要求我们在继续推进经济体制改革的同时，必须全面深化政治、文化、社会、生态文明等各领域的体制改革，健全与社会主义市场经济体制相配套的各方面体制机制。从深度上推进市场化改革，要求我们必须从基本经济制度、现代市场体系、政府职能、财税体制、城乡发展一体化体制机制、开放型经济体制等方面入手，在解决影响市场起决定性作用的深层次问题上着

---

① 《如何理解使市场在资源配置中起决定性作用》，资料来源：新华网，2013年11月28日。

力，努力构建有利于市场经济发展的市场规则、法律体系、社会环境。

3. 全面认识市场作用和政府作用的关系

《决定》对更好发挥政府作用提出了明确要求，强调指出："科学的宏观调控，有效的政府治理，是发挥社会主义市场经济体制优势的内在要求。""政府的职责和作用主要是保持宏观经济稳定，加强和优化公共服务，保障公平竞争，加强市场监管，维护市场秩序，推动可持续发展，促进共同富裕，弥补市场失灵。"发展社会主义市场经济，既要发挥市场在资源配置中的决定性作用，也要发挥政府的经济职能和重要作用。

西方古典经济学创始人亚当·斯密主张自由放任的市场经济，由市场这只"无形的手"使资源得到合理配置，政府只承担"守夜人"职能。这主要是因为亚当·斯密生活在资本主义市场经济早期，未能看到它由于内在矛盾发展而产生的重大变化：从 1825 年起，几乎每隔 10 年就发生一次周期性经济危机；自由竞争引起资本积聚和集中进而产生垄断；特别是 1929 年世界性严重经济危机，导致 20 世纪 30 年代全球经济大萧条。在此大背景下，英国经济学家凯恩斯在 1936 年创立了宏观经济学理论，主张当经济周期处于衰退阶段或繁荣阶段时，由政府分别实施扩张性或紧缩性财政政策，以及通过货币政策传导机制，调节消费和投资，进而影响总需求和总产出。第二次世界大战后，各市场经济国家在市场决定资源配置的同时，普遍实行不同方式的政府干预，包括宏观经济管理（宏观调控）和微观经济规制（市场监管）。政府干预不是要弱化或取代市场作用，而是要弥补市场失灵，并为市场有效配置资源和经济有序运行创造良好环境。①

与西方发达国家政府干预的对象是市场功能充分发挥的成熟市场经济这一点有所不同的是，市场经济的活力在我国尚未得到充分发展。同时，我国经济体制改革的起始点，不是自由竞争和发达的市场经济，而是政府高度干预的计划经济；当前改革开放所要解决的主要问题，也仍然是进一步发挥市场机制

---

①林兆木. 使市场在资源配置中起决定性作用〔N〕. 光明日报，2013–11–29.

作用，解决政府对经济干预过多、干预不当和监管不到位问题，因此提出使市场在资源配置中起决定性作用。但这绝不是说市场是万能的，可以把一切交给市场，所有领域都市场化；更不是认为政府对市场可以撒手不管。《决定》强调"坚持社会主义市场经济改革方向"，说明我国的市场化改革是坚持中国特色社会主义方向的经济市场化。市场在资源配置中起决定性作用，并不是起全部作用。市场经济是法治经济，也是讲道德、讲诚信的经济，市场主体的经济行为，不仅受利己动机和竞争压力约束，而且要受法律、法规约束和职业道德、社会公德约束。因此，政府"有形的手"有效配合市场"无形的手"发挥作用，才能保证市场经济健康发展。当前，尤其是要解决收入分配、教育、就业、社会保障、医疗、住房、生态环境、食品药品安全、安全生产等关系群众切身利益的问题，必须坚持发挥我国社会主义制度的优越性，发挥政府的积极作用，进一步坚持和完善社会主义市场经济体制。

第七章 西方公共选择理论与中国的 "政府治理"

7.1 威克塞尔累积效应

威克塞尔是瑞典学派的主要代表人物，他被布坎南认为是现代公共选择理论的主要先驱，尤其是宪制经济学的唯一最重要的先驱。威克塞尔对公共选择理论的主要影响，是他用公共选择方法和立宪观点解释了公共财政问题，他因提出过"威克塞尔累积效应"而著名，这集中体现在他的《财政理论研究》（1896）一书中。该书在方法论上奠定了现代公共选择学的三个要素：方法论上的个人主义、个人的理性行为以及政治是一个复杂的交易过程。

威克塞尔从序数效用论出发，主张实行税收的利益原则，即征税应在个人因纳税损失的边际效用和国家通过公共服务给予个人的边际效用之间体现对等关系。利益原则可以使国家税收规模维持在帕累托最优水平，但问题在于寻求一种机制，把纳税者的偏好与抉择准确无误地显示出来。

把利益原则的实现运用于民主决定过程，是威克塞尔对公共选择理论的突出贡献。他假定议会中的政治代表完全忠实地反映选民的意愿，体现选民的利益，由这些代表决定的税收必定会基于选民的利益进行判断和选择，从而实现税收代表的个人边际效用的损失和国家公共服务给个人带来的边际效用增加之间应有的对等原则。公共产品的非排他性保证了共同体成员或代理人之间协调和利益均衡的可能性。整个协调过程集中反映在政治代表的投票过程中，选票执行着类似于市场交换中表达个人价值判断的货币功能，选举人相当于"市场主体"，因而就形成了一个政治的模拟市场。政治投票和市场交换在这里被看作是追求价值和利益增进的同一过程，二者只是在实现的条件和方式上不同。

为了促进税收的公平，威克塞尔提出了类似于市场交换的帕累托最优准则，这就是全体一致同意规则（unianimity rule）。威克塞尔认为，一致同意规则是宪制经济学的基础，其旨意在于保证所有参与税收决策的"市场主体"都感到边际效用的损失与补偿相一致，没有一人受损而至少有一人获益。考虑到利益协调的成本因素，威克塞尔认为可以推行近似的一致同意规则，以确保某种必要的合理多数。[①]

威克塞尔坚持税收的利益原则和投票的一致同意规则，其目的就是要给国家的活动范围施加严格的限制，保证决策个体利益的共同推进而不受任何侵犯。威克塞尔对那种满足于向仁慈君主提供政策建议以谋求国家利益的观点提出警告，强调制定经济政策规则和实行宪制的重要性，认为政治代理人的政策选择受到规则的制约，改革的主旋律必须是变动决策规则而不是通过影响参与者的行为来修正预期结果。也就是说，实行宪制。

威克塞尔的税收理论和政治交换理论，对布坎南的国家理论产生了重要的影响。有的西方经济学家甚至指出，公共选择理论的每一次发展都是在反思和推敲威克塞尔观点的基础上实现的。

7.2 庇古离差

阿瑟·赛西尔·庇古（1877—1925）是英国著名的经济学家，其代表作

---

①胡代光.西方经济学说的演变及其影响〔M〕.北京：北京大学出版社，1998：453.

是 1920 年出版的《福利经济学》，因此他被认为是福利经济学的创始人。在该书中，庇古用分门别类的处理方法和细致琐碎的逻辑推理，从福利经济学的角度着重考察了在什么条件下私人产品和社会产品会发生差异，从而妨碍国民净产品的增加，进而提出了运用征税和津贴及国家干预等措施对之加以矫正的必要性和可能性。庇古指出，在某些场合，个人决策和行动会给其他人的行为和决策带来有利或不利的邻近影响，导致私人边际收益大于社会边际收益或私人边际成本少于社会边际成本的结果，市场调节的结果不再符合帕累托最优准则。外部效应问题是市场本身无法克服的内在缺陷，如果政府始终恪守传统的"守夜人"职责，它将始终构成市场有效运行的一种威胁。这就是后来西方经济学家所宣称的"庇古离差"（Pigovian Divergencies）。

在庇古看来，国民净产品的增加，直接表现为一国经济福利的提高，而国民净产品的增加，在很大程度上则又取决于一国生产资源在不同部门使用中的配置。庇古以完全竞争作为分析资源最优配置的出发点，他指出，在完全竞争条件下，生产资源可以完全自由转移，也可以分割；投资者消息灵通，能够完全掌握市场情况，投资者为了谋求自身利益，可以使得各方面所投入的资源的边际社会净产品趋于相等，并且每一方面的价格都等于边际社会成本，这样资源就达到最优状态。但是，在现实生活中，由于"社会边际收益"与"私人收益"差异的存在以及"社会边际成本"与"私人边际成本"差异的存在，会妨碍国民净产品的极大化，从而影响社会总经济福利的增进。

庇古还分析了私人边际收益和社会边际收益背离的几种情形：

第一种是由某些耐久性生产设备的使用权与所有权不一致而引起的背离。庇古认为，当一个生产者所使用的某种耐久性生产设备不是他本人的财产，而是其他人的财产时，这个使用者就不可能及时对它进行维修和改进，这样就会减少社会投资，比如城市公用事业。

第二种是由于外部经济问题而引起的背离。"外部经济"和"内部经济"是由马歇尔最早提出的，马歇尔曾指出："我们可以把因任何一种货物的生产规模之扩大而发生的经济分为两类：第一是有赖于这工业一般发达的经济；

第二是有赖于从事这工业的个别企业的资源、组织和经营效率的经济。我们可称前者为外部经济，后者为内部经济。"庇古在此基础之上，又做了进一步的论述，他指出："一单位投资所产生的报酬，从私人角度和社会角度看，会由于外部性的存在而发生严重背离⋯⋯。工业家们感兴趣的并不是社会净产品，而仅仅是他们经营的私人净产品。这无疑阻碍了国民净产品的极大化。"① 庇古举例说：一家冒黑烟的工厂虽然能够使厂商获利，但污染了附近地区的空气，使附近住户的卫生条件恶化，因而使投入的资源的边际社会净产品小于边际私人净产品。又如海上的灯塔虽然没有花费多少成本，但能使无数过往船只安全航行，因而使所投入的资源的边际社会净产品大于边际私人净产品。再如公用事业，这些设施使大多数公众受益，而其成本由社会负担，这也会产生边际私人净产品的背离。

第三种是由于收益变动或成本由社会负担，产生了边际私人净产品的背离。在生产中，任何一个单位资源的增加，都会使平均成本增加或减少，从而减少或者增加投资者的负担，或者把增加减少的结果转给了消费者，那么边际私人净产品就会大于或小于边际社会净产品，因此这种背离表现为，某一厂商在使用生产资源时，对于其他厂商和消费者产生有利或不利影响。

庇古认为，在上述情况下，为了维护社会福利的极大化，客观上需要国家出面加以干预，以谋求最佳的资源配置。

在庇古看来，国家对产业干预的最好形式是津贴、税收和各种行政控制措施。他指出，税收主要适用于那些边际私人净产品大于边际社会净产品的行业。反之，对于边际私人净产品小于边际社会净产品的行业如农业生产，则给予直接补贴或间接补贴。此外，当各经济主体受影响相互关系非常复杂时，政府除了运用津贴和税收外，还可实施其他形式的政府控制措施。例如，为防止过密的建筑布局所产生的居住拥挤、交通不便、空气污染、环境恶化等不良效应，国家就可以通过立法手段，使城市政府拥有管辖该市建筑物高度的权力。

---

① 宋承先.西方经济学名著提要〔M〕.南昌：江西人民出版社，1989：401.

庶古还认为，为实现社会自愿的资源的最佳配置，政府也可以有针对性地使用津贴或税收手段干预私人产业的投资和产量决定。庶古的发现，大大动摇了古典经济学所赖以立论的逻辑基础，为国家干预主义经济思潮的兴起提供了理论依据。

7.3 阿罗悖论

在日常生活中，人们往往要在几种可能的机会中挑选一种，西方经济学家把这种行为称为选择。所有的选择活动概括起来不外乎两大类：一类是私人选择；另一类是公共选择。按照西方经济理论的解释，如果一个选择是由一个人根据自己的意愿独立完成的，不需要与他人商量，那么，这种选择相对于做决策的人来说，就称为私人选择。相反，如果一个选择是由参与者依据某项协商规则，相互协商而确定集体行动方案，这种选择被称为公共选择。显然，这两种选择是有区别的：

第一，私人选择是通过市场过程选择资源在私人物品间的配置。在市场过程中，消费者根据自己的偏好和收入状况，按市场程序用货币选票决定自己所需的私人物品量；公共选择是通过政治过程决定资源在公共物品间的配置。在政治过程中，作为投票人和选民的消费者，按政治程序投票决定公共物品的产量。

第二，私人选择基本上遵守自愿交换的原则。消费者所消费的物品量恰好是他所需要的，每个人都能得其所愿而不必少数服从多数；在政治过程中，公共选择带有一定的强制性，消费者或投票人要遵守少数服从多数的原则，接受他们不喜欢的公共物品，支付他不情愿支付的税收，大家都一致消费同量的公共物品。其结果是，他所消费的一揽子公共物品中，有些是他所乐意的，有些则是不乐意的。

第三，在私人选择中，消费者支出价格来决定所需私人物品的产量，并以此弥补商品的生产费用。各商品的消费—支出关系是一一对应的，个人选择与结果有直接联系，选择直接影响个人效用而不是他人效用；在公共选择中，公共物品的产量通过投票决定，生产费用由投票人缴纳税收弥补，个人税收支付与单个公共物品的消费，不存在一一对应的关系，个人选择与结果没有直接联系，不能直接影响个人与他人效用，而是与他人一起组成公共选择共同决定结果。

第四，在私人选择中，居民户为需方，厂商为供方，各经济单位之间存在竞争，竞争与市场机制促使厂商去满足消费者，实现社会利益；在公共选择中，需方为投票人，包括居民户与厂商，供方则是政府机构，各方由类似于竞争的民主联系在一起，民主中的竞选促使政府努力服务于投票人。但由于与政治过程存在着不完全性，私人选择与公共选择都有缺陷，致使消费者或投票人的利益得不到完全满足。[①]

在公共选择学派看来，外在效应与公共物品的存在，产生了对公共选择行为的需求。那么，怎样进行这种公共选择，才能保证所得到的结果是有效率的呢？这便是民主制度下的投票规则。

按照公共选择学派的解释，一致同意规则是公共选择的最高准则。所谓一致同意规则，是指一项集体行动方案，只有在所有参与者都同意，或者至少没有任何一个人反对的前提下，才能实现的一种表决方式。一旦某一集体决策获得了一致同意，那就表明，它肯定没有使任何一个参与者受损，却至少对其中的一个人有利。用经济学的术语来说，就是实现一种帕累托最优。然而，众口难调，要达到一致同意比较困难，有时甚至是不可能的。在现实中，人们通常退让一步，寻求一种能按多数人意愿来进行集体决策的多数同意规则。在这一规则下，一项集体行动方案，必须由所有参与者中超过半数或超过半数以上的比例同意才能实施，这无疑降低了决策的成本，但每一项集体行动方案都可能在有人反对的情况下通过，这就使公共选择具有内在强制性，无形之中助长了选民不重视选举权的行为。对此，人们一般的看法是，少数服从多数是

①文建东.公共选择学派〔M〕.武汉：武汉出版社，1997：13.

一种"民主"的公共选择过程，它虽然使少数人受损，但同时让大部分人获益。因此，从全社会的角度分析，多数同意规则不失为一种"好"的决策。

事实上，"民主"在实施过程中，可能受到诸因素的干扰，如果利益集团通过一些小的代价，收买那些不重视选举权的选民，选举结果为利益集团所操纵，少数服从多数的规则也就失效了。

循环投票现象最早是由法国人孔多塞特发现的，后来美国经济学家肯尼斯·阿罗又进行了系统的研究。他的研究表明，如果有两个以上的投票者，就两个以上的方案进行表决，循环投票就有可能出现，出现的概率随着投票人数和选择方案的增多而增大。在此基础上，阿罗经过严密的数学推算，得出一个令人吃惊的结论：任何一种多数同意规则，都不可能万无一失地保证投票的结果符合大多数人的意愿。这就是举世闻名的阿罗悖论。[①]

阿罗悖论使人们对公共选择和民主制度有了一个新的认识，正如市场存在失灵一样，民主也有它失效的时候。尽管失效的概率比较低，但毕竟向人们敲响了警钟。

7.4 布坎南的国家理论

庇古提出的"外部效应"理论，首先受到产权学派创始人科斯的批评。科斯认为，外部效应的存在并不构成国家干预的必然依据。假定产权界定明确，市场交易费用为零，制造外部影响的企业或个人与受其影响的企业或个人之间完全可以通过交换制造外部影响的权利而使双方的处境变好；产权的重新分配仅影响当事人之间的收入分配，对资源配置的效率不发生影响；这里不需要任何外来的经济干预。

科斯在逻辑上否定了庇古建议征税存在的根据。但是，高昂的交易费用完全可能成为那些赞成国家干预的经济学家坚持庇古税收的辩护词。以美国学

①王东京，张宝江，杨明宜．与官员谈西方经济学〔M〕．南宁：广西人民出版社，1998：212．

者布坎南为代表的公共选择学派，继承了维克塞尔（Johan Grstavknrt Wicksell，1851—1926）的经济思想，否定了传统理论把超利益的、能够实现真善美的共同目标的、至高无上的国家作为实行政府干预的出发点，把一般经济领域和公共经济领域的人们的经济行为纳入了一个一致的社会行为模式进行分析，提出了以国家理论为主体的"布坎南模型"，创立了公共选择理论。

事实上，公共选择理论的成长并非一帆风顺。1957年，布坎南与沃伦·纳特在美国弗吉尼亚州弗吉尼亚大学创办了托马斯·杰斐逊中心，主要研究政治经济学与社会哲学，侧重于对以个人自由为基础的社会秩序的研究。1963年，布坎南与另一位学者戈登·塔洛克在弗吉尼亚州的夏洛茨维尔又创立了"非市场决策制定委员会"，随后出版了《非市场决策论文集》。刚开始时影响并不大，前三期的发行总量只有300份。1968年，"非市场决策制定委员会"改名为"公共选择协会"，并正式编辑出版了《公共选择》杂志。这时，有关的研究才开始受到经济学与政治学学术界的关注，《公共选择》的发行量也扶摇直上。

整个20世纪60年代，凯恩斯理论处于支配地位，布坎南与塔洛克的学术研究活动受到了弗吉尼亚大学校方的干预，校方批评其理论是"带有19世纪极端保守主义的僵硬单一观点"。1968年，布坎南被迫离开弗吉尼亚大学，转往加利福尼亚大学洛杉矶分校担任经济学教授，托马斯·杰斐逊研究中心也自动解散。

1969年，布坎南与塔洛克重聚于弗吉尼亚理工学院，创建了公共选择研究中心。此后的十年，公共选择理论作为新兴的政治经济学，不仅得到美国学术界的重视，而且还相继出现在欧洲、日本等地，公共选择研究中心所在地布莱克斯堡，也因此成为世界各地研究公共选择理论的学者们云集的圣地。1983年，布坎南转任乔治·梅森大学的经济学教授，同年公共选择研究中心也随之迁往该校。1986年，瑞典皇家科学院决定，把该年度的诺贝尔经济学奖授予布坎南，以表彰他对创立和发展公共选择理论所做出的突出贡献。

布坎南的国家理论包括个人、市场与国家关系等内容。概括地讲，基本观点表现在以下几个方面：

（1）方法论上的个人主义。这种方法论认为，人类的一切行为，不论是政治行为还是经济行为，都应从个体的角度去寻找原因。只有个体是选择和行动的唯一和最终的实体，任何关于社会互动过程的理解都必须建立在对过程参与者行为分析的基础之上。①一个集体或社会从来不会有真正意义上的选择行为，也不会对某种目标采取最大化努力。即使一个集体面临一组备选方案，真正的选择也只是那些参与决策过程的个人做出的。按照布坎南的解释，个人主义包含两层含义：分析意义上的个人是唯一的分析单位；哲学或规范意义上的个人是唯一的价值存在，是价值评估的唯一源泉。基于个人主义的双重含义，布坎南得出结论：国家是为个体公民做出集体决策以达到个人目的的手段和场所。

（2）经济学中的市场和政府。布坎南认为，当人们谈论某种现在状态是"失效的"或"有缺陷的"，这意味着有一种"完美"或"理想"的状态存在，并且表明施加一定条件和手段之后现在状态的"缺陷"是可以纠正和改善的。如果人们最终发现事实上不存在一种"理想"的纠正手段去改变现实的不足，这无异于说现在状态是"完美"的，因为没有进一步改进的余地了。一个事实上不存在的理想化的国家干预正是隐含在庇古福利经济学全部分析的逻辑前提。布坎南对庇古福利经济学的核心批评在于，庇古在剖析市场失灵和呼吁国家干预的同时未能清楚地意识到：一个可供选择的政治解决方案也会带来外部效应问题，因而他的政策建议是缺乏根据和误入歧途的。②

布坎南的论证思路是：按照经济学关于"经济人"的经典假定，个人是效用最大化的追求者，其决策和选择的变动仅取决于外部的约束条件的变动；因此个人在市场安排和政治安排中的行为变化只能由他所处的不同制度环境来解释，而不能说同一个人在市场结构中是自私自利的利己主义者，到了政治决策过程中就变成了一个克己奉公的利他主义者。在明确了个人行为一致性假定之后，布坎南进一步设定：与市场并存着一个由不同个人组成的纯粹民主式

---

①布伦南，布坎南.规则的理性：英文版〔M〕.1985：21.

②布坎南.经济学：预测科学与道德哲学之间：英文版〔M〕.1987.

的政治共同体，一切集体决策都必须通过简单多数投票达成；个人参加政治决策和参加市场决策一样，都追求个人效用最大化。假定不存在对简单多数制的额外限制，那么政治决策的结果将很容易预见；一个最低有效多数联盟根据简单多数原则将击败少数联盟，并在牺牲少数人利益的基础上获得净利益。

看来企图纠正市场缺陷的政治解决方案本身也会带有一个不可避免的外在性问题，它并不像庇古假定的那样完美无缺。既然如此，就必须把市场和国家结合起来。用布坎南的话讲，国家和市场不是非此即彼的选择，双方合理边界的确定就必须依赖于分行业的（industry by industry）和分情况的（case by case）具体比较和分析。

（3）作为交换的政治行为。布坎南等人认为，经济学的基本命题不是"选择"，而是不同经济个体之间的交换；经济学的关注中心不应该是资源的稀缺性，而应当把注意力集中在交换的起源、性质和制度上。在政治活动领域也一样，个人用税收交换相对应的公共服务。布坎南指出，交换观点为观察政治过程和理解政府的作用提供了一种不同于政治的透视窗口，而且政治一旦被理解为自愿签订合同的过程，政治中的强制因素和自愿交换因素就不再是平行和互不相关的两部分。"只有当最终的法定'交换'促进他们的利益时，他们才会勉强同意国家的、政治的强制。如果没有一定的交换模型，就没有国家对个人的强制能符合自由主义社会秩序所依赖的个人主义价值标准"。[1]

不难看出，布坎南关于政治交换与个人主义相结合的观点，为他的国家理性重建观点奠定了思想基础。

（4）强调政治规则和立宪限制的重要性。布坎南认为，国家预算规模的迅速膨胀和严重的通货膨胀问题是国家失去应有的立宪限制之后必然的社会经济后果，因此改变政治的游戏规则，实行基本宪制是维持一个良好的社会秩序所必需的。

按照布坎南的解释，政治过程就像市场的交换过程一样，包含着来自交

---

[1] 布坎南.经济政策的选制〔M〕//王宏昌.诺贝尔经济学奖金获得者讲演集.北京：中国社会科学出版社，1988：667.

换的互惠性，是一种正和对策。每个具有独立价值和利益的个人，带着自身的利益要求参加政治决策，以谋图实现其个人的目标和利益。从这个意义上说，国家是个体自愿选择的结果，它存在的唯一根据是促进共同体每个成员的利益。布坎南将他的这种政治学模型的本质概括为个人主义和契约主义的结合。对政治过程的互惠性质的强调是布坎南国家理论最重要的特征之一。①

"宪制"（constitution）在布坎南的国家理论中是一个核心概念，它指的是"一套事先同意的规则，后续行动将在这些规则范围内产生"。② 在社会生活中，人们只有遵循一定的行为规范，在为自己谋取最大利益的同时也尊重其他当事人的利益要求，才能建立起富有建设性的社会合作，给所有的当事人带来收益。正因为社会秩序本身是有价值的，因而建立宪制完全是理性的选择。

布坎南认为，按照个人主义—契约主义观点建立起来的国家，其经济职能的合理性边界必然被限定在促进每一个社会成员的利益范围内，而政治家具有一种偏离公民的利益实现自身效用最大化的自然倾向，而现有的决策规则和体制结构又存在容许政治家追求自身利益的现实空间。因此，需要重新设计对国家的立宪限制。布坎南根据 20 世纪七八十年代的具体现实，提出了以下立宪改革的建议：

第一，征税的权力限制。针对当今美国税制存在的权力约束松弛的事实，布坎南提出两点税制立宪改革的方案：一是倡导联合预算原则，要求联邦政府的收入和支出实行联结，即每一项支出决策必须同时确定相应的税收来源。二是对税收和支出施加数量限制，将联邦支出的增长率直接与国民收入挂钩，并对征税总量也规定一个合理的上限。

第二，对现行货币供应制度的立宪改革。布坎南认为，在征税、发行债券和增发货币三种筹集财政支出的资金来源中，前两种方式往往不受欢迎，而增发货币相对来说比较隐蔽，不易于被觉察到是一种政治现象。为了克服来自货币方面的不稳定因素，布坎南建议确立一个公开的且具有法律效力的货币供

---

①布伦南，布坎南.规则的理性：〔M〕.1985：474.
②布坎南，塔洛克.赞成的预测：〔M〕.1962：7.

应规则，这就是货币当局应该大致按照最近 30 年内国民产品的平均增长率来决定货币基础的增长率，这样的货币供应规则一方面可以为公众提供稳定的价格预期，另一方面也可以限制政治家在货币方面的随意处置权。

第三，对简单多数制的修正。布坎南认为，在可接受的决策成本范围内，决策规则越接近一致同意准则，一种获准覆盖的受益者就愈多，政治家被引向满足更多选民利益的压力也就愈大。为此，布坎南等人建议在国会两院通过财政预算方案时，对简单多数制进行修正，实行高于简单多数的投票制度，即必须达到 2/3 的多数才能通过。

7.5 "看不见的脚"

"看不见的脚"是与"看不见的手"相对应而言的，用来形象地比喻经济个体的寻租竞争，它可以使"看不见的手"失去作用，有人称寻租活动是"看不见的脚"踩了"看不见的手"。事实上，寻租理论在西方经历了一个漫长的由不成熟到成熟的发展历程，而且越来越成为世界各国政治界、经济界人士普遍关注的挑战性热点问题。

早在自由竞争时期，古典经济学家们对竞争概念的界定就包含有寻租的意思。他们认为，人们一直试图建立垄断，一旦建立起垄断，他们就创造了租金或垄断利润。分享这种租金的欲望促使其他人进入这个产业部门，从而使供给增加，造成价格下跌，租金消散。这样即使达不到完全竞争的水平，至少也是接近于竞争的水平。对古典经济学家来说，竞争均衡是垄断不断建立而又不断被打破的动态均衡。尽管古典经济学家认为垄断是不可避免的，但他们一般都拥护自由放任政策。他们基本上把政府看作是人们建立并保护垄断的工具。他们相信，没有政府的干预，竞争过程将会正常进行，如果不加入竞争过程，竞争最终将发挥作用。他们认为，政府干预一般地会使事情变糟。

寻租理论的思想萌发于 1967 年塔洛克的一篇论文《关税、垄断和偷窃的福利成本》中。他认为，完全竞争的新古典模型对偏离竞争造成的社会福利损失估计得过小，实际情况是税收、关税和垄断所造成的社会福利损失大大超过了通常的估算。其理由是人们会竞相寻租，或者说进行各种疏通活动，以争取收入，而且在竞相寻租的条件下，每个人都认为花费直到他能取得利润或税收的期望值的费用去取得租金是值得的。塔洛克的这篇文章开创了可以称之为寻租理论的公共选择学派分支。公共选择学派的观点有两个中心思想：第一，寻租基本是通过政治活动进行的；第二，限制寻租的基本方法是限制政府。因此，公共选择学派对政府的观点与古典经济学有许多相同之处。

实际上，"寻租"一词作为一个理论概念，是在1974年由克鲁格在她探讨国际贸易中保护主义政策形成原因的一篇论文《寻租社会的政治经济学》中首次提出来的。从此，"寻租"这个概念便不胫而走。克鲁格的观点与塔洛克很相似，但她在许多正规的模型中发展了塔洛克的观点，并第一次对配额造成的损失做出了经验的估算。她认为，人们为了获得来自进口权垄断的租金而争夺进口权，这种活动对社会是一个损失，必须纳入分析，而在以前经济学家从未把这种分析纳入正规的模型。克鲁格的这项研究开创了可以称之为寻租理论的国际贸易学派分支，她本人也被视为寻租理论的鼻祖。

寻租理论不仅在公共选择和国际贸易领域中得到了发展，而且成为分析经济制度和经济史学家的研究对象。他们用寻租理论分析经济制度和经济史，也得出了许多很有价值的结论。"寻租"作为一个经济学概念，产生至今只不过20多年的时间，然而其理论影响力却遍及经济学的各个分支，并为社会学、政治学、法学和行政管理学等其他社会科学学科提供了新的研究思路。

在西方经济学文献中，"寻租"有其特定的含义，其基本内涵是"寻求直接的非生产性利润"（Directly Unproductive Profit — seeking）。[1]1982年，巴格瓦提出了"直接非生产性寻利活动"，直接非生产性寻利（DUP）或寻求额外收益之类的概念便成了经济学家的共同用语。按照西方经济学家的解释，DUP

---

①贺卫.寻租经济学〔M〕.北京：中国发展出版社，1999：3.

活动是指通过从事直接非生产性活动而获取利润的方法，"直接"在于直接产生于权力而不是借助于生产过程，"非生产性"在于这些活动产生金钱收益，但并不生产包括在正常效用函数中的产品与劳务，也不生产投入这些产品与劳务生产的投入品，它不能扩大社会生产规模，甚至还会因垄断而缩小生产规模，所争夺的是既有的生产利润。[①]

　　这种直接非生产性活动的典型事例是：寻求关税好处的院外游说活动，这种活动的目的是通过改变关税以及要素收入来获得金钱收入；这种活动要把政府收入引向用于自己，使自己成为收入的接受者；寻求垄断利益的院外游说活动，这种活动的目标是创立一种人为的、产生租金那样性质的垄断；逃避关税或者走私，这种活动实际上是减少或取消了关税（或限额），并通过利用缴纳关税的合法进口品与不缴纳关税的非法进口品之间的价格差异而获得利润。这些显然都是有利可图的活动，但这些活动的产出是零。正如帕累托所说的那样：掠夺与生产的区别只在于，掠夺使用真实资源去生产利润，而不生产产品。这些直接非生产性寻利活动的共同特点是：它们造成了经济资源配置的扭曲，阻止了更有效的生产方式的实施；它们本身白白耗费了社会的经济资源，使本来可以用于生产性活动的资源浪费在这些于社会无益的活动上；这些活动还会导致其他层面的寻租活动或避租活动。如果政府官员在这些活动中享受了特殊利益，政府官员的行为会受到扭曲，因为这些特殊利益的存在会引发一轮追求行政权力的浪费性寻租竞争。同时，利益受到威胁的地区和企业也会采取行动避租，与之相抗衡，从而耗费更多社会经济资源。由此可见，寻租活动是人类社会的负和博弈，即一场就社会整体而言损失大于利得的竞赛。据克鲁格和波斯纳测算，印度的这一损失要占国民收入的7.3%（1964），而土耳其仅进口许可证一项产生的租金就占国民生产总值的15%（1968）；波斯纳估计美国由政府管制带来的全部福利损失占国民生产总值的3%，并认为它构成了美国经济中的主要损失。米希安（1981）的估计更令人咋舌，他认为社会上"非

---

①贺卫.寻租经济学〔M〕.北京：中国发展出版社，1999：100.

生产性活动"造成的损失大约是美国国民生产总值的50%。[①]

正因为寻租活动引起的社会成本特别高，所以西方经济学家认为，国家干预也不是包医百病的灵丹妙药，它虽然在一定程度上矫正了市场机制的缺陷，但也为寻租的产生提供了土壤和条件。因此，需要对"政府失灵"现象进行系统的研究。

7.6 政府失灵论

所谓政府失灵，是指政府对经济干预不当、举措失宜，未能校正市场行为，克服市场失灵，甚至阻碍和限制了市场功能的正常发挥，引起了经济关系扭曲，加剧了市场缺陷和市场混乱，从而没能使社会资源实现最优化配置。

从政府干预经济的范围和力度的角度来看，政府失灵主要表现在三个方面：

（1）政府干预过度。政府干预的范围和力度过大，超出了纠正市场失灵和维护市场机制正常运转的合理需要。也就是说，政府管了自己不该管的事情。这种情况最易在下述两种场合出现：一种是在一个国家由传统的计划经济体制向市场经济体制的"转轨"时期，政府总是自觉不自觉地留恋自己昔日的"威严"和权力，不愿给微观经济单位以更多的独立自主权，不愿让市场机制自由地发挥其作用和功能。这就势必造成政府干预经济的范围和力度无法按照市场经济的客观需要而缩小。另一种是在一个国家的微观经济活动出现了混乱和较多问题时，政府必然强调加强宏观调控，这时政府各级、各个部门极易出现"一哄而上"的情况，纷纷出台干预措施，从而有意无意地拓宽了干预范围和增大了干预力度，形成了"穿新鞋、走老路"的格局。

（2）政府干预不足。政府所施行的调控范围较小，力度不够，难以弥补

---

①贺卫.寻租经济学〔M〕.北京：中国发展出版社，1999：101.

市场失灵和维持市场机制的正常运行，不能使市场的功能按照干预目标正常地发挥作用。从中央政府方面看，机构设置重叠，协调功能差，政府干预缺乏权威性和有效性，政策不完善、不配套、漏洞多，法律法规不健全，等等，都会导致其干预经济力度的软化。从地区、部门和企业方面看，倘若它们对中央政府的宏观干预政策不执行或执行不力，从而使中央政府的宏观干预决策得不到切实的贯彻落实，必然会大大降低政府干预的力度和时效，导致政府干预在某种程度上的失灵。

（3）政府角色错位。在市场经济的竞技场上，政府主要应该扮演"裁判员"的角色，制定比赛规则，维护比赛秩序，对违规行为进行处罚。但在实际生活中，许多政府机构和部门却热衷于"下场比赛"，不愿意放弃手中的分钱分物和项目审批权，不愿意放弃对企业产供销、人财物的直接管理和经营，甚至想方设法举办各种"官办公司""翻牌公司"。这种政府角色的错位，直接或间接地造成了政府调控的范围和力度的错位，导致了政府失灵。

在现代市场经济条件下，政府宏观调控之所以会出现失灵的情况，主要是由以下原因造成的：

一是政府的组织制度存在缺陷。政府自身的组织制度，常常存在着种种缺陷和问题，它们包括：①政府自身具有不断扩张和膨胀的本性。这是帕金斯定律所早已证明的。近两个世纪以来特别是第二次世界大战以后，西方国家的政府迅速膨胀。美国政府在1940年的所有文职人员共有450万人，到1992年已增长到1820万人，多于美国制造业职工总数。1990年美国政府开支占国民生产总值的36.8%，这一比例较之1900年增长了3倍。19世纪欧洲国家征税占国民收入的8%～10%，到20世纪60年代增至30%～60%。[①]政府的不断扩张和膨胀，使得政府机构庞大，层次繁多，官员雍肿，人浮于事，效率低下。②政府机构垄断了公共物品的供给。由于缺乏竞争对手，就可能导致政府部门过度投资，生产出超过社会需求的公共物品。③政府官员利润动机。与企业的厂长经理们不同，政府官员的追求目标不是利润的最大化，而是规模的最大化，

---

①李瑞芝."市场失灵"、"政府失灵"论与社会主义市场经济〔J〕.经济评论：增刊，1995.

以求以规模的最大化增加自己的威望和升迁机会，扩大自己的权力和势力范围。④缺乏对政府官员严格和科学的制约、监督和考核。造成了欺上瞒下，做表面文章，搞形式主义，"官出数字、数字出官"，"买官卖官"，"人情官"之类事情的屡屡发生。

二是政府干预经济的行为与市场机制的运行并非能够完全吻合。首先，政府与微观单位的目标有可能冲突。一般来说，政府干预经济是要实现全社会经济利益的最大化，而微观单位则是要实现局部和个体经济利益的最大化。当二者不一致时，后者对政府调控政策的不配合会使政府的调控失效。如果政府强制推行，其推行成本相当高，可能以牺牲积极性为代价，导致微观效率及至整个社会效率的降低，从而抵消了一部分政府调控所能产生的利益。其次，政府调控的机制与市场机制有差别。政府调控依靠的是人为力量，市场运行依靠的则是自然力量，人为力量既可能与自然力量相吻合，也可能发生矛盾，发生矛盾时容易产生政府调控失灵。最后，政府的调控作用涉及整个社会，但微观个体的情况却形形色色、千差万别：假如运用的是差别政策，调控的复杂程度就会很高；假如运用的是统一或无差别政策，要么"鞭打快牛"，要么促使一些边际企业提前破产倒闭，也将引致社会资源配置效率的下降。

（4）政府决策可能会受到非经济因素的影响。政府的决策应超越集团利益和短期利益的制约，着眼于全社会长远发展的目标。但实际上，政府官员等政策制定者同经济人一样，是理性的、自私的人，他们中的一部分人就像在经济市场上一样在政治市场上追求着自己的最大利益，而不管这些利益是否符合社会的长远利益，这就使得他们的决策或多或少具有政治化的倾向。具有政治化倾向的决策往往违背客观规律，给经济带来严重后果。

（5）政府官员的寻租行为。政府官员的寻租活动，最为常见和影响最广最坏的是那种涉及权钱交易的活动，即官员个人或小利益团体为了牟取自身经济利益而利用种种合法或非法手段，如游说、疏通、拉关系、走后门等去获取租金。寻租活动必然导致政府失灵，因为它酿成政府官员的争权逐利，影响政府声誉，增加政府的廉政成本，造成社会资源的巨大浪费。具体来说：它引致经济资源配置的扭曲，阻止更有效的生产方式的实施；不是利用新技术、开发新产品等正当手段为自己谋取更大利益，而是通过寻求政府干预阻止其他企业加入竞争的非正当手段，以维护自己的垄断地位和保证获取高额利润，这就不利于社会进步，它本身也会白白耗费社会经济资源，使本来可以用于生产性活动的资源浪费在这些对社会无益的活动上；它还会导致其他层次的寻租或"避租"活动，从而耗费更多的社会经济资源。

（6）政府获取的信息具有不完全性。政府对经济的有效干预取决于对市场信息的全面和准确把握。但是，由于现代市场经济系统的复杂性和变动性，使这种对信息收集和处理的严格要求几乎是不可能做到的。这样，政府的决策往往不得不在信息不完备和不准确的条件下做出，因而也就不能保证真正地反映和满足市场经济迅速发展的状况和需要。

（7）政策的滞后性。政府调控经济政策的制定和实施需要时间，政策对经济发生作用同样需要时间，这就会出现政策的滞后效应。这种滞后效应可能使政策实行的结果与预期目标相距甚远，从而导致政府的政策失灵。

（8）预期的作用。政府的宏观经济调控政策在实施后是否有效，除了要求政策本身符合客观实际和及时付诸实行外，还必须保证其在贯彻落实过程中不能变形走样。但是，在公众（消费者和投资者）预期的作用下，政府的经济政策要能百分之百地得到遵照执行是不可能的。20世纪70年代以来，在西方经济理论界引起广泛关注的理性预期理论，就揭示了公众预期对政府政策的影响。理性预期理论以政策规则为手段，以公众的预期相当准确或逐渐接近于准确为依据，推出了政府宏观经济政策的无效性的结论。①

为了克服政府干预经济行为的局限性，尽可能地避免政府失灵，提高政府机构的工作效率，可以从以下几个方面着手做好工作：

第一，在政府干预和市场调节之间做出恰当选择。在引入政府宏观调控

①邓海潮.现代市场经济中的政府失灵〔J〕.学术月刊，1997：9.

以弥补和克服市场失灵时，应对政府调控的成本和效益进行比较，以确定是否存在政府失灵。如果存在政府失灵，则必须对政府失灵和市场失灵的成本与效益进行比较分析，然后在政府调控和市场机制自发地发挥作用之间做出正确选择。

第二，改革、完善政府机构和体制。在政府介入经济过程，对经济实施宏观调控干预之后，如果发现其不是偶然而是多次或在一段时期内出现了干预不力和失灵情况，就必须考虑和研究政府机构本身是否和市场机制相适应的问题。倘若认定政府机构本身不适应市场经济的运转，则应该着手对政府机构进行改革和完善，包括改革和完善政府的组织机构、决策机制、运作机制、监督机制等等。当然，对政府机构进行改革是一项复杂的工程，而且会招致方方面面这样那样的阻力，不可能轻而易举地取得进展和成功。

第三，在政府内建立责任制度，形成竞争机制，引进利润动机，以提高政府公务员的素质。建立责任制度，就是对政府官员要有责任约束，做到是非清楚，功过分明。西方公共选择理论家认为，只要打破公共物品生产的垄断，在政府内建立起竞争机制，就可能消除政府低效率的最大障碍。他们提出了一些建立竞争机制的设想。比如，可以设置两个或两个以上的机构来提供相同的公共物品或服务（城市供水系统、公交系统就可采取这种办法），使这些机构之间展开竞争以提高效率；可以把某些本来是由政府投资生产的公共物品，承包给私人生产者；可以在一个地域辽阔、人口多、事务多的国家的不同地区设立相同的机构以加强地方政府之间的竞争；等等。

第四，对政府活动的行政经费的收支数量加以约束。政府活动的经济基础是经费开支，对政府的行政经费数量和支出加以控制，就能从根本上限制政府的行为方式，抑制政府过度增长、机构膨胀、人浮于事和搞那些有其名而无实效的种种活动。这种约束可以从政府预算的程序和数量两方面入手。要把政府的收支增长直接与国民经济的增长挂起钩来，并保证在一定的比例之内。

第五，在体制"转轨"时期，政府的职能必须彻底转换。政府职能的转换包括：转变传统的计划经济观念，树立市场经济观念；转变旧的权力观念，把属于企业的权力还给企业；坚持政企分开，使企业真正成为"四自"的法人实体和市场竞争主体。按照市场经济体制的要求，政府组织管理经济工作的主要职能是做好规划、协调、监督、服务工作，减少中间环节，提高办事效率，做到"横向不交叉，纵向还权力，上下能对接，宏观搞调控，微观多服务"。

第八章 西方产业组织理论与中国国内反垄断调查

8.1 诺奖"花落"泰勒尔

2014 年 10 月 13 日，瑞典皇家科学院将当年的诺贝尔经济学奖授予来自法国的吉恩·泰勒尔教授（也有译作"让·梯诺尔"），以表彰其"对市场力量和监管的分析"。在诺奖评选委员会发表的声明中说，泰勒尔最杰出的成就是"阐明了如何理解和监管由数家公司巨头主导的行业"。此次诺贝尔经济学奖仅颁发给泰勒尔一个人，就足以说明他的理论在经济学中的贡献之大。

泰勒尔属于新凯恩斯主义学派，在研究垄断方面有着卓越贡献。传统经济学理论习惯于从一个组织的形态、市场占有率等方面研究对市场的失败和破坏能力，而泰勒尔则认为这些并非关键。"小企业与其他机构在社会上的交易成本非常大，而大企业往往自己就可以制定价格，并要求其他相关机构制定与它相同的价格"，也就是说，大企业对价格的垄断才是破坏市场的关键。泰勒尔理论的现实意义十分重大，特别是为中国正在进行的反垄断调查提供了具体的理论依据。这些垄断带来的定价等因素不仅影响了消费者的福利，同时还缩小了很多年轻人创业的空间。

　　泰勒尔认为，最佳的调控和监管政策应该谨慎地根据不同行业的特殊情况加以实施。泰勒尔在一系列学术文章和著作中为相关政策的设计提出了整体框架，并将其应用到从电信到银行等不同的行业中。凭借这些新的经济学研究成果，政府可以更好地促使有实力的大企业提高效率，同时防止其损害竞争对手和客户权益。

　　正是由于上述理论，使泰勒尔的学术研究对于正在推进国企改革的中国来说，更显得具有极强的现实意义，而对于三大运营商和四大国有商业银行这样的巨无霸企业来说，如何摆脱外界关于"垄断"的质疑，不妨借鉴大师的研究成果，将这一理论应用于提高自身效率的改革。

　　泰勒尔教授的教科书是较早被中国许多高校所采用的，比如中国人民大学出版社 1997 年出版了他的《产业组织理论》一书，对于我们国家的相关专业理论人才培养奠定了良好的基础。①

8.2　垄断的"损益边界"

　　产业组织理论是以价格为基础，通过对现代市场经济发展过程中产业内部企业之间竞争与垄断及规模经济的关系和矛盾的具体考察分析，着力探讨产业状况及其变动对产业内资源配置效率的影响，从而维持合理的市场秩序和经济效率提供理论依据。其中，产业组织是指同一产业内企业间的组织或市场关系。对产业组织的研究主要以竞争与垄断及规模经济的关系和矛盾为基本线索，对企业之间的这种现实市场关系进行具体描述和说明。

　　产业组织理论发展到今天，先后出现了哈佛学派、芝加哥学派、新奥地利学派等，其中发展比较成熟的是哈佛学派和芝加哥学派。哈佛学派认为，市场结构决定企业在市场中的行为，企业行为又决定企业运行的经济绩效，为了

---

①孙立坚：《梯诺尔可为中国反垄断调查提供理论依据》；资料来源：中国经济新闻网 2014 年 10 月 14 日。

获得理想的市场绩效，最重要的是通过公共政策来调整和直接改善不合理的市场结构。芝加哥学派传统的自由主义思想，信奉自由市场中竞争机制的作用，对产业组织及公共政策问题仍然通过价格理论的视角来研究。芝加哥学派认为，即使市场中存在某些垄断势力和不完全竞争，只要不存在政府的进入规制，长期的竞争均衡状态在现实中也能实现。[①]自 20 世纪 90 年代以来，新产业组织理论在研究领域、理论深度以及与其他学科的交融等方面又有了新的发展。

最早的产业组织理论见于哈佛大学的梅森教授和其弟子贝恩的相关研究中。1959 年，贝恩所著的第一部系统阐述产业组织理论的教科书《产业组织》出版，标志着哈佛学派正式形成。哈佛学派以实证的截面分析方法推导出企业的市场结构、市场行为和市场绩效之间存在一种单向的因果联系：集中度的高低决定了企业的市场行为方式，而后者又决定了企业市场绩效的好坏，这便是产业组织理论特有的"结构——行为——绩效"（简称 SCP）分析范式。该学派提出要获得理想的市场绩效，最重要的是通过公共政策来调整和改善不合理的市场结构，限制垄断力量的发展，保持市场适度竞争。

20 世纪 60—70 年代，以施蒂格勒为代表的芝加哥大学的一些学者对哈佛学派的 SCP 范式展开了激烈抨击，并逐渐形成了产业组织理论中的"芝加哥学派"。芝加哥学派认为，哈佛学派所依据的垄断竞争理论错误地将规模的扩大等同于垄断，殊不知规模扩大是有其内在原因的。芝加哥学派主张：行业集中度的提高是市场需求和技术水平进步的结果，大企业的高利润率是生产效率提高的结果，而不是资源分配无效率的结果，不能以集中度的高低和规模的大小作为判断一个企业是否是垄断企业的标准，政府应该加以干预的是那些市场绩效不好的垄断企业。

20 世纪 80 年代以来，科斯和威廉姆森等人以交易费用理论为基础，提出企业同市场一样参与了资源的配置过程，企业的内部活动是影响市场行为和产业结构的重要原因。按新产业组织论者的观点，市场结构是由企业规模决定的，而企业规模的大小取决于交易费用的高低，交易费用的高低则取决于交易活动

---

①赵丹丽．垄断在中国产业组织理论中所扮演的角色〔J〕．法制与社会：（上），2009-02.

的复杂程度和不确定性，而这一切又都源于交易者的行为属性。因此，要想了解行业结构产生和变化的原因，就必须深入到经济活动参与者的行为属性中去研究。

近十多年来，产业组织理论又进入一个新的快速发展时期，越来越多的优秀理论经济学家加入到这一领域，使产业组织理论在研究领域、研究方法和与其他学科交融等方面取得了新的进展。

8.3 "大企业 3.0 版"

各个时期的产业组织理论依据不同的理论基础和研究方法，选择不同的研究重点，提出了不同的政策主张。"1.0 版"的哈佛学派以垄断竞争理论为基础，采用静态的实证研究方法，以市场结构为研究重点，提出了反垄断、反集中的"结构主义"政策主张。"2.0 版"芝加哥学派以"可竞争市场"理论为依据，重点分析企业的市场绩效问题，提出了"绩效主义"的政策主张。"3.0版"的新产业组织理论以交易费用理论为基础，采用演绎推理为主的研究方法，提出了以"反不正当行为"为指向的"行为主义"政策主张。20 世纪 90 年代后发展的新产业组织理论以博弈论等新的理论和方法为基础，使产业组织理论在研究广度和深度上得到了拓展。在理论的演进发展过程中，新产业组织理论与传统产业组织理论相比有了以下特点：一是研究领域从外部市场结构转向内部企业活动，二是研究重点从结构环节转向了行为环节，三是研究工具从传统的实证方法转向了推理演绎，四是新产业组织理论重新构建了传统产业组织理论。新产业组织理论深入分析企业内部组织和治理结构，在企业制度问题的理论研究方面取得了长足进步，对跨国投资、国际贸易、跨国并购及跨国公司的策略性行为等国际经济现象也进行了深入研究，形成了一系列具有创新意义的研究成果。

此外，新产业组织理论在寻求与新古典微观经济理论更加紧密结合的同时，引入了现代微观经济学的最新成果，从理论范式、研究方法和政策主张等几个方面对传统产业组织理论进行了突破和创新。产业经济学理论研究成果的大量出现，一方面增强了其理论基础，另一方面也使得产业组织理论成为微观经济学的核心内容。可以预见，未来几年产业组织理论仍将在与其他经济学分支及现实经济变化的相互影响中继续向前发展。[①]

目前我国正处在社会主义市场经济体制的建设和完善过程中，如何建立一种有效的企业组织和政府管制相结合的产业组织环境，市场、企业和政府在资源配置过程中应充当什么样的角色，怎样才能充分利用有限的资源，这些都是我国政府和理论界十分关心的重大问题。因而，我国的产业组织研究，必须将制度研究置于核心地位，以企业内部产权结构、组织结构为出发点来研究产业组织的新制度学派的产业组织理论，尤其是现代企业理论，以及以培育本国产业的国际竞争力为着眼点的后起国家产业组织理论，更值得我国产业组织研究者的关注和借鉴。

总之，西方产业组织理论是一门富有现实意义的应用经济学，学习和研究该学科是为了汲取其中正确和有用的东西，为我国的现代化建设和社会主义市场经济的发展服务。

8.4《电信竞争》

20 世纪 90 年代以来，随着电信产业狂飙突进式的发展，社会公众对电信产业放松规制、开展竞争的关注与日俱增。这种热情往往出自一种认为垄断降低了效率的直觉和对自身经济利益的关注，在更多的时候是一种价值判断，而不是清晰的、具体的经济学分析。从经济学的视角看，电信产业的魅力在于它处于网络产业激励性规制改革的前沿，因而，电信产业的规制与竞争理

---

① 刘惠莹，林奇，范铁英.产业组织理论的演进及其对我国产业结构调整的启示〔J〕.广西大学梧州分校学报，2005（2）.

论是现代经济学最活跃的分支——产业组织学发展的重要方向之一。拉丰和前述 2014 年年度诺奖得主泰勒尔合著的《电信竞争》一书，利用产业组织理论对电信业的规制与竞争进行了详细的经济学分析，堪称这一发展方向的代表性成果。[①]

　　由电信业的竞争与改革所引发的关于中国产业组织结构的研究，是目前经济学界、政府以及大众普遍关心的热点问题之一。在向社会主义市场经济转型的过程中，原来由计划所控制的资源配置权力逐渐转化为垄断权力，形成行政性垄断，造成竞争与进入的壁垒，而对市场化过程中的企业行为的规则，我们又缺乏经验。打破行政性垄断，建立符合中国国情的市场规则，需要我们研究借鉴现代产业组织理论，尤其是规制理论的最新研究成果。《电信竞争》一书令人难以置信地将经济学理论完美地运用到实际的政策分析之中，因此，它将对中国的电信业以及其他基础产业的改革实践有所帮助。

　　拉丰教授在微观经济学的许多领域都做出了杰出的贡献，他不仅是 20 世纪 70 年代委托代理理论、80 年代信息经济学与财政学理论、90 年代产业组织与规制理论的世界级学术带头人，也是新规制经济学的奠基人之一。泰勒尔教授也是产业组织学和信息经济学公认的世界级大师，他的名著《产业组织理论》的中文版对世纪之交中国产业经济学的发展与普及产生了不可替代的影响。《电信竞争》的最初版本就是出自泰勒尔教授作为"杰出研究员"于 1996 年 11 月 26—28 日在慕尼黑大学经济研究中心所做的"慕尼黑经济学讲座"。拉丰教授和泰勒尔教授共同将企业理论、信息经济学理论和博弈论应用于电信竞争的实践中，创建了有关电信竞争的微观经济学新领域。他们合作的另一本著作《政府采购与规制中的激励理论》，应用现代经济学理论的最新工具，对新规制经济学进行了最具权威性的系统分析，成为迄今为止规制经济理论最权威的参考书。

　　电信业的垄断导致了高价格和社会净福利的损失，同时造成了管理上的 X-

---

①胡汉辉.产业组织理论的最新成就——评拉丰与泰勒尔的〈电信竞争〉一书〔J〕.通信世界 2001–06–08.

非效率和寻租行为。正是这种对垄断运营商效率低下的不满，才出现了 20 世纪 90 年代以来的电信业改革。一般而言，政府解决市场经济下的自然垄断难题有三种选择，即国有化、规制和鼓励竞争。既然大家已对垄断或不完全竞争的缺点达成共识，那么为什么不能要求在电信业领域实现完全竞争呢？进一步而言，如果完全竞争在现实中不可能达到，究竟应该如何制定规制政策才能提高经济效率、克服规制本身的局限性呢？《电信竞争》告诉我们：

第一，电信业是典型的高固定成本、低边际成本的产业，某些业务领域从技术角度看存在着自然垄断。换句话说，在产业的"上游"，电信网络的重复建设对全社会而言，是缺乏效率的，因此，在一定程度上只能由一个或者少数几个运营者提供服务。随着电信业务需求的增加和电信技术的发展，在产业的"下游"，需要多个运营商开展竞争。对于进入者而言，为了能参与竞争就必须有接口，于是这些接入部分将成为进入者的瓶颈。接入定价的制定必须兼顾在位者和进入者的利益，即对在位者而言，接入政策要能够激励其建造和维护基础设施的积极性；对进入者而言，接入政策要允许有效率者能够进入而将无效率者淘汰出局，从而最终导致对网络的有效使用。

第二，电信网络是多样化的，网络与网络之间存在着互联互通的问题，而纯粹的商业谈判往往无法达成一个符合社会公众利益的协议，同时这其中也存在企业合谋的可能性。

第三，电信业与大部分网络产业一样承担着普遍服务的义务。由于在位者普遍服务义务的存在，规制者必须选择一种方式对其进行补偿，问题在于补偿必须考虑进入者"搭便车"的可能和在位者寻求交差补贴的可能。

第四，电信业是技术进步最快的产业之一，瓶颈的位置将随着技术进步而改变。技术创新得益于不完全竞争，但同时也推动了规制的放松。

产业组织理论最激动人心的发展就在于博弈论的引入，从而对原本经验主义的产业分析进行实验的分析，经济学家们在逻辑演练和经验统计的工具以外增加了数学理论模型分析。尽管如此，以拉丰和泰勒尔为代表的学者进行的理论分析相对于实践而言仍然是高度抽象化和理想化的。拉丰和泰勒尔指出：

经济理论是我们实践的指示牌，但远远不是政策本身。我们需要从中提炼出一些重要的共识性观点：

（1）部分价格歧视的合理性。并不是所有的电信服务都可以采用边际价格定价方法，至少在一些有大量沉入成本的瓶颈部门，相关的定价需要一定的加成。一定范围内的价格歧视可以减少价格的扭曲，同时价格歧视也是一些投资的先决条件。

（2）有效竞争的原则。竞争要和规模经济、有效利用资源相结合。采用不同的价格体系将会影响业务的前景和技术的选择，因为接入资费指导零售价格，可以看到相似的接入价格反而扭曲了竞争，减少了社会福利。

（3）不对称规制的现实性。由于在位者与进入者信息的不对称，需要对接入服务和零售服务采取"不对称规制"政策（对接入与网络的规制要比零售严格得多）。然而，长期的不对称规制会扭曲价格信息，恶化资源配置。当进入者占有的市场比例达到一定的份额时，也就是当集中度降低到一定程度时，应该转向中性的规制。

（4）双向接入竞争的特殊性质。随着本地接入竞争的出现（在对本地网环路不实行捆绑销售的情况下，接入服务将有无线、有线甚至供电经路等多项选择），网络运营商必须相互提供终端接口，"双向"接入政策会推动零售层次上的竞争。由于协议的存在，互联价格将不能上涨到最终价格，这将激励企业最大程度地取得市场份额。

（5）普遍服务的政策导向。在竞争情况下制订中性但在经济上有效益的普遍服务的补贴方法是：为争夺市场特许经营权而竞争，而不是大家都在同一市场上进行竞争，并以此来确定最佳的（经营）区域规模。[①]

---

① 胡汉辉.产业组织理论的最新成就——评拉丰与泰勒尔的〈电信竞争〉一书〔J〕.通信世界，
2001-06-08.

8.5 "好的垄断"与"坏的垄断"

垄断这一社会经济现象应区分为两种不同性质的垄断：一种依靠独占形式的市场份额，或以行政手段的特殊权利，获取垄断利润，造成不合理的资源配置，对经济产生负面影响；另一种由于企业创新形成市场优势地位的垄断，产生规模经济效应、技术强势效应和国际竞争优势效应，对经济产生正面影响。对于各种垄断行为，虽然不能轻易插上"好的"或"坏的"这样简单直观的标签，但是，不同性质的垄断行为确实对于经济发展和运行有着不同的功用。面对全球化的大背景，中国企业的发展将采取什么样的产业组织理论和形式？垄断这一产业组织形式又将如何影响中国经济的发展？这一切值得人深思。

中国改革开放以来经济发展取得了巨大的成就，产业发展迅速。在全球化的大背景下，经济发展环境发生了变化，产业组织理论的侧重点也应该有所转变，但目前我国产业政策却暴露出许多问题制约着经济的进一步发展，突出表现在对垄断这一问题认识不足。一边是过度垄断造成的不合理的资源配置，一边是垄断不足造成的规模不经济，这一现象是我国经济转轨时期所特有的。[①]改革开放 30 多年来，我国已基本建立了社会主义市场经济体制，但仍保留着计划经济体制的残余，并在很长一段时间内很大程度上影响我国经济的发展，在产业政策上突出表现为经济性垄断和行政性垄断。下面从垄断的这一分类角度分别探讨两种不同的产业组织理论在我国产业发展中的运用。

1. 垄断对我国经济发展的负面效应

（1）经济性垄断。经济性垄断指垄断企业占有市场大部分份额，拥有高门槛进入壁垒，其他企业难以进入该行业，缺乏竞争力，以致垄断企业在生产上不求进取，管理上不求改善，科技开发上不求创新，导致劳动生产率低下，

[①] 赵丹丽. 垄断在中国产业组织理论中所扮演的角色〔J〕. 法制与社会：（上），2009-02.

生产成本居高不下，造成垄断企业长期生产低水平，这些企业聚集了大量的财富却严重损害了社会福利。

（2）行政性垄断。行政性垄断主要是与政府行政权力联系在一起的垄断，政府通过行政手段而不是市场来指挥社会经济再生产过程，是一种超经济性垄断。行政性垄断造就了分散在全国各地的一大批技术落后、效率低下的中小企业，由各个部门和地方政府以财政勉强支撑着运行，这一不合理的垄断甚至挤掉了市场机制下必要的垄断，阻碍了大企业的形成，成为制约我国市场经济健康发展的一个根源。①

2. 垄断对我国经济发展的正面效应

我国是一个发展中国家，经济基础落后，企业实力薄弱，国民经济各部门还处于一种非常脆弱的状态。目前我国的突出问题除了一些自由竞争市场的垄断过度外，还有垄断市场结构中的垄断不足。我国大部分企业还处于十分分散、实力不足的局面，突出表现为我国的企业结构不合理，大型企业集团在国民经济中所占比重不足，使企业技术投入低下，研究开发能力不足，技术创新难以形成。

大企业可以说是当代经济发展的支柱。大企业应当起到的支柱作用首先是规模经济的承担者，节约投资费用，提高劳动生产率，降低成本，发挥经济效益。其次，大企业是研究和开发资源的主体，是技术创新的开拓者。再次，大企业是国际竞争力的组织者，能够在全球化浪潮中争夺市场份额，奠定一国的经济在国际中的地位。

我国要迎接全球化的挑战，在全球化过程中居于主动地位，就应该参考借鉴芝加哥学派理论，鼓励企业通过内部成长和外部发展形成大企业。结合我国国情，我国应该采取以下产业政策来实现必要的垄断，加快发展大企业。

第一，培育企业的核心优势，强化价值链上的战略环节。在全球一体化市场上，一个企业要想跨越整条价值链做好每个环节是不可能的，企业必须培育特定的品牌、技术、服务以及整合这些资源的能力，强化价值链的战略环节，

---

①赵丹丽. 垄断在中国产业组织理论中所扮演的角色〔J〕. 法制与社会：（上），2009–02.

建立企业参与国际市场的核心竞争能力。

第二，我国企业要将现有专利资产组织起来形成专利联盟。将优势行业相关技术组成专利技术联盟，能够迅速加强企业间的技术协作，使自有技术在更大的范围内得到共享和推广，从而增强我国在未来产业标准发展过程中的"发言权"和"定制权"，使我国的大企业更具竞争力。

第三，创造"公开、公平、公正"的兼并平台制度环境，对企业兼并做大做强具有决定性作用，因此我国必须深化产权制度改革，即对企业的每一部分资产都有明确的责任主体，实现责、权、利统一，权利、义务平衡。通过对国有资产管理体制进行改革和对国有企业进行公司制改革，建立现代企业制度。①

3.西方产业组织理论对我国企业发展的启示

启示之一：通过兼并重组建立大型和特大型企业集团。通过兼并重组，使国有资产从分散的中小企业向大型和特大型企业集中，从低效的劣势企业向高效的优势企业集中，从一般竞争性领域向需要由国有经济控制的战略性领域集中，促进国有资产在地区和产业部门间流动，形成国有企业的规模经济，实现产业结构调整和产业升级，提高国有企业的竞争力。美国资产重组的实践证明：美国经济增长与资产重组呈现出极强的正相关关系。对我国而言，并购是一条效率高、成本低、见效快的产业结构调整的有效途径，可以解决长期存在的资源配置不合理的问题，快速提高企业竞争力。

启示之二：在国内国有企业合并重组的基础上，大力发展跨国合并。我国企业跨国经营的目标，应该是组建和促进发展大型跨国企业集团，使更多的大型企业进入世界工业和服务业前500名。据有关统计资料显示，2014年上半年全球并购总额达到1.75万亿美元，同比增长75%，创下自2007年以来的新高②。中国加入WTO，更多的外商企业来华投资，受经济全球化的影响，一方面中国的外资战略在调整，企业的观念在更新，为外国企业在中国并购带来

①赵丹丽.垄断在中国产业组织理论中所扮演的角色〔J〕.法制与社会：（上），2009-02.
②《2014年上半年全球并购额达1.75万亿美元，同比增75%》；资料来源：网易财经，2014年6月30日。

了空前有利的条件，也为中国企业"走出去"弥补了资金、技术和管理的不足。

启示之三：建立企业战略联盟。战略联盟是20世纪90年代以来极为重要的一种企业组织形式，战略联盟不涉及参与企业的所有权结构变化，也就是说联盟中的企业保持着各自独立的所有权。战略联盟的合作领域非常广泛，在其联盟中的合作与竞争并存，战略联盟中的企业行为具有战略性，联盟的绩效往往不是以短期的利润作为衡量标准，而是以能否提高企业的竞争力和获得长期的竞争优势作为更重要的目标。因此，建立企业战略联盟不仅可以使企业的弱势得以弥补，同时也可以使企业以最少的资本去创新，以此来实现长期的竞争优势。

启示之四：建立公司经济的基本框架。在企业制度方面，通过兼并重组，将国有独资企业重组为国有控股、国有参股企业，同时引入非国有股东，使国有企业以资本为纽带，以较少的国有资本直接或间接控制大量的社会资本，并在各个产业的投资中起引导或示范作用。按照"结构—行为—绩效"分析法，企业兼并有利于盘活存量资产，扩大企业规模，实现规模经济，同时使产业结构得以改善，从而带来市场绩效的提高。

启示之五：加强反垄断的法律实施和组织保障。随着企业兼并的不断进行和企业规模的扩大，就存在着生产过度集中而产生垄断趋势，即"马歇尔冲突"。从国内外的实际来看，反垄断所反对的并不是企业规模的大小，而是其行为是否有利于资源的优化配置和市场经济的有效运行。垄断结构是企业追求规模经济、组合优势和技术创新的结果，因此，我国迫切需要结合本国国情，将反垄断活动法律化、规范化，对不同的垄断行为进行具体界定，对违背市场经济原则的垄断行为进行严格限制和禁止。[1]

---

①年华. 西方产业组织理论对我国企业发展的启示〔J〕. 中共银川市委党校学报，2004（3）.

8.6 新经济时代的垄断特性

长期以来，传统经济理论从其特定的研究逻辑出发，把竞争与效率相等同，而将垄断视为低效率的代名词，认为垄断抑制了竞争，影响了资源的优化配置。进入 20 世纪 90 年代以来，经济全球化、网络化的迅速发展共同促进了新经济形态的形成，并决定了新经济条件下垄断的现代特征。

1. 对早期垄断理论的反思

亚当·斯密曾从三个方面论证了垄断的低效率性：垄断将导致产量的减少，从而导致福利的下降；资源将被用于获取、维持和扩大垄断，从而造成资源使用的浪费；垄断在技术上是低效率的，给定相同的投入量，垄断者的产出将少于竞争者的产出。莱宾斯坦则从成本损失的角度，提出了 X- 非效率概念，即存在于垄断企业内部的低效率的资源配置法则。事实上，并非一切竞争都是有效率的，典型的如分散竞争或过度竞争就是一种降低经济效率的竞争形式。至于新古典经济理论所推崇的完全竞争，也难以称得上是高效率的。这是因为，其一，在完全竞争的市场结构中，性质相同的、为数众多的买者之间和卖者之间以及这两个不同群体之间，由于不存在直接的对抗性而不构成竞争之势。既然完全竞争的市场实际上是缺乏竞争的市场，那儿也就不存在得自竞争的效率。就动态而言，完全竞争是不常见均衡时的静态效率，同时也没有一种机制将它转变为动态效率。其二,完全竞争的市场不能实现规模经济和范围经济，不利于企业进行有效的技术创新。近年来有一系列研究表明，垄断与竞争都是市场经济运行的一种手段，垄断是市场对竞争成功者的一种奖赏。因此，将垄断一概称之为低效率是武断的。某些高度集中的市场，如计算机、电信和飞机制造业等正是最具有创新效率的。虽然垄断被认为把价格维持在较高水平，但相对于其他行业，这些垄断行业的价格却是下降的，这说明消费者的利益、社会福利并未受到损害。

2. 经济全球化下的垄断效应

20世纪90年代以来，经济全球化进程明显加快，全球统一市场逐步形成，各国对全球市场份额的争夺日趋激烈。各国企业为争夺更大的国际市场份额，纷纷通过内部扩张、横向并购、强强联合等形式，迅速扩大企业规模，增强企业的国际竞争力，以获取市场垄断地位，特别是第五次跨国并购浪潮，使世界市场上许多行业形成了寡头垄断市场结构。目前全球10大化学公司、10大半导体公司分别垄断了各自行业90%以上的国际市场；10大轮胎企业占据着世界轮胎市场80%以上的市场份额。在航空制造业，自麦道被波音兼并后，全球只剩下波音和欧洲空中客车两大公司；在汽车领域，美国两大汽车公司以及大众、戴姆勒－克莱斯勒、丰田等少数厂商控制着全球90%以上的汽车生产与销售；在钢铁领域，10～12家大企业控制着世界钢产量的2/3；在计算机软件业，仅微软一家就拥有全球个人计算机操作系统软件市场的90%、拥有运用软件80%的市场份额。在经济全球化推动下，各国的市场开放程度越来越高，国内市场国际化，各国企业所面临的竞争市场扩大到全球范围内，企业面临的威胁不再局限于一个地区或一国市场范围内，而是常常来自国外企业和全球市场，从而不得不在全球范围内配置资源，展开竞争。

经济全球化条件下，企业的运行机制发生了重大变化，以核心能力为基础的企业重构成为提升产业国际竞争力的一条重要途径。少数大企业在特定产品市场中能够长期保持竞争优势，说到底是来源于企业对完整价值链上某些特定战略环节的垄断。因此，大型企业及企业集团在日益深化和细化的国际分工体系下，要求得生存与发展，必须以培育核心竞争力为基本目标，收缩业务范围，集中力量垄断其具有竞争优势的关键环节，而将一些辅助性工作通过全球市场交由合作者来完成。①

----

①巨荣良. 新经济时代对垄断效应的再认识〔J〕. 枣庄学院学报，2005（6）.

3. 网络时代的垄断特性

20世纪90年代以来，现代信息技术和计算机网络的应用呈现出突飞猛进的势头，从而昭示了一种新型经济形式——网络经济的出现。与工业经济相比，网络经济条件下的垄断特征及其效应发生了很大变化。

（1）是边际成本递减与边际收益递增。网络经济下，社会财富的增长主要来自生产和消费的统一过程或直接化过程。对信息技术产品来说，由于这类产品具有共享性、外溢性、扩散性等特征，使得信息技术产品存在特殊的成本结构。它们大多在前期研究中需要大量的研发投入，初始投入很高，而再生产成本即复制成本则很低。因此，信息技术产品的边际成本随着生产的进行不断下降，从而其边际收益递增。

（2）是显著的规模经济性与规模影响的弱化并存。网络经济条件下企业组织结构日趋虚拟化，"虚拟企业"的功能和效果远远超过原来单独企业的机动性和竞争性，它不必像工业经济下的企业那样大而全。虚拟企业的竞争优势不是取决于企业的大小，不是取决于某个企业的优势，而是来源于各个相关企业将多种不同的生产能力与功能特长整合在一起的能力，取决于能否将参与的企业有机地集成在一起。

（3）是市场垄断与市场先入者的领先地位紧密相关。强者更强、弱者更弱的市场竞争，强化了企业之间技术竞争的激烈程度，高技术产品的竞争表现为对以制定技术和产业标准为主的游戏规则的竞争。这种游戏规则由先进入者制定，后来者只能被动跟随。如果厂商控制的这项技术成为市场或产业的标准，从中可获得巨大利润和市场控制力。因此对企业而言，谁首先掌握了为市场所接受的先进技术，谁就占据了一定时期内"赢家通吃"的市场垄断地位。

（4）是市场的垄断与竞争呈现出相互强化的趋势。网络经济条件下，企业垄断主要由技术创新特征所决定，技术竞争主要表现为技术的标准化或系统竞争。这样，垄断与竞争呈现出互相强化、相互推动的正向演进关系。企业技术创新速度明显加快，产品差别化特别是信息产品的差别化程度降低，加之金融风险投资机制的健全，以及政府对经济的干预程度的减弱，弱化了企业在规模经济、必要资本、产品差别化及政策等方面的市场进入壁垒。①

4. 创新之"垄断也疯狂"

关于垄断在创新方面的效率，熊彼特的创新理论最具解释力。熊彼特认为，创新是一项不确定的活动，除非有足够实力才敢承担创新风险，否则创新是无吸引力的，而处于垄断地位的企业恰好为企业家提供了这种风险担保。大企业所具有的资金和人力资源优势，使其可以从事那些技术先进但开发风险大的创新项目，而且垄断在为企业技术创新提供实力的同时也提供了动力，因为垄断程度越高，企业的市场控制力越强，企业的新技术被其他企业搭便车的情况越不容易发生，垄断企业因为技术创新所导致的超额利润也就越持久。因此，居于垄断地位的大企业往往会具有更持久的意愿和更大的积极性，去不断进行新技术的发明和开发。卡曼和施瓦兹则根据战后经济运行态势指出，决定技术创新的三大因素是竞争程度、企业规模和垄断势力。企业规模的大小通过它与技术创新后所取得的市场份额的高相关度而决定着技术创新动力的强弱；垄断势力则使企业能对市场有所控制，从而影响着技术创新的持久性。加尔布雷斯和阿罗等也先后从竞争市场上小企业在研发投资上的不足、风险负担重和规模经济缺乏等方面反证了垄断大企业在技术创新方面的较高效率。

新经济时代，技术垄断取代了规模垄断，垄断企业的创新动力日趋增强。优势地位对垄断企业而言至关重要。在竞争中垄断企业一旦失去垄断实力优势，其由垄断地位而形成的优势就会加速瓦解。为避免这种厄运，垄断企业将不得不率先进行创新。据统计，在当今各国资本、技术密集型产业中，几乎所有的重大技术创新都源于垄断性大企业。从投入方面看，在经合组织范围内，全部工业研究开发的项目 2/3 左右是由那些雇员超过 1 万人的大公司完成的。美、英、德、日等国的研究开发总支出的 80% ～ 90% 是由那些雇员超过 1000 人的公司完成的，62% ～ 90% 是由那些雇员在 5000 人以上的公司完成的。美国最大的 100 家垄断企业的研发费用支出曾达到全部科研支出总额的 82%。②

①巨荣良．新经济时代对垄断效应的再认识〔J〕．枣庄学院学报，2005（6）．

②巨荣良．新经济时代对垄断效应的再认识〔J〕．枣庄学院学报，2005（6）．

5. 政策建议

今天的我们正进入以全球化、网络化为主要内容的新经济时代，需要对垄断效应进行重新认识。在一定条件下，现代垄断（垄断结构）将有机会推动而不是抑制技术创新和技术进步，增进而不是损害消费者利益，促进而不是阻碍有效竞争，从而消除竞争崇拜，正视垄断的正效应。一是要实施大企业大集团发展战略。在新经济条件下，只有大型企业才有实力参与国际竞争。因此要鼓励企业在更大规模、更高层次上参与全球的垄断性竞争。二是要培育企业的核心优势，强化价值链上的战略环节。在全球一体化市场上，一个企业要想跨越整条价值链做好每个环节是不可能的，企业必须培育特定的品牌、技术、服务以及整合这些资源的能力，强化价值链的战略环节，建立企业参与国际市场的核心竞争能力。三是政府要拓宽反垄断政策的视野，在全球范围内寻求资源的合理配置，在参与国际竞争中展示本国企业的规模优势，谋求实现国家发展战略利益。四是要在深化、细化的国际分工体系中着力加强技术创新环节，将提高企业的技术创新水平作为提升我国企业国际竞争力的基本手段。[①]

8.7 对行政性垄断的监管

2007 年 8 月 30 日，十届全国人大常委会审议通过了我国的《中华人民共和国反垄断法》以下有称《反垄断法》，并于 2008 年 8 月 1 日起施行，这是我国法制建设过程中的一个标志性事件。《反垄断法》肩负着守护市场竞争的使命，是市场经济充分发育后的必然要求。

1. 行政性垄断渐成"众矢之的"

将行政性垄断作为《反垄断法》的重要控制对象，是尊重国情的必然选择。我国的国情是行政性垄断与市场化垄断同时并存，行政性垄断尤为突出。我国的垄断问题有很多是由于政企不分的情况尚未彻底改变造成的，是计划经济体

---

①巨荣良.新经济时代对垄断效应的再认识〔J〕.枣庄学院学报，2005（6）.

制的遗留物。在我国制定《反垄断法》的过程中,行政性垄断也是其中呼声最高、分歧最大的内容。

"行政性垄断"是一个非常具有中国特色的概念,它所指代的是在计划经济向市场经济转型的国家所出现的一些特有现象。与市场性垄断不同的是,行政性垄断有着其自身的特性。就主体而言,行政性垄断的实施者是行政主体(政府或者政府部门)。就手段而言,行政性垄断是对行政权力的运用。就行为方式而言,行政性垄断主要表现为行政机关利用公权力来划分自己的势力圈,将民间资本强制排除在外,拒绝建立竞争关系。行政垄断实施主体实施上述垄断行为的形式往往是通过制定规章、命令等形式,具有一定的隐蔽性。

学界对行政性垄断的危害性有较高的共识。行政性垄断不仅是我国改革进程的掣肘因素之一,而且会导致行政性垄断利益集团的形成,它们利用垄断优势私占国家和公众的利益,并不断向社会转嫁其运营成本,造成社会分配的严重不公。可见,行政性垄断是对竞争文化的严重践踏,对市场竞争机制的破坏,亟须加以规制。①

2. 反行政性垄断势在必行

历经数度修改之后,最终通过的《反垄断法》中专门设立第五章,对"滥用行政权力排除、限制竞争"的行为予以规制,这构成了我国《反垄断法》最大的特色所在,也使其因此而具备了推动经济体制改革的催化剂作用。

《反垄断法》明确规定了行政性垄断的违法性,并在第八条中明确规定禁止行政性垄断,这有利于斩断我国市场经济运行中的权力经济运作模式,加速我国市场机制的成熟完善进程。

将反垄断法适用于行政性垄断,我国并非首例。行政性垄断难以得到有效的抑制,其中一个重要原因就是相关的法律制度过于散乱,不能协调一致发挥作用,而且缺乏有效的执行力。因此在法律制度上进行合理的设计,对规制方式予以系统化,确立强有力的执行机构,并明晰相关法律责任是目前反行政

①唐丽子、唐正波.反行政性垄断势在必行〔J〕.今日中国论坛,2008(4).

性垄断的当务之急。

首先，我国应当借《反垄断法》的颁行，进一步完善我国的反行政性垄断制度体系结构，建立统一的反垄断法律体系。与市场的分散化相对应的是许多种相互矛盾和重叠的竞争规则，而如果能够由《反垄断法》统一这些规则，则必将有力地推进市场的统一。

其次，基于我国的《反垄断法》已经明确地将危害性最大的抽象行政性垄断行为纳入调整对象，理应尽快建立相关的配套措施来全面规制行政性垄断行为（包括具体行政行为和抽象行政行为）。我国的《反垄断法》能否担当起"经济宪法"的作用，关键要看配套制度设置和衔接。

最后，设立一个统一的具有高度独立性、权威性的反垄断机构。之所以强调统一，是因为如果执行权过于分散，就会出现互相推诿的情形，导致成本增加，工作效率降低。之所以强调独立，是因为行政性垄断是一种体制内的产物，对其进行规制有赖于权威性的力量，这就要求设置专门机构，将其从普通的行政主体中独立出来并赋予其独立的职权，包括赋予该机构以知情权、调查权、建议权和处罚权，从而形成真正意义上的有效监管。[①]

3. 公平竞争的市场体系是改革最大红利

十八届三中全会通过的《中共中央关于全面深化改革若干重大问题的决定》指出，经济体制改革是全面深化改革的重点，核心问题是处理好政府和市场的关系，使市场在资源配置中起决定性作用和更好发挥政府作用。处理政府和市场关系的关键，是建立公平竞争的市场体系。在这种体系下，商品和要素能够自由流动、平等交换，产品和服务的生产及销售主要由市场价格机制决定，消费者可以自由选择、自主消费，企业之间的公平竞争促进优胜劣汰，实现资源的优化配置。

当前，营造公平竞争的市场体系的主要障碍，是市场壁垒和行业垄断。设置市场壁垒是为了保护既有的市场格局，独占行业垄断是为了抑制可能发生

---

①唐丽子，唐正波. 反行政性垄断势在必行〔J〕. 今日中国论坛，2008（4）.

的竞争。市场壁垒是市场经济的障碍，行业垄断则是公平竞争的天敌。

在市场壁垒中，对市场竞争危害最大的是体制性壁垒或行政壁垒，往往通过许可证制度、核发执照、原材料管制等方式，限制新企业的进入。以民营医院为例，虽然政府有关部门有明确的政策规定，但民营医院很难进入医保定点范畴，其医务人员在专业技术人员职称晋升、学术交流等方面，也受到卫生行政部门和学术团体的忽视。一些行业由于已经习惯这种行政壁垒的好处而形成路径依赖，根本没有想到或者愿意形成以竞争为导向的行业企业优势，比如规模经济、客户忠诚度、绝对成本优势、产品差别化等。与之相对应的行业垄断，主要是一些国企特别是央企的行政性垄断，其中不排除先天的资源垄断，其行为主要有订立协议固定价格、限制产量、划分市场和滥用市场支配地位等。

建设公平竞争的市场体系就要消除壁垒、打破垄断，特别要发挥好政府保障公平竞争、加强市场监管、弥补市场失灵的作用。政府部门要勇于向垄断行为"开刀"，尤其要睁大眼睛，盯紧那些占据市场支配地位的经营者，防止其滥用支配地位。《反垄断法》自 2008 年 8 月施行以来，有关部门陆续出台了司法解释和实施细则。这部法律集中对目前社会中大量存在的垄断协议、滥用市场支配地位、经营者集中三类行为做出规制，并对滥用行政权力排除、限制竞争的行政垄断做出规制，有效防范用行政权力抹杀市场竞争。

总之，只有消除壁垒、打破垄断，才能公平竞争，让各行各业充满生机活力；企业只有公平参与市场竞争，才能有源源不断的动力追求技术进步、产品创新，为经济转型提供"源头活水"。[①]

8.8 国内反垄断调查"大事记"

近年来，中国对一些大型跨国企业持续展开反垄断调查。自 2013 年年初至今，已先后有韩国三星、LG、美国 IDC、高通、微软等公司被调查。近期，

①唐开康.公平竞争的市场体系是改革最大红利〔N〕.光明日报：第 2 版，2013-12-03.

又有众多外资汽车厂商被调查。显而易见的是，我国在反垄断方面正逐步与国际接轨。

1. 多家外企遭反垄断调查

（1）奔驰反垄断案。从 2014 年 7 月下旬起，江苏对省内部分地区的奔驰经销商展开突击检查，并调查了上海奔驰东区总部、大连中升之星汽车销售公司总部，掌握了奔驰价格垄断的相关证据。江苏省物价局表示，奔驰案是典型的纵向价格垄断，即利用自身主导地位，对下游售后市场的零部件价格以及维护保养价格进行控制，许多进口车的整车售价远高于海外数倍甚至十几倍，而一辆车所有配件的价格之和与整车售价的比值形成了"零整比"指标，反映着汽车的维修成本。据中国汽车维修协会披露，奔驰 C 级轿车的零整比竟高达 1273%，这就意味着一辆奔驰 C 级轿车拆了卖零件的钱，够买 12 辆整车。

江苏省物价局表示，该局对奔驰汽车的垄断调查已经掌握相关证据，其对下游售后市场的零部件价格以及维护保养价格进行控制，为典型的纵向价格垄断。[①]2014 年 8 月 3 日，北京梅赛德斯－奔驰汽车销售有限公司发布公告称，从 9 月 1 日起主动调整部分维修配件的价格，涉及的维修配件价格平均下调 15%。[②]

（2）宝马反垄断案。2014 年 8 月，湖北省物价局对 4 家宝马汽车经销 4S 店分别处于 93.79 万元、34.16 万元、19.72 万元、15 万元的行政处罚，这是当年汽车行业反垄断调查以来，对汽车经销企业开出第一张罚单。[③]

（3）日系企业反垄断案。2014 年 8 月，国家发改委开出国内反垄断历史上金额最大罚单，12 家日企被罚 12.35 亿元。据发改委披露，该机构已对日本住友等八家零部件企业价格垄断行为处罚 8.319 6 亿元，对日本精工等四家

---

① 我国《反垄断法》将垄断协议分为横向垄断协议和纵向垄断协议两类。横向垄断协议指竞争者之间出于共同目的，达成的旨在限制竞争的协议或共谋。纵向垄断协议是上游经营者和下游经营者，通过明示或默示的方式达成的排除、限制竞争的协议。举例来说，在汽车行业中横向垄断是发生在竞争对手间，如各大厂商之间，或各经销商之间；而纵向垄断则发生在汽车厂商和经销商之间。

② 《奔驰涉嫌垄断：一辆车零部件能购买 12 辆整车》；资料来源：腾讯网 2014 年 8 月 18 日。

③ 《汽车反垄断首张罚单：湖北四家宝马经销商被罚 162 万元》；资料来源：腾讯网 2014 年 8 月 13 日。

轴承企业价格垄断行为依法处罚4.034 4亿元，合计罚款12.354亿元。这是中国反垄断调查以来开出的最高金额罚单。①

经查实，2000年1月至2010年2月，日立、电装、爱三、三菱电机、三叶、矢崎、古河、住友八家日本汽车零部件生产企业为减少竞争，以最有利价格得到汽车制造商零部件订单，在日本频繁进行双边或多边会谈，互相协商价格，多次达成订单报价协议并予以实施。其中，涉及中国市场的产品包括起动机、交流发电机等13种，用于本田、丰田、日产、铃木、福特等品牌的20多种车型。2000年至2011年6月，不二越、精工、捷太格特、NTN四家轴承生产企业在日本组织召开亚洲研究会，在上海组织召开出口市场会议，讨论亚洲地区以及中国市场的轴承涨价方针、涨价时机和幅度，并按照这些信息实施了涨价行为。

国家发改委指出，上述12家企业涉嫌达成并实施了汽车零部件、轴承的价格垄断协议，违反了中国《反垄断法》规定，排除、限制了市场竞争，不正当影响了中国汽车零部件及整车、轴承的价格，损害了下游制造商的合法权益和中国消费者的利益。

（4）一汽－大众、奥迪反垄断案。2014年9月，一汽－大众因组织奥迪经销商实施垄断遭罚2.48亿元。早在当年3月，湖北省物价局发现一汽－大众销售有限责任公司及部分奥迪经销商在湖北省内实施价格垄断行为，在国家发改委价监局指导下，随即展开调查，9月做出处罚决定。其中，对一汽－大众销售有限责任公司罚款2.485 8亿元；对湖北鼎杰、湖北中基等8家奥迪经销商罚款共计2996万元。②

发改委反垄断局指出，一汽－大众销售有限责任公司组织湖北省内10家奥迪经销商达成并实施整车销售和服务维修价格的垄断协议，其目的在于控制经销商对第三人转售的整车销售和售后维修价格，剥夺、干预了下游经营者的定价权，抬高了整车和备件的销售价格，排除、限制了整车和备件市场的

---

① 周锐：《中国开出反垄断最大罚单 12家日企被罚12.35亿元》；资料来源：中新网北京2014年8月20日电。

② 周锐：《一汽－大众因组织奥迪经销商实施垄断遭罚2.48亿元》；资料来源：中新网北京2014年9月11日电。

正常竞争秩序,损害了消费者权益。一汽－大众销售有限责任公司的上述行为违反了《反垄断法》第十四条的规定,属于"固定向第三人转售商品的价格"和"限定向第三人转售商品的最低价格"的违法行为。10 家湖北省内奥迪经销商的行为违反了《反垄断法》第十三条的规定,属于"固定或者变更商品价格"的违法行为。

（5）克莱斯勒反垄断案。2014 年 9 月,上海市物价局对克莱斯勒（中国）汽车销售有限公司及其部分上海地区经销商上海越也、上海名创、上海信佳汽车销售服务有限公司的价格垄断行为分别做出了处罚决定,其中对克莱斯勒公司处罚款 3 168.20 万元,对 3 家经销商处罚款共计 214.21 万元。[①]

2. 反垄断目标不分中企外企

近年来在发改委主导的反垄断调查中,并没有显示出特别的针对性,只要是进入了反垄断视野,不管是中资企业还是外资企业,都被一网打尽,尤其是自 2013 年以来掀起的反垄断风暴,国内有关部门已先后开出超过 30 亿元的罚单。

2011 年 11 月,发改委向山东两家药企开出了中国首张反垄断罚单。这两家企业被指垄断一种抗高血压药物的原料药,将原本每公斤不足 200 元的原料最高哄抬到 2600 元,两家企业共被罚款 700 多万元。这也是在 2013 年以前,反垄断法实施 4 年多以来监管部门发出的唯一一张反垄断罚单。

进入 2013 年后,国家发改委在反垄断调查上持续发力。1 月 4 日,韩国三星、LG,以及我国台湾地区的奇美、友达、中华映管和瀚宇彩晶六家大型液晶面板生产企业因操纵市场价格,收到发改委开出的 3.53 亿元罚单。

2013 年 1 月 22 日,国内白酒行业的龙头茅台和五粮液因实施价格垄断被罚 4.49 亿元,其中贵州茅台被罚 2.47 亿元,五粮液被罚 2.02 亿元。

2013 年 8 月 7 日,国家发改委对美赞臣、合生元、多美滋、雅培、恒天然、美素佳儿六家的价格垄断行为开出了总计达 6.687 3 亿元的巨额罚单。其中,

---

① 《克莱斯勒因价格垄断被上海物价局处罚 3168 万元》；资料来源：新华网 2014 年 9 月 11 日。

被罚力度最大的当属合生元，1.63 亿元——占其上一年度销售额的 6%，其次是此次罚款额度最高的美赞臣，2.03 亿元，是其上一年度销售额的 4%，其余三家皆为上年度销售额的 3%。

2013 年 8 月 12 日，国家发改委宣布，上海黄金饰品行业协会因组织部分金店垄断黄、铂金饰品价格，被处以最高 50 万元罚款；老凤祥、豫园商城等 5 家金店因垄断价格被处以上一年度相关销售额 1% 的罚款，共计 100 9.37 万元。

2013 年以来是我国反垄断调查出击最为频繁的里程碑时期。在不到两年时间内，中国发改委密集掀起数轮反价格垄断调查风暴。

按照反垄断法规定，商务部、发改委和国家工商总局对于反垄断行为的查处各有分工：商务部负责依法对经营者集中行为进行反垄断审查，发改委负责依法查处价格垄断行为，工商总局负责垄断协议、滥用市场支配地位以及滥用行政权力排除竞争方面的反垄断执法。在国内，确定了价格垄断调查对象以后，各地政府价格部门会配合发改委进行调查。通常大型反垄断调查，会调动全国体系组成检查组，协调者是发改委价格监督检查与反垄断局。[①]

3. 罪与罚：反垄断的高通"样本"

我国《反垄断法》并不反对经营者具有市场支配地位，反对的是经营者滥用市场支配地位的垄断行为。这既符合我国鼓励企业做大做强、发展规模经济的政策，又能够有效制止经营者滥用市场支配地位破坏竞争的行为。当然，由于具有市场支配地位企业的特殊性，通常会受到包括我国在内各国反垄断执法部门的密切关注，以防止其滥用市场支配地位，破坏公平竞争的市场环境。

（1）树大招风，势大"高通"。在遭遇中国反垄断调查之前，高通公司曾分别在日本、欧盟和韩国接受调查，最终于 2009 年有了结论。其中欧盟终止调查，日本公平贸易委员会要求其纠正垄断行为，而韩国则对高通处以 2.08 亿美元的罚款。在这个涉及反垄断与知识产权保护的交叉地带，如何既惩治垄断，又保护创新，是一个全球性的难题，而在这个涉及跨国公司的案例中，

---

①姚江波：《多家外企遭反垄断调查》；资料来源：腾讯财经。

如何不被指责为选择性执法，做到让被执法者心服口服，也考验着年轻的中国反垄断部门的执法能力。

2013 年 11 月，发改委在同一时间对高通中国（北京）和上海公司两个办公的地方进行了黎明突袭调查（dawn raid），调取了相关的文件资料，之后同时对国内外很多家企业，包括手机制造企业、芯片制造企业，以及相关的其他企业都发出了协助调查的通知。

中国的调查一出，便引发了全球关注。其特别之处在于，中国反垄断当局对高通的调查范围，包含了欧、日、韩的调查范围总和，并触及了高通的核心商业模式。数据显示，手机应用基带芯片（负责无线通信功能的核心芯片）一年的全球产值是 160 亿 190 亿美元，高通就占据了其中 50% 以上的份额。在数据以外，手机产业链对高通抱有深深恐惧的不仅包括它的竞争对手，甚至也包括它的下游企业、运营商等。一位了解内情的律师说，其从未见过一家类似高通这样的公司，让其所有客户都如此害怕。其下游的业内人士则描述说，业界对高通都已经深恶痛绝了，对它的反垄断调查简直大快人心。

具体来说，高通的方式是，自己只生产芯片，芯片如果只卖 10 美元，那么把芯片用在 iPhone 里面，最终手机卖出了 600 美元，那么需要收取整个 iPhone 售价的 5% 作为专利费，即便苹果手机还包括屏幕、摄像头、内存、GPS 等其他功能。随着手机功能越来越强，价格逐渐上涨，芯片还是那个芯片，但专利费也涨价了，就不合理了。

（2）反垄断大势难违。虽然高通在全行业都让人恐惧，但如何找到证据对其进行反垄断执法，却是一个大难题。2006 年开始，日本、韩国和欧盟相继对高通提起反垄断调查，都在 2009 年有了结论，但最终顺利走到处罚阶段的仅有韩国。高通的市场支配地位是毋庸置疑的，但难点在于如何认定"相关市场"以及是否"滥用"市场支配地位，滥用市场支配地位有几种表现，包括垄断高价、歧视性定价。

高通的专利许可收费模式，从出生开始就陷入全球争议的焦点。中国反垄断在具体案情认定方面，借鉴日韩、中国台湾地区的比较多。比如对于市场支配地位的认定，仅有韩国做出了详细的推定前提指南。因为这种专利许可模式一旦发展进入极端，则会抑制执行方的成长空间。

另一个让中国执法者更有底气的谈判筹码是，中国4G市场的蛋糕足够诱人，已经让高通不能放弃。与3G时代不同，中国主导研发的4G技术，这次也拥有了高通的深度参与。随着4G网商用大幕开启，高通也马上要收到回报了。从技术角度说，中国主导的4G标准TD-LTE已经发展到了全球有70多家运营商在用。高通也从最开始抵制TD标准，转变为到2005年开始，全面参与TD-LTE标准的制定，并在其中拥有了不少专利。

2014年9月11日，国家发改委反垄断局表示，高通案很快会进入处罚程序。

（3）"定罪"高通。在全球价值链中，跨国大企业往往持有重要专利，并且凭借纵向关系中的相对优势地位对发展中国家的企业实施不公平的交易条款，而反垄断是对抗这种不公平交易的武器之一。因此，知识产权政策和反垄断政策可能发生冲突，各个国家必须做出政策选择。当年轻的中国发改委反垄断局遇上已经拥有丰富的反垄断反侦查经验的高通公司，这种博弈便"刀刀见血"。

需要注意的是，这对反垄断执法者提出了相当高的挑战。因为反垄断是新生事物，中国处于转型期，很多都处于建章立制的阶段。中国要完成转型，建立制度，完善道德和法律约束，是一个长期的任务，也要一步一步地做。

从具体执法层面来说，执法部门也面临着相当大的挑战。除了中国的调查囊括了欧日韩所涉及的所有价格和非价格问题外，最大的难点还在于，该如何确定"相关市场"和"滥用"市场支配地位。发改委对高通行为认定的最大难点，还是如何降低过高的专利许可费，确定收费计价基础。这涉及了高通公司的核心商业模式，将产生极大的连锁效应。这样的调查结果表明，中国最终通过学习韩国的调查路径找到了突破口，成功完成调查。

2015年2月10日，国家发改委对高通公司反垄断调查尘埃落定。发改委对高通垄断行为责令整改并罚款60.88亿元，为高通2013年度我国市场销售额的8%。此次处罚也成为迄今中国反垄断最大一笔罚款。发改委称，经过调查取证和分析论证，高通实施了以下滥用市场支配地位的行为：一是收取不公平的高价专利许可费；二是没有正当理由搭售非无线通信标准必要专利许可；三是在基带芯片销售中附加不合理条件。同日，高通公司正式宣布将缴纳 60.88 亿元罚金，并做出向中国企业提供基本的 3G 和 4G 手机芯片专利授权、降低专利费率等承诺。至此，历时 14 个月的高通反垄断调查正式划上了句号。[①]

与欧盟等历史相对悠久的调查机构相比，中国的反垄断调查机构年轻勤奋，必须通过查办大案要案来迅速确立权威。一位负责反垄断调查的发改委领导人指出："我们是开创的一代，也将是过渡的一代。"。[②]

---

①蓝澜:《发改委对高通开出60亿罚单 列出垄断"三宗罪"》；资料来源：中国日报网 2015 年 2 月 10 日。
②《国家发改委已启动对全球芯片巨头高通公司的反垄断调查》；资料来源：中国通信网 2014 年 10 月 13 日。

第九章 西方国际贸易理论与中国企业 "走出去"

9.1 贸易差额论

在西方经济理论发展的编年史上，最初系统论述国际贸易理论的学说是17世纪重商主义的贸易学说。这种学说主张发展对外贸易，扩大商品输出，限制商品输入，力求通过调节商品的运动，达到积累货币财富的目的，被人们称为贸易差额论，其典型代表是英国经济学家托马斯·孟（1571—1641）。

托马斯·孟生活的时代，英国的商业和工业已经有了很大的发展，他本人就是一位大商业资本家，任东印度公司的董事和政府贸易委员会的委员。1621年，他出版了《论英国与东印度公司的贸易》一书，这本书经他彻底改写后于他死后四十年，以《英国得自对外贸易的财富》书名出版，这是一部阐述重商主义原则最著名的著作，被马克思认为"是重商主义的福音书"，而且对立法产生了重要的直接影响。

在托马斯·孟看来，国内商业只是财富的天平在有关双方之间的摆动，并不能增加一个国家的财富总量，它只能作为对外贸易的一种辅助，只有对外贸易才能使国家富有。但是，并不是在任何情况下，对外贸易都会使国家获得好处，只有在进行对外贸易时保持出超，才能达到致富的目的。他指出：

"对外贸易是增加我们财富和现金的通常手段,在这一点上我们必须时时谨守这一原则:在价值上,每年卖给外国人的货物,必须比我们消费他们的为多。"①

怎样才能在对外贸易中保持顺差呢? 托马斯·孟认为,增加本国商品的输出和减少本国对外国商品的消费是保证国家增加财富的特殊手段。为了减少外国货物的进口,托马斯·孟提出了扩大农产品和工业品出口的纲领。他建议扩大国内耕地面积,可以自己供应那些原来向外国购买的芝麻、亚麻、绳索和烟叶以及其他货物,免受进口这些商品带来的损失,他号召同胞们厉行节约,在食品和服饰等方面不要消费外国商品,多使用本国货物。为了保证出口商品在国外市场上的畅销,他提出要降低商品价格和提高商品质量,认为只有这样,才能在国际市场竞争中获胜。

在托马斯·孟的贸易差额论影响下,西方各国政府相继实行了保护关税的政策,即对国际贸易实行管制,鼓励出口,限制进口,鼓励金银流入,严禁金银流出。这些政策的实施,大大地促进了商品货币关系的发展,为资本主义生产方式的成长与确立创立了必要的前提。

9.2 贸易优势理论

18世纪中叶,蒸汽机和大工业时代的到来显示了巨大的威力,用马克思在《共产党宣言》中的话来说,就是在不到一百年的时间内创造的生产力要比过去一切时代创造的全部生产力还要多、还要大。随着资本主义生产的发展,英国的对外贸易也迅速发展,它不仅夺得了海上霸权,而且成了最大的殖民帝国。这引导着人们从生产的角度去研究国际贸易问题,其中有代表性的理论有两种:一种是古典政治经济学家亚当·斯密提出的"绝对优势说";另一个是大卫·李嘉图提出的"比较优势说"。

在亚当·斯密看来,一个国家的财富,"不是金银量的增加,而是一国土

①托马斯·孟.英国得自对外贸易的财富〔M〕.北京:商务印书馆,1959:28.

地和劳动年产物交换价值的增加，或是一国居民年收入的增加"。① 因此，作为扩大生产的手段之一，社会分工可以提高劳动生产率，促进生产的发展和产量的增加，从而实现国民财富的增长。

为了论证自由贸易的好处，亚当·斯密发展了诺思的"国际分工"理论。他认为，正像国内每个生产部门内部和彼此之间存在着分工、这种分工的发展能够提高劳动生产力一样，国际上不同地域之间也存在着分工，这种国际地域分工通过自由贸易也能促进各国劳动生产力的发展。他从个人之间的交换推论到国家之间的交换。据他说，每个人把自己的劳动用来生产他最擅长生产的东西，然后用它去交换自己所需要的别人擅长生产的东西，花费最少，比他去生产自己所需要的一切东西更有利。

同样的道理，每个国家都只生产它最擅长生产的东西，然后用来交换别国所擅长生产的东西,比各国各自生产自己所需要的一切东西更为有利。因为，每个国家都根据自己的条件发展最擅长生产的部门，劳动生产率就高，成本就低，劳动和资本就会得到正确的分配和运用；这样去进行自由贸易就能用最少的花费换回更多的东西，就能增加国民财富。所以，他认为：一种商品，如果其他国家来生产，所需成本比本国低，那么本国就不要生产；用输出自己最擅长生产的商品换来的钱，去购买别国的廉价商品，要更便宜、更合算。按照他的意见，国际分工和自由贸易，不仅能使每个国家比它在闭关自守时获得更多的廉价商品，而且能促进这个国家的劳动和资本得到最充分和最合理的运用。

亚当·斯密的绝对优势说指明，一个国家应该出口那些在本国生产更有效率的商品，进口那些在国外生产更有效率的商品。按照这样一种原则进行国际贸易，贸易双方才能比闭关自守获得更多的好处。

亚当·斯密的绝对优势说暗含这样一个假设，就是参加贸易的双方，至少各有一种具有优势的商品，能在世界市场上销售。但如果一个国家所有的商品生产，相对于哪一个国家都处于劣势，那么，这两个国家之间，还会有国际

---

① 亚当·斯密.国民财富的性质和原因的研究：下卷〔M〕.北京：商务印书馆 1972：61.

贸易吗？为了回答这个问题，大卫·李嘉图于 1817 年提出了他的"比较优势说"。这个学说被后来的西方经济学家所极力推崇，并被看成是支配国际贸易的永恒"规律"。

大卫·李嘉图在论述比较优势说时像亚当·斯密一样，也从个人推及到国家。他举例说："如果两人都能制造鞋和帽，其中一个人在这种职业上都比另一个人强一些。不过制帽时只强 1/5 或 20%，而制鞋时则强 1/3 或 33%，那么这个较强的人专门制鞋，而那个较差的人专门制帽，岂不是对于双方都有利么？"[①]在大卫·李嘉图看来，对于个人是合算的事情，对于整个国家来说也不可能是不合理的。他假设：葡萄牙生产一定数量的葡萄酒只需要 80 个工人劳动一年，生产一定数量的毛呢只需要 90 个人劳动一年，而在英国生产同样数量的葡萄酒和毛呢，则分别需要 120 个工人和 100 个工人劳动一年。葡萄牙在两种商品的生产上都占绝对的优势，然而在葡萄酒的生产上却占更大的优势。因此，对于葡萄牙来说，把全部资本都投在葡萄酒生产上，而由英国专门生产毛呢，两国之间进行交换，对两国都是有利的。

大卫·李嘉图的比较优势理论说明了这样一个道理，在国际贸易中各国根据自己的比较优势进行分工，让优势国家生产优势更大的产品，劣势国家生产劣势较小的产品，"两优相权取其重，两劣相权取其轻"，对贸易双方来说，都可以用较小的投入，获得最大的产出。这一学说对西方经济学产生了深远的影响。

9.3 赫克歇尔—俄林原理

在西方经济理论中，用生产要素的比例来解释国际贸易的原因和方向，是 20 世纪初期出现的一种新的理论动向。这种解释最初出自瑞典经济学家赫

①大卫·李嘉图.政治经济学及赋税原理〔M〕.北京：商务印书馆，1976：114.

克歇尔于 1919 年写的《对外贸易对收入分配的影响》一文。接下来,他的学生俄林在 1933 年出版的《区域贸易与国际贸易》一书中,继续并发展了这一理论。所以,在西方经济学中,一般把这种解释称为赫克歇尔—俄林原理。赫克歇尔—俄林原理从批评古典的国际贸易理论出发,提出了要素禀赋的假定条件:假定各国对同一种商品生产率差异的存在;假定生产函数具有固定规模报酬的性质,单位生产成本并不随着生产规模的增减而变化;假定不考虑运输成本的影响,不考虑贸易方面可能存在的限制;假定生产要素在国内可以自由移动,但在国际间却没有流动性;假定每一个国家的生产要素的供给是固定的,并能得到充分的利用;假定生产要素的报酬取决于它的边际生产力;假定商品的价格等于它的边际成本;假定只考虑商品的交换,不考虑国际间的人力流动和资本流动。

从上述一系列假定条件出发,赫克歇尔—俄林原理阐述了下列要点:

(1)国际贸易是由各国生产要素的禀赋差异所引起的。由于各国的自然禀赋不同,它们所拥有的生产要素的相对丰裕程度不同,每一个国家所拥有的土地、劳动、资本三种生产要素在该国拥有的全部生产要素中所占的比例也各不相同。一些国家土地相对较多,而劳动、资本相对较少,另一些国家劳动相对较多,而土地、资本相对较少,还有一些国家资本相对较多,而土地、劳动相对较少。这就产生了实物意义上的各国生产要素相对丰裕程度。

因此,如果有一种产品,在生产中较多地使用了本国比较丰富的生产要素,其价格必定比较便宜,因而会成为出口品;反之,进口品则是那些较多地使用了本国比较稀缺的生产要素的产品。正如俄林所指出的那样:"贸易的首要条件是一个区域能比别的区域更廉价地生产一些商品,而在引起生产成本和商品价格差异的诸项因素中,供给的差异比需求的差异重要得多。若假定生产的物质条件相同,那么,在一种不严格的意义上,可以说要素供给的差异是贸易产生的主要原因,自然同时不要忘记需求的差异所具有的影响。只要区域之间要素的供给差异悬殊,就不可能出现要素和商品的相对价格完全一致的情形，……贸易则意味着丰富的要素与稀缺的要素相交换。"①

（2）国际贸易导致参加贸易的国家生产要素价格趋于均等化。俄林认为，在贸易以前，生产要素供给的不平衡导致巨大的浪费。如果生产要素能在世界范围内流动，生产要素的组合便会更合理，使用也更有效率。在俄林看来，国际贸易可以促进生产要素的相对稀缺性发生变动，逐步消除生产要素的价格差异，减轻稀缺的瓶颈制约，从而促进经济发展和产量增加。

从上面两点不难看出，赫克歇尔—俄林原理的核心内容，这就是：一国应该出口运用本国丰饶的生产要素所生产的产品，进口运用本国短缺的生产要素所生产的产品。这一原理对西方各国贸易政策产生了重大影响，以至于有些西方经济学家称俄林是现代国际经济学研究的开拓者和现代国际贸易理论的奠基人。

9.4 里昂惕夫反论

赫克歇尔—俄林原理包含的中心议题是：一个国家如果某种生产要素比较丰富，它就应当生产和出口这种生产要素密集的商品，而进口那些比较密集地使用了本国比较稀缺的生产要素的产品，这样做具有成本方面的优势，在国际贸易竞争中获利。

根据赫克歇尔—俄林原理，像美国这样资本比较丰富而劳动资源相对短缺的国家，在生产机器、设备等资本密集型产品方面具有较大的优越性，应该出口资本密集型产品，进口劳动密集型产品。然而，美国经济学家里昂惕夫根据实际统计资料分析，在1953年发表了《国内生产和对外贸易：美国资本地位的再审查》一文，得出了与赫克歇尔—俄林原理相悖的结论：美国出口品并不是资本密集型商品，而是劳动密集型商品；美国进口品并不是劳动密集型商

①宋承先.西方经济学名著提要〔M〕.南昌：江西人民出版社，1989：439.

品，而是资本密集型商品。理论和现实之间的这个矛盾，一时震惊了整个西方经济学界，西方经济学界把里昂惕夫通过统计验证而得出的这种反常的结论称为里昂惕夫反论。

怎样解释这种反常的现象呢？西方经济学界进行了长达 20 年之久的探讨和辩论，出现了四种解释：

（1）用人力资本理论来解释。美国经济学家凯伍斯和琼斯运用人力资本理论，经过反复研究发现，美国工人的技术熟练程度一般高于其他参加贸易的国家，因此不能把美国出口品简单地看成是劳动密集型商品，而应当把它们看成是熟练劳动密集型商品，即知识—技术密集型商品。同样的道理，也不能把美国的进口品简单地看成是资本密集型商品，而应当把它们看成是非熟练劳动密集型商品，即非知识—技术密集型商品。由于工人高度的技术熟练程度是美国拥有的一种优势，所以美国的进出口并没有违背赫克歇尔—俄林原理，而是这一原理的进一步扩展和具体运用。

（2）用国际贸易不完全竞争理论来解释。特拉维斯等美国经济学家认为，赫克歇尔—俄林原理只有在国际间的贸易渠道畅通无阻以及不存在保护关税等贸易障碍的情况下才是有效的。比如说，一个国家本来可以按照自己的生产要素相对丰裕程度出口某种生产要素密集的商品或进口另一种生产要素密集的商品，但由于上述原因，某种生产要素密集的商品难以出口（被其他国家限制进口），于是只好改换成另一种生产要素密集的商品出口；或者，该国本来需要另一种生产要素密集的商品进口，但由于受到本国政府的关税限制或进口的阻碍，或其他国家限制其出口，于是也难以实现此类商品的进口。这表明，贸易中人为的阻碍可以使赫克歇尔—俄林原理失效。

（3）用技术进展理论来解释。受人力资本理论的启发，经济学家基杰宁提出了第三种解释——技术进展理论，他认为，技术和人力资本一样，能够改变土地、劳动和资本在生产中的相对比例关系。人力资本能够提高劳动生产率，而技术可以提高土地、劳动和资本三者的生产率，或者提高三者作为一个整体的全要素生产率。人力资本是过去对教育和培训事业投资的结果，而技术是对研究和开发投资的结果。因此，技术和人力资本一样，可以看作是一种资本或一种独立的生产要素。通过研究发现，美国运输、电器、工具、化学和机器制造五个重点出口产业，同时又是出科研成果、推出新产品的重点产业，在产品的设计、生产和销售等过程都投入了高水平的技术力量。这就是说，如果把技术看作是一个生产要素，那些注重科研和发展的行业，它的科研密集型产品就具有高度的出口优势，由于技术创新来自对科研和发明创造的投资，因而出口科研密集型产品的国家，一般都是资本相对丰裕的国家。

（4）用产品生命周期理论来解释。产品生命周期理论是由美国经济学家雷蒙德·维尔农提出来的。他认为，一种产品从它开始出现，到它成为标准化的、有可能大规模生产的产品为止，通常可以划分三个阶段，即开创期（新产品的出现）、成熟期（产品发展阶段）、标准化生产期。在第一阶段，由于需求量很大，厂商可以通过技术垄断而得到超额利润，但这时生产成本也是较高的。在第二阶段，需求量可能继续增大，但技术模仿率也增大了，厂商面临着新加入者的威胁，而另一方面，厂商的生产成本下降了。在第三阶段，需求的继续扩大受到了一定的限制，新加入者也不断增加，市场竞争加剧，但厂商有可能从产品标准化生产方面获利，因为标准化生产使生产成本进一步降低了。根据这种理论，可以对里昂惕夫提出的问题做如下的解释：在美国这样的国家中，美国出口的主要是开创期和成熟期的产品，即第一阶段和第二阶段的产品，进口的主要是第三阶段即标准化生产期的产品。这是因为，美国的工资成本相对较高，进口标准化的、大规模生产的，并且对美国说来不再具有"新产品"性质的产品是比较有利的。于是，在美国经济中，可以看到这样一种带规律性的现象：美国开始生产某种新产品——美国出口该种产品——外国仿制该种产品——美国进口该种产品。

（5）用商品本身的特性和国内消费结构的变化来解释。它主要不是从供给方面来进行分析，而是从需求方面来进行分析。瑞典经济学家斯塔芬·布伦斯达姆·林德是这种解释的主要代表者。根据这种解释，首先应当将国际贸易区分为初级产品贸易和制成品贸易两大类，自然禀赋论的观点仅仅适合于初

级产品贸易，而不适合于制成品贸易。在制成品贸易方面，一国究竟进口什么
商品和出口什么商品，取决于该国的消费结构及其变化。这是因为一国的对外
贸易可以被看成是国内贸易的延伸，而国内市场的需求既决定着国内贸易，也
影响着进出口的数量和商品结构，而国内市场的需求则又是与消费结构密切相
关的。这样就可以得出下列看法：一国收入水平的变化引起消费结构的变化，
消费结构的变化引起国内市场的变化，而国内市场的变化将会引起进出口的数
量和结构的变化。如果按照这种理论来解释像美国这样发达国家的对外贸易，
美国出口的商品必定是美国国内市场已经容纳不下而其他国家的国内市场具
有潜力的商品，美国进口的商品则是适应于美国社会的消费结构状况而生产成
本又较美国同类商品为低的商品。因此，里昂惕夫所提出的有关美国进出口商
品的生产要素比例问题，虽然不能用自然禀赋的论点来解释，但可以用市场需
求的论点来解释。由于美国与发达地区的社会消费结构相似，所以美国同发达
地区之间相互贸易的潜力较大；美国与不发达地区的社会消费结构差距很大，
所以美国同不发达地区之间相互贸易的潜力也缩小。

9.5 幼稚工业保护论

当英国步入工业化时代时，德国仍然处于农业为主业的社会。这种强烈
的反差迫使德国的一些有识之士提出建立自己后进的经济学。于是，一个有名
的理论——幼稚工业保护论便应运而生了，弗里德里希·李斯特是这一理论的
典型代表。

李斯特从民族利益出发，把批判的矛头直接指向亚当·斯密和大卫·李
嘉图的国际贸易理论。他指出，英国古典学派所论证的自由贸易理论，代表
着英国有产阶级的利益，他们不仅要求在国内，而且在国际上开展自由竞争，
这有利于英国的利益，而不利于其他国家。首先，他指出比较成本说不利于
德国生产力的发展。大卫·李嘉图认为，在别国生产费用较低的商品，不需

要在本国生产，因为花钱向别的国家购买更合算。李斯特反对这种学说，他说："财富的生产力，比之财富本身更重要，财富的原因与财富本身完全不同，财富的生产力比这财富本身不晓得要重要多少倍。"[①] 向国外购买廉价商品，表面上看要合算一些，但这样做的结果，"整个英国就会发展成一个庞大的工业城市。……最上等的美酒就得供应英国，只有最下等的劣酒留给自己，法国至多只能干些小型女帽业那样的营生。德国看来对英国世界没有什么别的可以贡献，只有一些儿童玩具、木制钟、哲学书籍等。或者可以有一支补充队伍，他们为了替英国人服务，扩大英国的工商优势，传播英国文化，牺牲自己，长途跋涉到亚洲或非洲的沙漠地带，就在那里沦落一生"。[②] 如果德国长期为英国砍伐木材、生产扫帚和牧羊，德国工业生产力就不能获得发展，而会长期处于落后和从属外国的地位。采取保护关税政策，起初会使工业品的价格提高，经过一定时期，生产力的水平提高了，商品的生产费用就会跌落下来，商品价格甚至会降到国外进口商品价格以下。其次，李斯特认为，比较利益说忽视了各国历史和经济的特点。他认为各国的经济都必须经过如下几个阶段：原始未开化状态、畜牧时期、农业时期、农工时期、农工商时期。不同的时期实行不同的对外贸易政策。在原始未开化时期和畜牧时期，应对比较先进的国家实行自由贸易，以此为手段，使自己脱离未开化时期，在农业上求得发展。在农业时期和农工时期，应采取商业限制政策，促进工业、渔业、海运事业和对外贸易的发展。进入农工商时期,财富的力量已经达到最高程度后，再逐步恢复到自由贸易，使从事农工商业的人无所限制地竞争，并不懈努力。最后，李斯特反对古典学派的自由放任原则，竭力主张国家对经济实行干预，他认为要想发展生产力必须借助国家的力量，而不能听任经济自发地实现其转变和增长。

李斯特主张通过保护关税政策发展生产力，特别是发展工业生产力。他认为工业发展以后，农业自然跟着发展。因此，他提出的保护对象有以下几

---

①宋承先.西方经济学名著提要〔M〕.南昌：江西人民出版社，1998：227.

②李斯特.政治经济学的国民体系〔M〕.北京：商务印书馆，1961.

个条件：①幼稚工业。保护某些需要保护而且经历了相当保护时期后确有前途的工业。②在被保护的工业得到发展，生产出来的产品，其价格低于进口同种产品并能与外国竞争时，就无须保护；或者被保护的工业在适当时期内还不能扶植起来，也不必再予以保护。所谓的"适当时期"，李斯特主张以30年为限。③一国工业虽然幼稚，但如果没有强有力的竞争者，也不需要保护。④农业不需要保护。

李斯特是一位坚强的爱国主义者，他虽然屡遭迫害，但仍为德意志民族的强盛而奔走呼号。后来在他的幼稚工业保护理论指导下，德国最终实现了工业化，跃入世界发达国家行列。遗憾的是，这位把毕业精力献给国家外贸政策研究的经济学家并没有看到这一天，而是在极度绝望和贫病交加中于1846冬天开枪自尽了。

9.6 自由贸易与保护贸易之争

在西方经济理论中，自由贸易与保护贸易之争由来已久，并且始终没有停止过。长期居于主导地位的传统贸易理论认为，国际贸易能给参加国带来利益，增进各国经济的发展，主张自由贸易，反对贸易保护。另一派是传统贸易理论的反对派，认为国际贸易对发达国家有利，对发展中国家带来的利益很小，甚至会带来负面效应，不仅没有成为推动其经济增长的发动机，反而成了阻碍其发展的绊脚石，这就是保护贸易论的论点。

这场争论延续到现阶段，双方都把自己的主张同一国福利的增减联系在一起，从而使国际贸易理论与福利经济学密切结合。自由贸易论认为，在自由贸易条件下，世界的资源能够得到最有效的利用，每一个国家都能够通过同其他国家之间的商品交换而提高效率。赞成保护贸易的西方经济学家不同意上述这些主张自由贸易的人所提出的理由。他们认为，完全竞争的假定仅仅具有理论探讨的意义，而实际上是不存在国际贸易中的完全竞争的。自由贸易究竟能否提高经济效率，这也值得怀疑，这是因为：有关自由贸易的优越性的论证以相对价格的合理性为前提，而相对价格的合理与否本身是缺乏验证的，很难认为既定的相对价格是否合理或合理到何种程度。如果相对价格并不合理或并不那么合理，那就难以判断资源在国际范围内的配置是否符合最优化的标准了。

从一国福利增减的角度来看，造成保护贸易的西方经济学家的理由主要是：

假定一国的某种产业处于初创阶段，随时都有遭到外国竞争者摧毁的危险，那么在这种情况下，应当对该种产业实行保护贸易政策，以扶植其成长。这种保护贸易政策将一直持续到该产业部门有力量同外国竞争者相竞争之时为止。由于受到保护的产业部门避免了损失和增加了收入，所以对该种产业的保护是增加国内福利的措施。

假定一国的国内市场的容量为既定，那么外国商品输入量的增加将会影响本国生产商品的销售，结果将导致本国失业人数增加。在这种情况下，应当实行保护贸易政策，以限制进口，减少国内失业率。这种保护贸易政策将一直持续到国内充分就业之时为止，因为如果在达到充分就业时再限制进口，国内将出现过度需求的压力，于是由过度需求引起的通货膨胀将不可避免。

假定一国的国际收支其他项目的数值为既定，那么，外国商品输入量的增加将会影响本国的国际收支，其趋势将是国际收支逆差的增大或国际收支顺差的减少。在这种情况下，实行保护贸易政策可以限制进口，以改善本国的国际收支状况。这种保护贸易政策将一直持续到本国认为没有必要担心进口的增加会影响本国的国际收支状况，或没有必要为本国的国际收支状况担忧之时为止。

但赞成自由贸易并反对保护贸易的西方经济学家认为，上述三条理由都是站不住脚的，这是因为：

（1）对任何产业部门一旦采取了保护政策，那么很可能使它们成为"温室中的产业"，永远离不开保护政策，所以不如一开始就不采取保护政策，让它们同国内外的竞争者去自由竞争，从改进工艺、改进产品质量、降低成本方面来增加自己的生存竞争能力。

（2）用限制进口的方式未必能减少国内的失业率，甚至还有可能使国内经济状况更加恶化。其依据是，当一国限制进口时，将会引起其他国家的报复行动，抵制该国的出口，结果国际贸易额下降，各国都遭到损失，限制其他国家的商品进口的国家的失业率很可能不但不下降，反而会上升。

（3）限制进口将引起其他国家的抵制与报复，结果出口减少，国际收支状况不可能好转。

此外，他们还认为，采取保护贸易政策将会人为地提高本国的物价水平，导致国内福利的减少。[①]

9.7 从 GATT 到 WTO

1946 年 12 月 6 日，在筹建"国际贸易组织"的同时，美国邀请了 15 个国家进行了关税减让谈判。当时的中国政府接受邀请，参加了谈判。1947 年 4 月，美国、英国、法国、加拿大、印度等在双边谈判的基础上，签订了 123 项有关双边关税减让协议。他们把这些协议与联合国经社理事会上通过的国际贸易组织宪章草案中有关商业部分加以合并，经修改后称为"关税与贸易总协定"（GATT）。1947 年 10 月 30 日，包括中国在内的 23 个国家在日内瓦签署了关贸总协定的最后文件。1948 年 1 月 1 日起开始正式生效，其宗旨是实现国际贸易自由化，逐步降低关税并消除各种非关税壁垒，以提高各国的生活水平，保证实际收入和有效需求的巨大持续增长，扩大世界资源的充分利用以及发展商品的生产与交换。

关贸总协定的基本原则可以归纳为以下八点：

（1）自由竞争原则。以市场经济为基础，以自由竞争为基本原则，价格

①厉以宁.简明西方经济学〔M〕.北京：经济科学出版社，1985：140.

取决于市场供求关系，积极主张自由贸易，开放门口。

（2）互惠原则或对等原则。贸易关税减让要有给有取、互惠互利，对发达国家来说是总体减让对等。总协定中的发展中国家条款规定，发达国家在做出贸易减让时，不应期待发展中国家给予对等的回报。

（3）非歧视原则。这是关贸总协定的基石，它包括无条件的最惠国待遇和国民待遇两个方面，前者是指缔约一方现在和将来给予另一个缔约方的贸易优惠和豁免，也必须主动地给予所有缔约方。后者是指在贸易条约中，缔约国之间相互保证给予另一方的自然人（公民、法人企业）和商船在本国境内享有与本国自然人、法人和商船同等的待遇。

（4）关税为唯一的保护手段，不能用非关税壁垒的办法对国内工业进行保护。

（5）贸易壁垒递减原则。采取关税递减的办法，确保缔约方之间相互约束部分或全部产品的关税税率三年内不提升。

（6）公平贸易原则。反对倾销和出口补贴。

（7）一般禁止数量限制原则。一般来说实行进出口数量限制都是违反总协定基本原则的。不过，在某些例外情况下，允许的数量限制必须遵循非歧视原则。

（8）透明度原则，即贸易政策法规的全国统一实施和透明。

除上述基本原则外，还根据特殊情况需要设置一些例外规定，构成关贸总协定的例外条款。这些条款主要包括：国际收支平衡例外、幼稚工业保护例外、保障条款例外、关税同盟和自由贸易区例外、安全例外、对发展中国家的特殊优惠待遇例外。在实践中，这些例外条款在不同程度上削弱和腐蚀着关贸总协定的贸易自由化体系，也正是由于这些例外条款的存在，使一些非关税壁垒在当今得以存在和发展。

关贸总协定对国际贸易和世界经济的发展起了重要的促进作用。首先是促进了战后贸易自由化，通过历次多边贸易谈判使缔约方的进口税不断降低，非关税壁垒受到抑制；其次是缓和了关贸总协定内外的矛盾，包括发达国家缔约方与发展中国家缔约方之间以及各缔约方之间的矛盾；再次是形成了一套有着国际贸易政策的规章，促进和便利了国际贸易的发展；最后是推动了世界经济信息的交流与人才的培养。

中国是关贸总协定 23 个原始缔约方之一，当时的"国民党政府"代表中国签署了关贸总协定的最后文件。1949 年 10 月 1 日中华人民共和国成立，"国民党政府"又迫使台湾当局从关贸总协定中退出。1986 年 7 月，我国驻日内瓦代表照会关贸总协定总干事邓克尔，正式提出恢复关贸总协定席位申请，1987 年 2 月向关贸总协定提交了"中国外贸制度备忘录"。关贸总协定理事会于 1987 年 3 月成立中国工作组，审议中国的"复关"问题。

为了尽快"复关"，中国苦苦等待了 13 年，黑头发都变成了白头发。期间，关贸总协定（GATT）已演变成世界贸易组织（WTO）。怎样扫除中国加入 WTO 道路上的障碍？历史地摆在最高决策者面前。

9.8 四大焦点

中国加入 WTO 困难重重，其症结在于中美双边贸易谈判中存在着四大焦点：

1. 农业争议的焦点

由于从美国进口的柑橘中检查出地中海果蝇，从美国进口的小麦中查出存在植物病，中方遂中止了此两类物品的进口。美方为了平衡对华贸易逆差及打开农产品销路，一直要求中方恢复小麦和柑橘等农产品的进口。

2. 电信业争议的焦点

中国允诺外国公司可以在中国电信公司持股 25% ~ 30%。美方则要求美国公司在中国电信公司的股份应不小于 50%

3. 金融业争议的焦点

除了央行改革、整顿国投公司、大力消除四大国有银行不良债务外，中国又在保险业做了大幅让步，允许美国、加拿大的四家知名保险公司进入中国市场。美方则认为中国在允许外国金融机构经营人民币及保险业务上的限制还是太多，开放步子太慢。

4. 贸易逆差方面的争议焦点

对中国贸易的逆差是美国国内反响最大的问题之一。据美方统计，1998年美方逆差是 569 亿美元，而中方统计是 211 亿美元，两者差距很大。美国斯坦福大学教授刘遵义做了深入的研究，认为这两个数字都不准确，原因是这些数字在计算进口时包括了运费和保险费，而在计算出口时都没有包括；其次，没有考虑到中美贸易很大一部分是从中国香港地区转口的，而在中国香港地区的附加值很高；此外，也没有考虑走私的因素。据此，这位教授估计，中美贸易逆差大约是 365 亿美元。如果再考虑到美国对中国大量增加的服务性贸易出口，美国对中国贸易逆差约为 350 亿美元。[①] 对中国贸易逆差并不单纯有利于中国，也十分有利于美国。

9.9 中美协议艰难达成

中美领导人会晤后，双方加快了谈判的进程，经过十几个回合的唇枪舌战，中美终于在 1999 年 11 月 15 日达成了《关于中国加入世界贸易组织的双边协议》。这一协议的签署，有利于加快中国加入 WTO 的进程，有利于促进中美经贸合作的全面发展，有利于中美关系的改善和发展，并给世界经济的发展与繁荣注入新的活力。

根据"中美商务委员会北京办公室"公布的材料和美国谈判代表在记者招待会上的讲话整理，中美 WTO 协议涵盖全部农产品、全部工业产品以及全部服务领域。主要内容包括：

（1）全面削减关税。中国整体关税水平从目前的 22.1% 削减到 17%。取

①侯书森，张婧妍.入世后的中国〔M〕.长春：吉林人民出版社，1999：752.

消所有出口补贴。中国的工业关税将从 1997 年的平均 24.6% 降至 2005 年的平均 9.4%，在美国优先考虑的工业产品上，关税将降至 7.1%。

（2）电信。加入 WTO 后，中国允许美国电信公司占有中国电信 49% 的投资份额，自投资之日起，两年后在获得中方批准的情况下，可获得 50% 的控股权。

（3）向美开放电信市场，同意美国在中国入世两年后能够控制寻呼业务 35% 的投资，4 年后允许达 51%。

（4）加入 WTO 后，中国将每年至多进口 20 部外国电影，至少进口一部外语片，并允许外国电影和唱片公司参与收益分成。

（5）银行。允许外国银行在中国入世两年后为中国企业开办人民币金融业务，入世 5 年后外资银行可以为中国居民提供个人金融服务。

（6）到 2006 年，中国将汽车关税从目前的 80% ~ 100% 降低到 25%。中国将允许外国公司投资汽车行业的销售，允许美国公司向中国消费者提供购车贷款。

（7）逐步开放农产品市场。中国对涉及美国利益的农产品做出更多的关税减让，即从目前的平均 31.5% 降到 2004 年的 14.5% ~ 15%。分阶段取消豆油的国家贸易管制。中国对美国的农产品进口实施"关税比例配额制"。

（8）开放证券业。外国金融公司允许在基金管理企业中的持股 33%，3 年后增至 49%。外国股票包销商可在合资承销公司中占 33% 的股份。

（9）纺织品。根据协议在 2010 年之前，美方将取消对中国纺织品的进口配额。在纺织品的进口配额取消后，美方为防止中国纺织品低价倾销给美国纺织业造成冲击和损失，允许美方保留根据 WTO 的规定实施保障权利。

（10）开放专业服务。向美国公司开放的专业服务范围包括法律、会计、特殊医疗服务等。在计算机服务、商业咨询、会计、广告和金融信息服务方面，增加市场开放。向美国公司开放零售市场，给予其在中国市场的分销权及售后服务权。

9.10 一把双刃剑

中美协议签署的消息一公布，受到了包括港、澳、台地区在内的全国人民的普遍欢迎，世界各国政府要员也给予了高度评价。但是，还有一部分同志持不同意见，认为中国的让步太大了，以牺牲国内工业为代价换来了 WTO 的席位。怎样看待这一问题呢？

我们认为，中国加入 WTO 是一把双刃剑，既有推动中国经济发展的一面，也有不利的一面。总体上讲，利大于弊，挑战和机遇并存，只要我国苦练内功，就一定能在世界市场的海洋中乘风破浪，屹立于世界强国之林。

从加入 WTO 之利的角度看，主要有以下几个方面：

（1）加入 WTO 将有力地推动中国尽快地走向成熟的市场经济。关贸总协定的基石是成熟的市场经济，WTO 的基本原则与市场经济的要求完全一致。中国加入 WTO，就意味着我国必须遵循市场经济的准则，按市场经济的基本要求办事。这势必推动我国企业的转机建制，加快我国财税体制、外贸管理体制和政府机构的改革，打破地区封锁和行业保护，推动社会主义市场经济新秩序的建立。

（2）加入 WTO 有利于将中国经济融入世界经济一体化进程，不断扩大我国的国际经济技术合作与交流。WTO 是"经济联合国"，它的独特地位是其他国际组织所不能替代的。中国作为一个大国，必须在其中取得应有的席位，不能长期游离于 WTO 之外。据统计，由于我国没有加入 WTO，每年要损失5000 万美元的有保证的出口贸易额，致使我们在与 WTO 成员国交往时，加大了交易成本，增加了不少贸易指控。只有加入 WTO，才能使我国真正融入世界经济的主流，也只有加入 WTO，才能为我国开拓新的国际市场，实现出口市场多元化，同时享受 WTO 对发展中国家的优惠待遇。随着世界经济一体化的发展，国与国之间的经贸关系越来越紧密。中国在世界经济全球化这样一个大的浪潮中接受冲击，接受洗礼，成长壮大，才能在 21 世纪成为一个真正的经济强国。

（3）加入 WTO 有利于提高中国的国际政治地位。加入 WTO，我国应有资格参与和制定国际贸易法则，与广大发展中国家一道维护发展中国家的利益，维护中华民族的经济利益，为我国企业的发展创造良好的国际环境。

当然，中国加入 WTO 也不可避免地对国民经济的发展带来冲击，主要表现在以下几个方面：

第一，加入 WTO 后，进口条件发生变化，市场开放度大大提高，这势必导致进口量迅速增加，从而引起国际收支和供求问题的失衡，对国民经济的健康发展带来不利影响。

第二，随着关税的大幅度削减，非关税壁垒的逐步减少，将会使中国市场受到"洋货"的大量侵入，由此带来对中国产业部门的冲击。

第三，加入 WTO 在促进产业技术进步、推动产业升级换代的同时，也会有一部分技术水平落后、经营管理不善以致生产成本高、产品质量低的企业被国外同行挤垮，劳动者失业在所难免。但从长期发展的角度看，加入 WTO 将会创造更多的就业机会。

毫无疑问，在这些挑战中又蕴含着良好的机遇，有的同志将其概括为直接机遇和间接机遇两大类：就直接机遇而言，加入 WTO，将会使我国工业产业部门在发展外向型经济，利用国际资源，尤其是发展对外贸易方面，获得更加有利的条件和优惠待遇。间接机遇在于，在加入 WTO 严峻挑战下，我国企业的技术水平、管理水平都将得到较大的提高，同时工业部门的管理体制和经营机制将会得到进一步改革，逐步建立起适应国际竞争的新型运转模式。

9.11 中国力量"撬"动世界

据商务部网站 2014 年 3 月 1 日发布消息称，经世贸组织秘书处初步统计，2013 年中国已成为世界第一货物贸易大国。作为发展中国家，我国跃居世界第一货物贸易大国，是对外贸易发展道路上新的里程碑，是我国坚持改革开放和参与经济全球化的重大成果。[①]

1. 十余载辉煌路，百年来成第一

据海关统计，2013 年，我国进出口总值 25.83 万亿元（折合 4.16 万亿美元），扣除汇率因素同比增长 7.6%，比 2012 年提高 1.4%，年度进出口总值首次突破 4 万亿美元的关口。其中出口 13.72 万亿元（折合 2.21 万亿美元），增长 7.9%；进口 12.11 万亿元（折合 1.95 万亿美元），增长 7.3%；贸易顺差 1.61 万亿元（折合 2597.5 亿美元），扩大 12.8%。[②]此前，美国商务部公布的货物贸易总值为 3.91 万亿美元。数据对比，中国超过美国成为全球第一大货物贸易国。这是 100 多年来发展中国家首次成为世界货物贸易冠军，也是中国继成为全球第二大经济体、最大外汇储备国和最大出口国之后又一突破。

改革开放 30 多年来，特别是加入世贸组织以来，中国进出口贸易实现跨越式发展，有力推动了中国经济发展，也为世界经济做出了重要贡献。中国已经是 120 多个国家和地区最大的贸易伙伴，每年进口近 2 万亿美元商品，为全球贸易伙伴创造了大量就业岗位和投资机会。

近 10 年来，中国货物贸易规模迅速扩大。2003—2011 年，我国货物进出口年均增长 21.7%，其中，出口年均增长 21.6%，进口年均增长 21.8%。2011 年，我国货物进出口总额 36 421 亿美元，比 2002 年增长 4.9 倍，进出口总额跃居

---

①王希：《新路标：从贸易大国到贸易强国》，新华社北京 2014 年 3 月 1 日电。
②林秀敏：《海关总署：2013 年中国进出口总值 25.83 万亿元》；资料来源：中国经济网 2014 年 1 月 10 日。

世界第二位，并已连续 3 年成为世界货物贸易第一出口大国和第二进口大国。

进出口商品结构进一步优化。与 2002 年相比，2011 年我国汽车出口数量增长 37 倍；船舶出口金额增长 22 倍，已超过韩国成为第一大船舶出口国；飞机、卫星出口实现零的突破，笔记本电脑、显示器、手机、电视机、集装箱等50 多种产品出口量居世界第一位。

从进口方面看，先进技术、设备、关键零部件进口持续增长，大宗资源能源产品进口规模不断扩大。高技术产品进口国际市场份额由 2002 年的 6%提高到 14%，位居世界第二；非食用原料与矿物燃料、润滑油及有关原料两大类商品进口占进口总额的比重由 2002 年的 14.2% 提高到 2011 年的 32.2%。

积极扩大进口有效地促进了贸易平衡状况的改善。2002 年我国外贸顺差为 304.3 亿美元，2008 年达到 2981 亿美元的历史高点。2011 年，我国外贸顺差降为 1551.4 亿美元，占国内生产总值的比重从 2007 年高点时 7.5% 降至2011 年的 2.1%。[①]

贸易发展史往往也是一个国家、民族的兴衰史。新中国对外贸易的发展，浓缩了一个东方农业大国逐步走向工业化、现代化的身影。

2. 中国"静悄悄"改变世界经济版图

加入世贸组织十多年来，中国改写了世界贸易版图，成为世界第一货物贸易大国。全球的消费者发现，无论喜欢与否，他们的生活早已离不开"中国制造"。圣诞节期间，全球一半以上的圣诞用品出自浙江义乌，义乌出产的圣诞树俨然成了世界经济的温度计。美国女记者萨拉·邦焦尔尼在《离开中国制造的一年》一书中，描述了一个美国家庭抵制"中国制造"近一年后终于发现，"没有中国产品的生活一团糟"。

西方的企业发现，中国已经成了最赚钱的市场，在其企业的全球布局中占有了越来越重要的地位。国家外汇管理局数据显示，外国企业在华投资的净流入从 2001 年的 442 亿美元增长至 2012 年的 2535 亿美元。从 2001—2011 年，中国入世头十年累计利用外资超过 1 万亿美元，成为全世界吸收外商直接投资

①马汉青.中国连续 3 年成全球第一大出口国和第二大进口国〔N〕.羊城晚报，2012-11-08.

最多的国家之一。

即便在国际金融危机最严重的 2008 年和 2009 年，仍有超过 70% 的美国在华企业实现盈利。中国消费者的偏好已经不再被忽略。2013 年，中国的消费者第一次与全球其他地区的消费者同步买到最新款的 iphone5s 手机；2014 年 9 月，河南郑州富士康生产的首批 93 吨 iphone6 手机运往美国，销往全世界。

从宏观的层面来看，中国完成了从"新成员"到"推动者"的转变，2013 年 12 月 7 日，WTO 第九届部长级会议在最后时刻达成了 WTO 成立 19 年、多哈回合谈判启动 12 年以来的第一份全球多边贸易协定——"巴厘一揽子协定"。其中，中国率先表示放弃援助要求、提出粮食安全中间方案、为最不发达四国提供 7 亿元援助资金等一系列举措，为促成"巴厘一揽子协定"发挥了积极而重要的作用。

同样，融入世界市场的中国也在被改变。中国的消费者发现，加入 WTO 已经影响到每个人的日常生活。不单单有了更多的商品和服务可以选择，生活方式更是有了较大转变，最明显的是中国人开始"走出去"，2012 年中国出境游人数超过 8000 万人次，接近 2001 年出境人数的 8 倍。[①]

加入世贸组织以来，中国的强劲发展成为亚洲乃至全球经济增长的重要力量和源泉。2009 年和 2010 年，中国对全球经济增长的拉动作用超过了 50%。同时为了规避贸易壁垒、拓展世界市场，中国企业开始加快对外投资。联合国贸易和发展会议的数据显示，2012 年，中国首次成为世界第三大对外投资国，仅次于美国和日本。中国企业也开始学会用世界语言营销自己。于是，NBA 的赛场上出现了中国产品的广告牌，好莱坞的电影中能够看到中国生产的电脑、牛奶。中国融入世界市场又被世界市场所改变，唯一没有改变的是合作共赢的主题。恰如我国商务部在美国投放的商业广告所传达的理念："中国制造"其实也是"世界制造"。

---

① 曹杰 . 入世十二年：中国和世界彼此改变〔N〕. 中国信息报：第 1 版，2013-12-12.

3. 中国企业"走出去"

中国海兴集团，9 年前还仅是一个年产值约 1 亿元左右、在业内名不见经传的民营企业，如今却成长为在伊朗、印度尼西亚等 5 个国家拥有海外工厂的企业，产品已销往 60 多个国家和地区，年产值超 10 亿元。像海兴这样的企业，目前在中国已有 1.3 万多家，分布在全球 178 个国家和地区，已遍及各行业。

根据联合国贸易和发展会议数据，2010 年中国对外直接投资占全球当年流量的 5.2%，位居全球第五，首次超过日本、英国等传统对外投资大国。

中国有色矿业集团在赞比亚投资建设铜冶炼厂、中兴通讯在巴西设工业园⋯⋯。目前，中国吸收外资和对外投资比例从 20 世纪 90 年代的 18 ∶ 1，变为 2010 年的不到 2 ∶ 1。"中国资本"正跃居为全球投资领域引人瞩目的力量。

在中国企业"走出去"中获益的，不只是中国企业，东道国也从中获益匪浅。

海兴集团利用自己的核心技术雇当地人生产。例如，在伊朗建有 3 条生产线，每条线有六七十人，全部都雇本地人。2008—2009 年，在国际金融危机阴霾的笼罩下，在非洲投资的中国有色集团切实履行郑重承诺，所属的非洲企业"没有裁减一名员工、没有减少一分投资、没有减少一吨产量"。据显示，截至 2010 年，中国对外投资的境外企业纳税已达 117 亿美元，解决当地就业 78 万人。"走出去"的过程中也积极履行社会责任。在非洲，中国有色集团主动投身公益事业和基础设施建设，累计投入公益事业约 1000 万美元，投入基础设施建设约 1 亿美元。

我国现有的对外投资存量规模与发达国家相比，仍然有很大距离。今后一段时间内，中国的对外直接投资仍会进一步发展，中国企业将会逐渐形成全球一体化的生产体系，打造完整的全球产业链。联合国贸易发展组织官员表示，预计中国将在未来 10 年成为资本的净输出国。①

4. 中国入世，全球共赢

至 2013 年入世十余年来，中国降低关税，取消非关税限制，修改法律法

①张意轩，李志伟.加入世贸组织十年：中国力量改变世界经济版图〔N〕.人民日报：海外版，2011-
　10-13（5）.

规，积极认真履行承诺，同时充分享受权利，在更大范围和更深程度上参与国际分工与合作，在迎接挑战中蓬勃生长。入世以来，我国人均国内生产总值从2001年的1038美元上升到2013年的6747美元，人民收入提高，生活水平显著改善。

而对WTO而言，中国的加入同样影响深远。"在中国加入世贸组织之后，使世贸组织真正地成为一个全球性的组织。世贸组织的规模体系几乎在全世界都得到了认同。"联合国工业发展组织总干事坎德赫·尤姆凯拉如是表示。

世界银行副行长桑杰·帕拉丹表示，中国发展的成功经验非常独特，为其他发展中国家乃至整个国际社会提供了重要的借鉴。事实上，中国在致力于自身发展的同时，也一直关注和帮助发展中国家的发展。除在世贸组织特别是多哈谈判中积极为发展中国家鼓与呼之外，也积极向发展中成员提供力所能及的经济和技术援助，承诺逐步给予与中国建交的最不发达国家95%税目的输入中国的产品零关税待遇，到2010年年底，免除了44个最不发达国家238亿元的债务。2011年7月，中国向世贸组织捐赠40万美元，帮助最不发达国家申请加入，成为世界贸易组织成员。在世贸总干事拉米看来，在帮助世界上最贫穷国家方面，中国也发挥着越来越重要的作用。[1]

加入世贸组织十几年，中国正在新的起点上，寻求全球经济中的新定位。

5. 新的起点

欣喜之后，更需要理性思考。从数字上看，2013年我国货物出口在世界市场份额超过11%，但这个水平在全球贸易发展历史上并不突出。英国1870年出口占全球的18.9%，美国1921年达到了22.4%。我国在人均贸易额等方面也与其他发达经济体差距明显。[2]

贸易大国是贸易强国的基础。尽管我国已经成为世界贸易大国，但要成为贸易强国仍然任重道远。我国出口产品附加值较低，拥有自主品牌较少，营

---

①张意轩，李志伟. 加入世贸组织十年：中国力量改变世界经济版图〔N〕. 人民日报：海外版，2011
  –10–13（5）.

②王希：《新路标：从贸易大国到贸易强国》，据新华社北京2014年3月1日电。

销网络不健全，出口产品质量不高的现象仍然存在，统筹两个市场、两种资源的能力需要进一步提高。面对我国对外开放的新形势和新挑战，我们要积极推进转方式、调结构，培育参与经济全球化的新优势，加强与贸易伙伴的务实合作，努力实现互利共赢和共同发展。

当前全球经济复苏仍不稳定，而国内近年来劳动力等要素成本持续上升，能源环境约束加剧，传统的粗放式发展不仅难以为继，而且必然会招致更多的经贸摩擦。将外贸发展模式从以"量"取胜切换至以"质"取胜，显得尤为迫切。在国际经贸规则竞争日趋激烈的背景下，如何更主动地走向国际治理前台、发挥贸易大国的影响力，成为必须思考的问题。由此可知，在由贸易大国走向贸易强国的关键时期，我国登上全球贸易排行榜首位，不是顶点，而是新的起点。

第十章 西方非均衡理论与中国区域经济发展战略

10.1 克洛尔的"二元决策假说"

自从亚当·斯密以来，均衡理论一直统治着西方经济学界。在古典经济学家们看来，市场机制犹如一只"看不见的手"，支配着行为人（消费者与企业）去追求各自最大的利益，在市场价格灵活而迅速的调整下，各个市场的供给与需求总能正好相等，结果是该资源得到充分利用与合理配置，人们各得其所，整个经济沿着均衡的轨道稳步向前发展。

均衡理论经过几代经济学家的发展，已经成为日趋缜密完善的理论体系。马歇尔的局部均衡理论，特别是瓦尔拉斯一般均衡理论更是把均衡的概念与思想落实在一组明确而严密的方程组上，使均衡理论发展到相当完美的程度。

然而，20世纪30年代的大危机，打破了古典均衡理论的神话，为非均衡理论的产生创造了条件。凯恩斯在《就业、利息和货币通论》中，直接提出了与均衡理论相悖的观点：①在劳动市场上存在着非志愿失业，这表明至少有一个市场是处于供求不相等的非均衡状态；②市场调节不仅通过价格来进行，数量调节也同样重要；③行为人不仅对价格信号做出反应，也对诸如收入水平等数量信号做出反应。在此基础上，凯恩斯认为，经济中出现非均衡现象是一种通例,而古典理论所描述的处处实现均衡的经济都是一种特例。凯恩斯的这些观点对非均衡理论的产生起到了极为重要的作用。

美国学者罗伯特·克洛尔是第一位明确反对均衡理论的经济学家,也是非均衡理论的主要创始人之一,他在 1960 年发表的《凯恩斯与古典学派:一种动态看法》和 1965 年发表的《凯恩斯的对抗革命:一种理论评价》两篇代表性论文中,着重考察了凯恩斯经济学体系与古典学派体系之间的分歧,对古典学派的均衡理论进行了认真的剖析,重新解释了凯恩斯经济学,并以独到的见解开创了非均衡理论的分析,被称为"现代非均衡理论之父"。

克洛尔认为,古典学派的理论假说经济中存在一个"拍卖商",负责根据市场上供求双方的情况叫出相应的价格,供求双方据此价格调整各自的供求数量,拍卖商也根据新的情况调整他的价格,这一"试错"过程一直持续到在某一价格下供求双方计划的交易额相等为止,这时才发生了在这一均衡价格下的均衡交易。但在均衡价格达到之前,市场中就有交易存在,而且这种非均衡的交易是不应被忽视的,通常情况下,它等于计划的供给与计划的需求中的最小量,这也就是所谓的"短边原则"。因此,"我们可以合理地认为,正统经济学提供了一种均衡状态的通论,也就是说,它充分考虑了市场经济中决定着均衡价格与均衡的交易计划的各种因素。进一步说,这些分析也为非均衡价格与非均衡交易计划的理论提供了开端。但是很显然,正统分析未能提供一种非均衡状态的通论。"[1]

克洛尔认为,在非均衡的情况下,有必要区分计划的量与现实的量,计划的量是行为人事前的意愿,而现实的量是事后在市场上实际达到的交易量。这两类概念的区分对于分析家庭行为尤其重要,而对家庭行为的分析正是凯恩斯理论与古典理论的重要分歧所在。

古典学派认为,家庭只受计划收入量的制约,在此预算约束下是效用最大,从而得到计划的家庭供给函数和需求函数,但它们不一定能够反映市场的供求,因为要做到这一点需要满足一个假定,即每个家庭都期望能够在现行的市

---

[1] R. 克洛尔. 凯恩斯的对抗革命:一种理论评价〔J〕. 货币与市场:英文版,1965:39.

场价格下按计划购买与出售，且购买、出售与储蓄的计划同时完成，这要求经济总是处于均衡的状态。克洛尔把这种家庭决策方式称为"单一决策假设"，他认为，在进行非均衡分析时，应代之以"二元决策假说"。

在克洛尔看来，当代货币经济中存在着多种多样的货币中介，它使供给与需求在时间和空间上都极大地分离，而市场的多样性与交易的复杂性使得经济中到处充满非均衡交易，充满经济波动的诱发因素，而这一经济体系是无力通过自身调节来实现一般均衡的。可是，传统的一般均衡分析却强调市场机制完善的自我调节能力，它与客观现实相距甚远，已不能作为描述现实世界的有效分析工具，应当以"一般过程分析"来替代。后者从更接近现实的假想出发，建立一种包含了各种货币中介与行为人特征的模型来描述货币经济中的动态调整过程，从而呈现出市场机制无法自行作完善的调节，经济中处处有非均衡现象与波动的态势。[①]

可见，克洛尔对古典均衡理论及其方法论提出了有力的质疑，对凯恩斯经济学给出了令人信服的重新解释，指出了上述两个理论体系之间的重大区别。同时，他还以其独到的建树开创了非均衡理论分析的先河，为凯恩斯宏观经济学奠定了微观经济学的基石。

10.2 赫尔希曼的"联系效应"理论

在发展中国家，应该选择全面投资，实行均衡发展战略，还是只对重点部门加大投入，实行不均衡的发展战略，来克服贫困落后、资源有限的不发达国家所面临的困难。对此，西方经济学家"公说公有理，婆说婆有理"。

均衡增长论的倡导者纳克斯，以他的"恶性贫困循环论"为理论依据，提出了均衡发展战略。他认为，发展中国家要打破困扰它们的两个恶性循环，就必须在各部门和企业之间平衡地谋求增长。在投资方面，他却主张按不同的

[①]胡代光.西方经济学说的演变及其影响〔M〕.北京：北京大学出版社，1998：252.

比率投资，对发展薄弱和有关键作用的部门多投资，以便实现各部门的协调发展。

美国发展经济学家罗森斯坦大力宣传"大推进"理论，强调大规模投资的重要性，认为发展中国家只有大规模、全面地投入资本，给予整个经济一次大推动，才能迅速改变自己的落后面貌。

以赫尔希曼为代表的一些经济学家反对平均发展战略，而力主不平衡发展战略。这种战略就是要集中有限的资本和资源，首先发展一部分主导产业，以此为动力，带动其他产业乃至整个经济的发展。

赫尔希曼在1958年出版的《经济发展战略》一书中，系统地阐述了不平衡发展战略思想。他认为，发展就是一系列连锁着的不平衡，经济发展往往采取踩跷跷板的形式前进，从一种平衡走向新的不平衡。在发展中国家，由于资本有限，首先投资建设基础设施项目，"远水解不了近渴"，而先向直接生产部门即工农业部门投资，投资额小，见效快。等直接生产部门发展起来并产出了较大收入后，再利用一部分收入投向基础设施部门，并带动其增长，这种投资政策才符合最优化原则。

为了论证上述投资政策的合理性，赫尔希曼提出了"联系效应"理论。所谓"联系效应"，是指在国民经济中，各个产业部门之间存在着某种关系，这种关系决定了各产业部门之间互相联系、互相影响、互相依存。产业部门之间的这种关系可以分为"后向联系"（backward linkage）和"前向联系"（forward linkage）两种形式。后向联系是指一个产业部门同向它提供投入的部门之间的联系，如钢铁工业的后向联系是采矿企业等。前向联系是指一个产业同吸收它的产出（购买其产品）的部门之间的联系，如钢铁工业的前向联系是机器制造业、汽车工业等。一般说来，一个产业的后向联系部门通常是农产品、初级产品、原材料、半成品或半加工品等生产部门，其中前向联系部门通常是制造品、最终产品等生产部门。但是，有些产业既是后向联系部门，又是前向联系部门，如机械制造工业，它既可以为钢铁工业提供机器设备，使其成为后向联系部门，也可以成为吸收钢铁工业产品（钢铁）的前向联系部门。

按照赫尔希曼的本意，联系效应是用产品的价格和收入弹性来度量的。他认为，凡是有联系效应的产业，不论是后向联系还是前向联系，都能够通过这个产业的扩张而产生引致投资，引致投资不仅能促进前向、后向联系部门的发展，它反过来还可以推动该产业的进一步扩张，从而使整个产业部门都得到发展，实现经济增长。

赫尔希曼依据上述分析，得出这样一个结论：一个国家在选择适当的投资项目优先发展时，应当选择具有联系效应的产业，而在具有联系效应的产业中，又应当选择联系效应最大的产业优先发展，而联系效应最大的产业就是产品需求弹性和价格弹性最大的产业。具体来说，发展中国家的制造业，尤其是加工业具有较大的联系效应，应当集中力量，优先发展，而在选择发展什么工业问题上，应当优先发展进口替代工业。

10.3 佩鲁的"发展极"理论

"发展极"（potes de croissance，development poles）理论是法国经济学家弗朗·索瓦佩鲁（F·Perroux）于 1955 年提出来的。[①] 这一理论所要论述的是：国家应该以非总量的方法安排计划，把国民经济按地理幅区分解为部门、行业和工程项目，以此来衡量各自的增长。因为，经济发展并不是在每个地区以同样速度均衡进行的，相反，在不同时期，增长的势头往往集中在某些主导部门或有创新能力的行业，它们一般集中在一些地区或大城市，形成一种资本与技术高度集中、具有规模经济效益、自身增长迅速并能对邻近地区产生强大辐射作用的"发展极"，通过具有"发展极"的地区的优先增长，可以带动相邻地区的共同发展。

"发展极"理论是以"支配学说"或不平等的动力学为基础的。佩鲁认为，

---

① 佩鲁. 略论"发展极"的概念〔J〕. 应用经济学，1955（8）：307–320.

社会是一个异质的集合体，由于种种原因，社会内部的各个组织与团体之间存在着一种不平等的相互联系，即"支配"与"被支配"的关系。所谓"支配"，是指在两个经济单位之间，如果一个单位对另一个单位施加一种影响，而后者不能反过来影响前者时或不能产生同等程度的影响，则前者为支配单位，后者为被支配单位。支配作用产生于历史的、偶然的原因，或产生于结构或制度方面的因素。如果一个经济单位处于较重要的经济部门，位于较重要的地区，拥有较大的生产规模，能够影响商品交换的条件，就有可能成为支配单位。支配单位可以是企业、部门，也可以是地区、国家。在经济生活中，支配作用是一个普遍现象，大企业对小企业、工业对农业、新兴产业对传统产业、城市对农村、发达地区对落后地区、发达国家对发展中国家，都存在着支配关系。因此，经济发展是一个支配单位起主导作用的不平等、不平衡的动态过程，支配、不平等和不平衡是这一过程的重要特征。

基于上述分析，佩鲁提出了他的经济发展理论。他认为，一国经济是由各种"经济空间"构成的，这种"经济空间"不是"几何空间"或"地理空间"，而是社会经济中各种分子之间的经济关系，它表现为三种形式：一是作为"计划内容"的经济空间，即当一经济单位制订和执行计划时，或是作为某种产品或原料的提供者，或是作为其购买者，同其他有关单位建立起各种经济关系，构成一项计划内容。二是作为"势力范围"的经济空间，即某些经济单位具有向心力与离心力，形成各种经济中心，每一中心都能发挥吸引力与扩散力，并形成特定的作用范围，从而构成其特定的经济空间。三是作为同质整体的经济空间，即采用收入水平、主要经济活动形式、人口状况等具体标准来衡量和分析各个经济单位。相比而言，一个单位的经济空间表现为可比的结构元素和这些结构元素之间的关系为特征的整体。①

从经济空间的第二种形式入手，佩鲁论述了他的"发展极"理论。

---

① 黄田华. 佩鲁的经济发展理论评介〔J〕. 经济学动态，1986（4）.

按照佩鲁的解释，"发展极"是由主导部门和有创新能力的企业在某些地区或大城市的聚集发展而形成的经济活动中心，这些中心具有生产中心、贸易中心、金融中心、信息中心、交通中心等多种功能，恰似一个"磁场极"，能够对周围地区产生吸引或辐射作用，促进自身并推动其他部门和地区的经济增长。"发展极"的吸引作用和扩散作用，一般表现在四个方面：①技术的创新与扩散。"发展极"中有创新能力的企业不断进行技术创新，推出新技术、新产品、新工艺，并能把这些创新扩散到其他地区，同时吸引其他地区的新技术和人才，以加速本地区的发展。②资本的集中与输出。"发展极"中一般拥有大量的资本和生产能力，为了自身发展的需要，它可以从所在地区和部门，或其他地区和部门吸引和集中大量的资本，进行大规模投资。同时，也可以向周围地区和部门输出大量的资本，并带动其发展。③产生规模经济效益。"发展极"的企业和行业集中，生产规模庞大，可以大大降低生产成本形成巨大的规模经济效益。④形成"凝聚经济效果"。"发展极"的产生，使人口、资本、生产、技术、贸易等高度聚集，产生"城市化趋向"或形成"经济区域"。这些大城市或经济区域往往是生产、贸易、金融、信息、交通运输等中心，可以产生"中心城市"的作用并形成经济、技术"网络"，从而起到吸引或扩散作用，推动整个地区乃至一个国家的经济发展。

佩鲁利用熊彼特的"创新"理论来说明"发展极"形成的条件。他认为，"发展极"的形成至少需要三个条件：①必须存在有创新能力的企业和企业家群体。因为企业家是经济增长的主体动力，他们具有创新精神，敢于冒险，能够进行技术创新和制度创新。由于他们的作用，不仅有创新能力的企业能够不断发展、壮大，而且能通过其影响而产生一批追随、模仿创新企业的新企业，即"增长企业"。这些增长企业在"发展极"的影响和作用下，又可形成一种"增长中心"。②必须具有规模经济效益。这就要求，"发展极"所在地区或城市不仅要聚集大量的企业、部门，而且要集中相当规模的资本、投资、生产规模、技术、人才等，以形成规模经济。③需要适当的周围环境。"发展极'的建立需要大量的资金、技术、人力、机器设备、熟练劳动力等要素的供给和基础设施等，也就是需要有一个良好的投资和生产环境，才能吸引厂商、投资、人才与技术。①

"发展极"理论提出后，引起了许多经济学家的兴趣，一些英美学者对"发展极"进行了补充和发展，并命名为"增长极"（growth poles）或"增长点"（growth points）。他们认为，厂商和行业的亲和力（proximity）将产生外部经济性，会使厂商和行业在某一地理位置上聚集发展，从而有出现增长点的自然趋势。增长点的出现，有利于厂商之间、行业之间在工业化中形成网络关系，从而进一步扩大外部经济效益。因此，外部经济效益的产生是形成增长点的重要原因，同时又是增长点作用的主要后果。

"发展极"与"增长极"两个概念虽然接近，但也存在着区别：①"发展极"概念偏重于具有创新能力的企业的作用，而"增长极"概念则着重强调外部经济效益的作用。②"发展极"概念侧重于"发展极"的形成对所在地区及其他地区的发展的带动作用，而"增长极"概念着重强调作为增长点地区自身的经济发展。

对发展中国家来说，实现工业化和经济发展是十分重要的。通过"发展极"自身的发展和对其他地区或部门的影响，可以带动整个经济发展。"发展极"的形成有两种途径：一种是由市场机制的自发调节引导企业和行业在某些大城市与发达地区聚集发展而自动产生"发展极"；另一种是政府通过经济计划和重点投资来主动建立"发展极"。

"发展极"理论把不平衡发展战略、熊彼特的创新理论和新古典学派关于人力与资本流动的看法融合在一起，形成了地理空间上的概念。时至今日，"发展级"理论已经对发展中国家产生了很大的影响，不少国家依据这一理论来制定经济发展规划，合理安排投资布局和工业分布，建立优势互补的经济区域。

---

①谭崇台．发展经济学〔M〕．上海：上海人民出版社，2000：377．

10.4 "二元经济结构" 理论

佩鲁的"发展级"理论主要从正面论述了"发展极"对自身和其他地区经济发展的带动作用，却忽视了"发展极"对地区发展所带来的消极影响。1957 年，缪尔达尔出版了《经济理论和不发达地区》一书，提出了结构"二元经济"（geographical dual economy）理论，利用"扩散效应"和"回波效应"概念，说明了经济发达地区优先发展对其他落后地区的促进作用和不利影响，提出了如何既充分发挥发达地区的带头作用，又采取适当的对策来刺激落后地区的发展，以消除发达和落后地区并存的二元结构的政策主张。

缪尔达尔首先批判了新古典主义经济发展理论所采用的传统的静态均衡分析方法。他认为，依据这种方法，既然生产要素可以自由流动，工资、利润就是由劳动、资本的供求关系决定并自动趋于相等，因而，市场机制的自发调节可以是资源得到合理配置，是各个地区的经济得到均衡地或平衡地发展。缪尔达尔指出，这一观点是不符合发展中国家实际的，不能作为制定经济发展战略的理论依据。相反，应当采用动态的非均衡分析和结构主义分析方法来研究发展中国家的地区发展问题。

运用动态的结构分析方法，缪尔达尔提出了不发达国家的经济中存在着一种"地理上的二元经济"，即经济发达地区和不发达地区并存的二元结构。这种"地理上的二元经济"类似于刘易斯的"二元经济"，但也存在着根本的不同，即缪尔达尔没有把经济分为传统农业部门和现代工业部门，也没有采纳关于农村剩余劳动力的边际生产力为零的假定，而是根据地区间经济发展的差别或不平衡来做经济划分的。

缪尔达尔用"循环积累因果关系"理论说明了"地理上的二元经济"如何消除的问题。他认为，地理上的二元经济发展的原因在于各地区经济发展的差别性,主要是地区之间人均收入和工资水平的差距的存在。在经济发展初期,各地区的人均收入、工资水平和利润都是大致相等的,且生产要素可以自由流动。这时,如果某些地区受到外部因素的作用,经济增长速度快于其他地区,经济发展就会出现不平衡。这种不平衡发展到一定程度,就会使地区间的经济发展、人均收入、工资水平和利润等产生差距,这种差距的产生会进而引起"累积性因果循环",是发展快的地区发展更快,发展慢的地区发展更慢,从而逐渐增大地区之间的经济差距,形成地区性的二元经济结构。由于这种地区二元经济结构的存在,各地区劳动力的转移、资本的运动、贸易的开展不仅会阻碍某些落后地区的发展,而且还可能是整个经济增长放慢。

缪尔达尔认为,发达地区的优先发展,对落后地区既有积极作用,又有消极的"回波效应"。缪尔达尔把劳动力、资金、技术、资源等要素差异吸引而发生的由落后地区向发达地区流动的现象,称为"回波效应"。在缪尔达尔看来,这种"回波效应"的作用不是无限制地发展下去,地区间发展差距的扩大也是有限度的,因而发达地区不仅具有"回波效应",还可能产生"扩散效应"。他认为,在二元经济结构中,发达地区的发展受到一定的限制。当发达地区发展到一定程度后,由于人口稠密、交通拥挤、污染严重、资本过剩、自然资源相对不足等原因,使发达地区生产成本上升,外部经济效益逐渐减少,从而减弱经济增长的势头。在这种情况下,一方面,发达地区再扩大生产规模、快速增长已变得相对不经济,因而就会将资本、技术、劳动力等有意向其他地区转移,这种扩散带动或帮助了落后地区的发展;另一方面,发达地区增长的减速会使社会对不发达地区的产品、资源等需求增加,从而刺激它们的发展。其结果,使落后地区的经济得到较快发展,与发达地区的差别逐渐减少,甚至达到平衡。

根据二元经济结构理论,缪尔达尔提出了他对经济发展优先次序的看法:在经济发展过程中,当某些先起步的地区已积累起来发展的优势时,政府应当采用不平衡发展战略,通过发展计划和重点投资,有限发展这些有较强增长势头的地区，以求得较好的投资效率和较快的增长速度，并通过这些地区的发展及其"扩散效应"来带动其他地区的发展。

但是，各地区发展的差别也不宜拉得过大，当发达地区发展起来，为了防止累积性因果循环造成的贫富差距无限制扩大，不应消极地等待发达地区产生"扩散效应"来消除这种差距，而应该由政府采取一定的特殊措施来刺激不发达地区的发展，尤其是不发达地区的政府应制定相应的政策来发展自己的经济，以便缩小这种差别。

缪尔达尔的二元经济结构理论弥补了佩鲁忽视"发展极"对经济落后地区所带来的消极作用这一缺陷，进一步发展和完善了"发展极"理论。二元经济结构理论经西方一些学者利用统计方法检验，被认为大致符合实际情况，因而受到了发展经济学家和发展中国家政府的高度重视。

10.5 总设计师的战略构想

邓小平同志作为中国改革开放的总设计师，始终站在历史、全局的高度，关注着中国的改革、发展和富强。在邓小平理论中，既有建立经济特区、让一部分人一部分地区先富起来的论述，而且也有加强落后地区发展、实现共同富裕的论述。他在《解放思想，实事求是，团结一致向前看》的讲话中说："在经济政策上，我认为要允许一部分地区、一部分企业、一部分工人农民，由于辛勤努力成绩大而收入先多一些，生活先好起来。一部分人生活先好起来，就必然产生极大的示范力量，影响左邻右舍，带动其他地区、其他单位的人们向他们学习。这样，就会使整个国民经济不断地波浪式地向前发展，使全国各族人民都能比较快地富裕起来。当然，在西北、西南和其他一些地区，那里的生产和群众生活还很困难，国家应当从各方面给以帮助，特别要从物质上给以有力的支持。这是一个大政策,一个能够影响和带动整个国民经济的政策。"①从这段论述可以看出,邓小平同志把一部分地区、一部分人先富起来与国家给西部地区"以有力的支持"一并提出来,认为后者也是"一个能够影响和带动整个国民经济的政策",是一个"大政策"的有机组成部分。

为了让一部分地区、一部分人先富起来,邓小平同志在 1979 年 4 月召开的中央工作会议期间,与广东省委主要负责同志谈话时首先提出办特区的问题。他说:"可以划出一块地方,叫做特区。陕甘宁就是特区嘛。中央没有钱,要你们自己搞,杀出一条血路来。"②邓小平同志将特区的作用概括为"技术的窗口、管理的窗口、知识的窗口、对外政策的窗口"。

根据邓小平同志的倡导,党中央和国务院派谷牧同志带领工作组赴广东、福建考察,同两省的领导同志研究创办特区的问题。1979 年 7 月党中央和国务院,正式批准了广东、福建两省,在对外经济活动中,实行特殊政策和灵活措施,其主要内容是:①两省的财政和外汇实行定额包干;②物资、商业在国家计划指导下适当利用市场调节;③在计划、物价、劳动工资、企业管理和对外经济活动等方面扩大地方权限;④试办经济特区,当时称为"出口特区"。其目的是"发展两省的优越条件,抓紧当前有利的国际形势,先走一步,把经济尽快搞上去,使两省人民先富裕起来"。同时指出"这是一个重要的决策,对加速我国四个现代化建设有重要的意义"。其中谈到"关于出口特区,可以先在深圳、珠海两市试办,待取得经验后,再考虑汕头、厦门的设置问题"。经过 20 年的发展,沿海地区社会经济迅速增长,人民的生活水平也得到了大幅度的提高,东、西部发展差距明显拉大。据"八五"期末的粗略估计,以人均 GDP 衡量的东西部差距,大约 1/5 源于改革开放以来,西部经济增长率相对慢于东部;4/5 源于东西部发展的起点不一,处于不同的起跑线上。③

---

① 邓小平. 邓小平文选:第 2 卷〔M〕. 北京:人民出版社,1994:152.

② 中国特区经济. 北京:科学普及出版社,1984:77.

③ 张积玉,杨发民. 中国西北经济社会发展研究〔J〕. 西安:陕西人民出版社,1998:1.

为了解决这一问题，早在 1985 年，邓小平同志就说："我们提倡一部分地区先富裕起来，是为了激励和带动其他地区也富裕起来。"①1986 年又指出："先进地区帮助落后地区是一个义务"。1988 年更进一步说："沿海地区要加快对外开放，使这个拥有两亿人口的广大地带较快地先发展起来，从而带动内地更好地发展，这是一个事关大局的问题。内地要顾全这个大局。反过来，发展到一定的时候，又要求沿海拿出更多力量来帮助内地发展，这也是个大局。那时沿海也要服从这个大局。"②

沿海如何带动和帮助内地发展呢？早在改革初期的 1983 年，邓小平同志就指出："搞经济协作区，这个路子是很对的。我主张不只是搞上海和山西两个经济协作区。"③1990 年，他又把搞经济协作区进一步引申为"包省发展"的思想。他说："沿海如何帮助内地，这是一个大问题。可以由沿海一个省包内地一个省或两个省，也不要一下子负担太重，开始时可以做某些技术转让。共同致富，我们从改革一开始就讲，将来总有一天要成为中心课题。"④ 在 1992 年南方谈话中，邓小平又提出："社会主义制度就应该而且能够避免两极分化。解决的办法之一，就是先富起来的地区多缴点利税，支持贫困地区的发展。……发达地区要继续发展，并通过多缴利税和技术转让等方式大力支持不发达地区。"⑤归纳以上论述，邓小平关于沿海带动内地发展的思想大致包括：沿海向中央多缴利税，由中央财政转移支付，帮助西部发展；沿海向内地进行技术转让；沿海与内地建立经济协作区；沿海一个省包内地一两个省发展。这些重要的思想应该作为有关部门研究缩小东西部差距、制定加快西部发展具体政策的依据。

①邓小平.邓小平文选：第 3 卷〔M〕.北京：人民出版社，1993：111.
②邓小平.邓小平文选：第 3 卷〔M〕.北京：人民出版社 1993：277–278.
③邓小平.邓小平文选：第 3 卷〔M〕.北京：人民出版社 1993：25.
④邓小平.邓小平文选：第 3 卷〔M〕.北京：人民出版社 1993：364.
⑤邓小平.邓小平文选：第 3 卷〔M〕.北京：人民出版社 1993：374.

10.6 特区大论战

　　1993 年，中国科学院国情分析研究小组研究员王绍光、胡鞍钢完成了《中国国家能力报告》。在这篇报告中，他们明确提出了统一税收、统一税率的原则，并力主建立中央与地方的分税制。其基本观点，中央政府的职能就是在全国范围内建立一个统一的、公平的、公正的、竞争的国内市场和国际市场环境。对国内外各类企业实行统一税制、统一税种、统一税率。国税为全国统一税，省区无权改变或减免。报告没有直接触及特区问题，但是它所提出的统一税制、统一税率的原则为取消特区的优惠政策埋下了伏笔。

　　这篇报告受到了最高决策层的高度重视，并将政策建议写进 1993 年 11 月召开的十四届三中全会通过的《中共中央关于建立社会主义市场经济体制若干问题的决定》中。1994 年 1 月 1 日，我国开始实行新的税制。但是，特区是否保留原有的优惠政策，中央未做出明确规定。在新税制实施过程中，很有可能出现特例现象。针对这种情况，1994 年胡鞍钢在《欠发达地区发展问题研究报告》中提出，除自由贸易区外，在中华人民共和国境内，一律实行统一税制，其中中央税、中央和地方分享税必须全国统一税种、统一税率；任何地方无权减免中央税收；任何地方不得享有法律和制度之外的经济特权，即使是经济特区也不能例外；今后不再新批特区和开发区。这是我国经济学界首次提出特区不"特"的问题，即不能再给这些地区优惠政策。同时胡鞍钢又建议，特区应选择技术创新作为今后经济高速增长的动力和源泉。

　　1994 年 6 月中旬，胡鞍钢应邀在中央党校省地级民族与宗教研讨班授课，讲"关于中国地区差距问题"，又重申了上述观点，许多省级干部，包括浙江等沿海地区领导人，对此表示赞同。1994 年 10 月 7 日，国务院特区办公室刘福恒在《光明日报》发表了《论特区与其他地区的发展关系》一文，他的基本观点可以归纳为三点：一是特区还要"特"；二是要"特"上加"特"；三是"特"在搞成自由港。为此，胡鞍钢于 1994 年 10 月 26 日在新加坡《联合早报》发表了题为《特区还能再"特"吗》的文章，12 月 8 日当地英文报《海峡时报》转载了这篇文章。这篇文章的基本观点是，特区的"特"字不能特在优惠政策和减免税方面，而应当特在技术创新、反腐败、扫黄、机构消肿，特在与国际市场接轨，按国际惯例办事，特在降低外商、外资进入市场的交易成本方面。

1995 年 8 月 23 日，胡鞍纲在香港《明报》发表了题为《为什么我主张特区不"特"》的文章，进一步阐述他对中国经济特区发展的主张。在文章中，胡鞍纲建议取消特区特权，以建立公平竞争的统一国内市场，并再次强调特区的"特"应体现在技术创新、制度创新上。技术创新、制度创新应成为特区持续高速增长的源泉，成为特区发展的最大优势。随后，深圳领导人组织写作班子发表了一系列文章，使这场论战达到了白热化的程度。

特区大论战主要在以下几个方面出现了交锋：

第一，如何看待特区的优惠政策？特区派认为，如果特区没有政策的话，就称不上特区，深圳 15 年来就是依靠这些特惠政策才建设起现代化城市的。特区享有特殊政策就像给负有特殊使命的部队配备精良的装备一样，是执行特殊任务的需要。胡派认为，在 1994 年实行新税制以后，如果特区再享受优惠政策，这个"特"就是特权或者垄断权。所谓特权，就是邓小平再三讲到的，是指法律和制度规定以外的权力。

第二，特区的角色定位。特区派认为，特区实行特殊优惠政策是邓小平的一贯主张。胡派认为，关于特区的作用，邓小平把它定位为四个窗口：技术的窗口，管理的窗口，知识的窗口，对外政策的窗口。但是邓小平从来没有说过特区是优惠政策的窗口。特区不能靠优惠政策实现经济增长，而应当靠技术创新、现代化管理，应在与国际惯例接轨方面为全国做出表率。

第三，如何看待深圳的贡献。特区派认为，特区创办初期，中央只给了

1.5 亿元的开办费，15 年来国家从深圳海关、铁路、邮电、银行等获得的效益达 500 亿元。胡派认为，这些收入从来都是中央专项收入，不是地方的"钱"，把中央的账记在自己身上，有"贪天下之功"之嫌。[①]

第四，是否存在特殊利益集团问题。胡派认为，改革以来中国社会发生了一个深刻的变化，即利益多元化，问题的关键在于怎样认识和处理这些利益集团。胡派提出了三个基本原则：①承认他们的既得利益，而不是剥夺他们的既得利益；②限制他们的垄断权和特权，把他们追求自己利益最大化的过程严格限制在制度和法律的范围之内，不允许他们采取非正常的、非制度的手段谋求利益；③规范他们的政治行为、商业行为和经济行为，做到在"法律面前人人平等"，在"制度面前人人平等"，在"机会面前人人平等"。

第五，特区与其他地区的关系。这一关系到底是否是先富与后富的关系、我特殊与你一般的关系呢？胡派认为特区与其他地区的正常关系应当是共同发展、共同繁荣、共同富裕的关系，而不是你应当先富我应当后富的关系。在全国统一市场条件下，一个地区发展至少不能以损害其他地区发展为代价，这是最低标准；一个地区发展应当能带动其他地区发展，这是最高标准。处理特区与其他地区关系的准则就是至少要满足最低标准，力争达到最高标准，而不能只顾自己发展，不管"左邻右舍"。

第六，特区应当"特"在何处。胡派认为，特区不应当特在优惠政策上，应当特在技术创新、制度创新及与国际惯例接轨三个方面。特区派认为，没有优惠政策就无所谓特区，他们仍坚持要享受优惠政策，把邓小平提出的特区政策理解为优惠政策。

---

①胡鞍钢 . 中国发展前景〔M〕. 杭州：浙江人民出版社，1999：35.

10.7 雪中送炭还是锦上添花

中国特区大论战的实质问题，就在于中央政府的政策导向是雪中送炭还是锦上添花？这涉及对东西部差距的看法问题。众所周知，改革开放30多年来，我国经济取得了举世瞩目的成就，全国各地区的经济都有了很大的发展。但是，也出现了明显的不平衡性问题，东西部地区的差距尤为突出，具体表现在以下几个方面：

（1）资源分布严重不均。从国土资源的分布来看，在全国960.26万平方千米的国土范围内，东部地区包括辽宁、北京、天津、河北、山东、江苏、上海、浙江、福建、广东、广西和海南12个省市，面积为129.84万平方千米，占国土面积的13.52%，其中耕地面积占总耕地面积的31%，西部地区为545.17万平方千米，占国土面积的56.77%，其中耕地面积仅占全国总耕地的23%。从人口资源的分布密度看，在全国12.1亿多人口中，东部地区人口稠密，为4.3亿人，约占全国总人口的35.54%，人口密度平均为331.2人/平方千米，且劳动力素质较高，科技实力较强。西部地区为3.1亿人，占全国总人口的25.62%，人口稀少，人口密度为56.9人/平方千米，且科技文化水平偏低。据测算，东、中、西三大地区的人口密度比为5.82：2.90：1，东部地区是西部地区的5.82倍，[①] 从居民的城市化水平看，东部地区城市化水平较高，平均36平方千米就有一个城镇，城镇人口占总人口的比例已达42%左右，西部地区城镇化水平较低，平均2060平方千米才有一个城镇，与东部地区差距达57倍，城镇人口仅占总人口的15.8%，低于东部地区26.2%。

（2）经济发展水平差距扩大。从新中国成立到1978年的近30年间，东、中、西部国民生产总值平均增长速度之比是6.81：6.78：7.25，西部地区高于东

---

① 资料来源：《经济工作者学习资料》1997年第4期第3页。

部地区 0.44%。而 1979—1995 年的 17 年间，按可比价格计算的平均增长速度为 9.8%，其中东、中、西部地区增长速度比为 12.8 ∶ 9.3 ∶ 8.7，东部地区高于西部地区 4.1%。这种增长速度差的积累，使新中国成立后一度缩小的地区差距重新扩大，而且有加速的趋势。据 1995 年的统计，全国人均创造国民生产总值 4757 元，其中东部地区高达 7910 元，西部地区仅为 2696 元，东部地区是西部地区的 2.93 倍。[①]

（3）产业结构差距明显。从三次产业的产值比重看，1995 年国内生产总值中，第一产业占 19.69%，第二产业占 48.95%，第三产业占 31.34%。在 1985—1994 年的 10 年中，东、中、西第二产业产值平均增长速度之比为 1.42 ∶ 1.60 ∶ 1，这就是东部地区第二产业产值在全国的比重由 1985 年的 46.3%，提高到 1994 年的 59.3%，而西部地区由 12.75% 下降到 12.13%。从全国近几年来就业结构的变化看，第一产业的就业人口比重由 1985 年的 62.4% 下降到 1994 年的 54.3%，第二、三产业就业比重由 20.9% 和 16.7% 上升到 22.7% 和 23%，其中东部地区第一产业就业比重为 46.28%，西部地区高达 66.32%，前者低于全国 8.02%，后者高出 12.02%。全国第一产业就业比重最低的省市均分布在东部地区，上海、北京、天津、辽宁第一产业的就业比重分别为 9%、10.8%、17.5% 和 31.2%。第一产业就业比重最高的地区是贵州、西藏、云南，分别高达 74.8%、78% 和 76.5%。

（4）地区间储蓄差距也在扩大。据统计，1994 年全国城乡居民储蓄总额达 21 518.8 亿元，其中东部地区占 59.9%，中部地区占 26.6%，西部地区占 13.5%，东、中、西之比为 4.44 ∶ 1.97 ∶ 1，东部是西部的 4.44 倍。

东西部区域经济差距拉大的原因是多方面的，概括起来有以下几个方面：

第一，国家政策东斜，极大地刺激了东部经济的迅速发展。早在 20 世纪 70 年代，国家发展战略东移已初露端倪。改革后，东部作为我国对外开放的前沿，享受着许多优惠政策，经济发展日新月异。从投资政策的东倾来看，1982—1992 年，国家基建投资中东部占 46%，为西部所占比例的近乎 2 倍，

---

①徐逢贤，王振中.地区经济发展差距与未来对策选择〔J〕.经济工作者学习资料，1997：47.

东部固定资产年均增长速度比西部高 5.6%。

1992 年我国投资增量中约有 62.1% 由东部完成。东部与西部经济差距的再度拉大，与国家投资政策的东斜有直接关系。

从国家给予东部地区一系列优惠政策来看，极大地改善了外部环境，激发了该地区发展的内在动力。国家优惠政策表现为：沿海经济特区、开放城市拥有额度不等的利用外资的审批权；外资企业的税赋较低（15% 的税率）；有审批进出口企业的权限；进口生产设备、原料、零部件、交通工具和其他生产资料，免征关税和进口工商统一税；享有全额的外汇留成。这些优惠政策提高了沿海地区吸引外资的能力，1993 年，广东省利用外资占全国的 25.3%，在国内各省中首屈一指。广东省的发展经验证明了国家优惠政策的绩效。

第二，区位优势程度的不同，使工业化由沿海向内陆推进过程中，形成地区经济发展差距不断扩大。由于地理区位、历史变迁及当今世界经济重心向亚太地区转移的历史机遇，我国工业化选择了由沿海向内陆推进的发展战略，这一战略选择是符合当时我国实际情况的，在宏观调控体系健全的情况下是科学的，也是切实可行的。问题是在东部地区发展的同时，不应忽视西部地区的开发。我国东部沿海地区处于太平洋西岸，毗邻中国港澳台地区、日本及东盟七国；与美国、加拿大、澳大利亚、新加坡、马来西亚等国隔海相望；沿岸的大连、北京、天津、烟台、青岛、上海、宁波、杭州、厦门、广州、深圳诸城市均与亚太诸国和世界其他国家及地区有着广泛的经贸联系，并有珠江三角洲、长江三角洲、闽浙台三角地带、山东半岛和环渤海经济区，该区域交通发达、城市密布、基础设施完备，是抓住机遇发展经济的最佳区位。在历史上，东部沿海地区就是物华天宝、人杰地灵之地，既受到中国传统优秀文化的熏陶，又接受西方工业革命浪潮的洗炼，有一定的工业基础，人民群众的商品意识、市场经济意识较强，并与海外华人有着天然的联系和来往，这些优势在改革开放大潮的推动下，焕发了新的活力，为中国经济的腾飞做出了巨大的贡献，率先进入了工业化中期阶段。

西部地区却相对处于内陆封闭或半封闭地带，东部地区的上述优势在西部地区基本不具备；特别是国家投资重点的东移，使西部地区失去了经济起动的强有力支持，至今还处于工业化起步阶段，所以东、西部地区发展差距不断扩大也就成为不可避免的了。

第三，价格扭曲，加剧了区域差异。在高度集中的计划经济条件下，传统的产品经济使价格严重扭曲，其突出表现是：工业品价格偏高，农产品价格偏低；深加工产品价格偏高，原材料价格偏低；非基础性工业产品价格偏高，基础工业产品价格偏低。西部地区资源丰富，是重要的能源、原材料、有色金属的主产地及生产设备的供应地，其价格受到国家的严格调控，长期保持在低水平上，再加上附加值高的加工工业很不发达，产业结构单一，很多商品均要从东部地区购进。这种价格性差异影响了中西部地区资金的积累。东部地区的产业结构则主要是附加值高的加工工业和消费品工业，价格自20世纪80年代起就陆续放开，在卖方市场条件下，价格数倍于原材料价格。西部地区低价供应原材料和能源，高价购进加工品和消费品，形成了东部地区和西部地区事实上的不等价交换，财富由西部地区源源不断地向东部地区转移，严重制约了西部地区经济发展和人民生活水平的提高。

第四，所有制结构不同是造成地区经济发展差距迅速扩大的重要原因。农村改革后，农村所有制结构和经营管理体制发生了很大变化。1983年党中央发文改革"政社合一"的"人民公社"体制，"政"的部分改革为"乡（镇）人民政府"；"社"的部分改革为"社区性合作经济组织"，承担农村经济管理指导职能；并在农业集体经济组织内部推行家庭联产承包责任制。这是农村改革的第一次飞跃。但在执行过程中，由于理论准备不足，在"私有化"思潮严重冲击下，全国掀起了一股"分田到户、解散集体"的邪风。到1984年年底，全国约90%的农村地区完成了解散集体的"任务"，导致1985—1989年农业连续五年徘徊不前的严峻局面。在此期间，东部地区的大多数省、市、县坚决顶住了这股"私有化"邪风，坚决按照党中央文件精神，建立了村级经济合作社，即农业集体经济组织，并在集体经济组织内部推行家庭联产承包责任制，在新的基础上实行统分结合的农业双层经营体制，连续五年获得了农村经济的高速发展。自此，东、西部地区经济发展差距逐步扩大。进入 20 世纪 90 年代，党中央在总结正反两方面经验的基础上，及时进行了战略部署："90 年代深化农村改革的重点是：继续稳定以家庭联产承包为主的责任制，不断完善统分结合的农业双层经营体制，积极发展农业社会化服务体系，逐步壮大集体经济实力，引导农民走共同富裕的道路。"中国农业和农村经济再次走上了稳定发展的轨道。

但是由于所有制结构不同，各地区发展的规模和速度也呈现出明显的规律性变化：凡是非国有经济发展快的地区总体经济实力就强，经济发展速度就快，人民生活水平提高就快；相反，凡是国有经济比重高的地区其经济发展速度就慢，地区经济总体实力就弱，人民生活水平提高就缓慢。

伴随着东部地区乡镇企业的迅猛发展，非国有经济所占的比重愈来愈高，并逐渐成为经济增长的主导力量，而西部地区国有经济比重一直偏高，加之结构失衡、技术落后、布局不合理，使其成为西部经济发展的掣肘因素，使东西部经济差距的拉大成为必然之势。

第五，基础设施条件的差异是东西部差距拉大的经济基础。交通运输条件标志着地区内部商品、要素流动的难易程度，是地区基础设施的重要组成部分，对地区经济发展有较大影响。从铁路运营里程密度来看，最高的 5 个省区是辽宁、吉林、河北、山西和山东，均属于东部和中部地区，而最低的 5 个省区是新疆、广西、青海、云南和西藏，均处于西部地区。每万平方千米所拥有的运营里程，东部地区是西部地区的 4.4 倍；内河航道密度，东部是西部的 19.7 倍；公路密度，东部是西部的 4.8 倍；交通线路密度，东部是西部的 5.3 倍。落后的交通运输条件，使西部地区形成了"捧着金饭碗找饭吃"的格局，严重制约着社会经济发展和对外的经济往来。生态条件的恶化和农田水利设施的落后、农业科学技术知识的缺乏，又影响了农业的发展和单产的提高。据测算：西部地区农作物单产仅为发达地区的 1/4 左右，而在中、西部地区集中了占全国中、低产田总数的近 90%。因此，如何增加投入，加快基础设施建设，就成为中西部地区经济发展的起动点，也是 6000 万贫困人口脱贫致富的着力点。

　　为了解决东西部地区发展差距问题，我国著名经济学家胡鞍钢同志多次到西部贫困地区调查，力主中央政府不要锦上添花，而要雪中送炭，这位自称为"弱势集团"代言人的经济学家，具有浓厚的"西部情结"，以至于感动了贵州省政府，要求把他写进贵州的历史。

10.8　西部大开发的模式

　　实施西部大开发，是党中央、国务院一项非常英明的重大决策。根据中央部署，制定切实可行的开发模式，对于缩小东西部地区的差距尤为重要。

　　一种模式是"超特区"模式。在选定的区域内，针对符合国家产业政策的资源开发项目、新上项目和现有企业改造项目，建立经济特区，给予比当年沿海经济特区更优惠的政策，以吸引更多的内资、外资来西部投资。这种模式的依据是：从国际上看，美日等发达国家支持本国落后地区的发展，毫无例外地采取了特事特办的政策；从我国的实践经验看，20世纪80年代初期在东部沿海地区设立的四个经济特区和后来建设的海南经济特区，充分发挥了对外开放的窗口和改革实验田的作用，取得了成功的经验，也值得在实施西部大开发中加以应用；从西部的现实情况看，西部地区劳动力素质低，基础设施较差，只有制定比特区更优惠的政策，才能变"孔雀东南飞"为"凤凰西部来"。

　　另一种模式是非主体模式。在西部地区大力发展私营经济和个体经济，采取优惠政策扶持私营经济的发展，鼓励建立私营企业集团，以私营经济、个体经济等非公有制经济的较快增长，带动西部地区城乡经济的活跃。

　　还有一种模式是主体模式。在西部地区，制定宽松的政策，促进西部国有企业的改革，如加快国有企业股份制改革步伐，公开拍卖国有小企业；在西部地区的经济中心（重庆、西安、成都），设立证券交易所和产权交易所，放宽西部国有企业上市的条件。

　　这三种模式各有利弊，具有一定的可行性。但是，西部地区的发展也不均衡，采取一种模式显然是不符合西部地区的实际情况。因此，应本着因地制宜的原则，选择一种模式为主，而以另外两种模式为辅。具体来说，在重庆、西安、成都这些基础设施较好、科技水平较高的城市，建立经济特区，吸引更多的东部资金和外资；在西部地区广大的农村，大力发展私营经济、个体经济，活跃城乡经济；在西部地区国有经济较为集中的大中城市，加快"抓大放小"的步伐，实现有所为有所不为的目标，使国有经济真正活起来。

　　应该指出，不管采取哪种模式，都要体现加快改革和扩大开放的精神，都是为了尽快在西部地区建立市场经济体制。只有尽快建立市场经济体制，才能使西部地区早日摆脱落后的面貌，跟上整个国民经济前进的步伐。

第十一章 西方经济增长理论与中国的可持续发展

经济增长理论，又称增长经济学，是研究一个国家如何增大产品和劳务的产出量即增大国民生产总值的一种经济学说。作为西方经济理论的一个重要组成部分，经济增长理论的研究对象是发达国家的经济，但它的基本方法、理论、政策主张对研究发展中国家特别是中国的经济增长和经济发展问题同样具有重要意义。

11.1 经济增长与经济发展

研究经济增长（economic growth），不能不研究经济发展（economic development），因为它们是既不相同又紧密相联的两个概念。

对于"经济增长"和"经济发展"这两个概念到底有无区别，西方发展经济学家观点向来不一。有的将其等同，有的在指出两者区别的同时，又说两者可以交替使用，还有的则指出必须严格区分两个概念。时至今日，基本上形成了两种代表性观点：一种是等同论；另一种是差异论。

等同论代表、发展经济学家雷诺兹认为："除了已计算出来的增长和与之相联系的结构变化外，人们还可以给'发展'一个特殊的意义：它表示在增长导向下经济和政治体制的系统变化。然而，历史资料表明（传统定义）的经济增长和体制变化是紧密联系的。某些最低限度的政治－经济组织结构也许是增长加速的'先决条件'。但体制现代化也可以看成是持久增长的伴生物或附属产品，两者都来源于朝气蓬勃的政治领导，……由于这些理由，我们把"增长"和"发展"视为可以互相替代使用的两个名词。"[1]

但是，大多数西方发展经济学家不同意等同论观点，认为应对这两个概念区别运用。例如，帕金斯等人指出："经济增长和经济发展有时可以替代使用，但二者之间有着根本的区别。经济增长指国民收入或国民生产总值的总量或人均量的上升。……经济发展则具有较多的含义。"[2]哈根则明确认为，经济增长和经济发展具有不同的含义。他认为，经济增长指一国的人均生产（国内生产总值）或人均收入（国民生产总值）的增加。经济发展则用来指低收入国家中的经济增长加上物质利益分配的改善，以及增长带来的各种综合效应。小朱维卡斯也认为应当在"经济增长"和"经济发展"两个名词之间加以区别，他说："经济学家一般用'经济增长'一词指一国在一时期中产品和劳务的实际产出的增长，或者更恰当地说，人均实际产出的增长。……'经济发展'是一个含义广泛的词。一些经济学家把它定义为增长伴随着变化——经济结构的变化，社会结构的变化以及政治结构的变化。"[3]

现在，人们一般认为，经济增长是指产量的增加。这里，产量既可以表示为经济的总产量，也可以表示为人均产量，常以国民收入作为衡量指标。经济发展则不仅包括经济增长，而且还包括由此引起的国民的生活质量，以及整个社会经济结构和制度结构的总体进步。

在经济分析中，经济增长与经济发展既紧密联系又相互区别。

从联系上讲，经济增长与经济发展密不可分，前者是手段，后者是目的，前者是后者的基础，后者是前者的结果。一般认为，有经济增长不一定有经济

---

①雷诺兹：《经济发展的理想与现实》，1977 年英文版，第 4-5 页。
②帕金斯等著：《发展经济学》，1987 年英文第 2 版，第 7 页。
③小朱维卡斯：《经济发展导论》，1979 年英文版，第 8-9 页。

发展。如果由于制度上的原因，产出增长的结果是长期两极分化；或产出有快速增长，但产出中相当大部分无补于国计民生，而是国民经济的虚耗；或为片面追求快速的产出增长，不顾及广大人民的现实及长久福利，不考虑所付出的社会代价。都可能形成增长和发展的不一致，就会出现"无发展的增长"。但是，没有经济增长是绝不可能有经济发展的，正如赫立克和金德尔伯格所说："很难想象没有增长的发展。……虽然我们可以描述有增长而无发展的现象，我们却认为发展过程几乎必然依赖于某种程度的同时发生的经济增长。"①

但是，经济增长与经济发展也有着明显的区别。

第一，经济发展的含义和目标比经济增长有所放大。经济增长仅指国民收入或人均国民收入以及实物产量的增加，而经济发展除了经济增长以外，还包含着原有的贫困、失业、分配不均、经济结构等情况的改善。因此，经济增长可能是发展，但是，如果既没有结构上的变革，也没有制度上的变革，经济增长就不能看成是经济发展。例如，利比亚依靠大量石油输出、利比里亚依靠外国种植园主所拥有的初级产品出口实现经济迅猛增长，都曾经一度使本国的人均收入有较大幅度的提高，但这种现象仅仅被看作是"没有发展的增长"。

第二，经济增长与经济发展的适用范围不同。一般认为，经济增长主要出现在发达的资本主义国家，而经济发展则主要表现在发展中国家。以经济增长为研究对象的增长经济学，主要研究发达的资本主义国家经济稳定增长的条件，从历史上分析经济增长的速度和各种增长因素的作用，预测未来的长期增长趋势等。以经济发展为研究对象的发展经济学，主要研究发展中国家的经济发展，强调通过适当的经济、政治、社会制度变革，逐步实现本国的现代化。应当指出的是，从第二次世界大战以后，上述观念正在被突破，一方面，经济增长与经济发展开始出现交融；另一方面，理论研究也逐渐渗透，彼此影响，但尚未取得明显的进展。

第三，经济增长与经济发展的实现机制存在差异。这是因为，经济增长意指一国生产的商品和劳务总量的增加，主要局限于经济领域的活动，因此，

①赫立克和金德尔伯格：《经济发展》，1983年英文第4版，第22页。

经济增长的实现机制主要以经济运行为主。经济发展的含义和目标除了经济增长以外，还包含经济、政治和社会结构的现代化，因此，经济发展的实现机制，除了依靠经济运行以外，往往还要依靠政治结构、社会结构的改变和完善。

从上述经济增长与经济发展的关系可以看出，只有将经济增长有机融入经济发展之中，使二者统一起来，形成经济增长——经济发展的良性循环，才能真正实现"有增长的发展"和"有发展的增长"。

11.2　刀刃上的增长

在古典经济学时代，西方经济学家就在研究经济增长问题。但是，真正使经济增长理论得到迅速发展，并成为宏观经济学的一个重要组成部分却是在第二次世界大战以后。1929—1933 年，资本主义国家爆发了世界性的经济大危机，为了消除经济危机后的长期萧条和严重失业，凯恩斯于 1936 年出版了《就业、利息和货币通论》一书，提出了一个"反危机"的理论与政策体系，并创立了宏观经济学。但凯恩斯运用的方法是短期的、静态的方法，其理论是谋求经济稳定的"萧条经济学"。所谓静态分析就是分析经济现象的均衡状态以及有关的经济变量达到均衡状态所需要具备的条件。如果条件发生了变化，那么均衡状态也就发生了变化。把两种不同的静态均衡状态进行比较分析，就是比较静态分析。在凯恩斯的理论中，人口、资本和技术都不能变动。事实上，从长期来看，这些都是可变的因素。因此，凯恩斯虽然可以解释短期的经济萧条，但对说明长期的经济增长无能为力。

1939 年，凯恩斯的学生哈罗德发表了《论动态理论》一文，对长期的经济增长进行了考察，并在 1948 年出版的《动态经济学导论》一书中，在理论上进一步加以系统化。与此同时，美国经济学家多马也进行了类似的研究，并建立了一个与哈罗德非常相似的模式，后人将之合二为一，并称为哈罗德－多马经济增长模式。

哈罗德－多马经济增长模式中心说明的是经济稳定增长所需要的条件和产生经济波动的原因，以及如何调节经济实现长期的均衡增长，从而将凯恩斯的理论动态化、长期化。哈罗德－多马经济增长模式从凯恩斯的储蓄等于投资的公式出发，认为要使经济均衡地增长下去，一个国家每一时期的储蓄必须全部转化为投资。也就是说，一国的经济增长率是由储蓄率与资本—产出比二者共同决定的。如果资本—产出比为既定，那就可以用增加投资的办法来提高经济增长率。同样道理，如果储蓄率不变，那就可以用降低资本—产出比的办法来提高经济增长率。

哈罗德和多马的经济增长模式，分别利用不同的假设，试图说明一个共同的问题：什么条件下的经济增长，既能保证充分就业，又不会导致通货膨胀，而且能够长期、稳定地持续下去。为此，他们使用了三个增长率：

（1）有保证的增长率。有保证的增长率是"与人们想要进行的那个储蓄以及人们拥有为实现其目的而需要的资本货物额相适应的"增长率。[①]凯恩斯认为，如果储蓄太多，消费不足，企业的产品必然会出现积压，企业就会压缩生产，致使经济走向萧条；反之，如果储蓄不足，消费旺盛，企业的产品就会供不应求，企业就会扩大生产，从而使经济走向高涨；只有储蓄等于投资，企业的生产既不扩大，也不缩小，经济的稳定才是有保证的。因此，通俗而言，有保证的增长率就是依照凯恩斯理论中在储蓄等于投资前提下实现的经济增长率。

（2）实际增长率。实际增长率由单位时间内实际发生的储蓄率与实际发生的资本—产出比的乘积所决定。哈罗德认为，要实现经济稳定增长，必须使实际增长率与有保证的增长率相等。但是，二者相等只会在偶然的情况下实现，这就像是在"刃锋"上走路，二者相等的均衡增长道路很窄。因此，大量的情况是二者的不一致。正是这种不一致，导致了经济的收缩与扩张，产生了经济的波动。

（3）自然增长率。自然增长率是在人口增长和技术进步允许的范围内所

①哈罗德.动态经济学〔M〕.北京：商务印书馆，1981：24.

能达到的长期最大增长率，它反映了人口与劳动力增长、技术进步与劳动生产率提高同经济增长的关系。它是适应人口增长和技术进步，实现充分就业所需要达到的增长率。

在提出三个增长率后，哈罗德进一步分析了经济稳定增长的条件。首先，实际增长率必须等于有保证的增长率，否则，必然带来经济的不稳定。如果实际增长率低于有保证的增长率，社会总需求会小于总供给，使扩大了的生产能力不能被充分利用，导致企业投资动力减弱，投资额减少，经济必然走向萧条，从而引起实际增长率不断降低。反过来，如果实际增长率高于有保证的增长率，社会总需求会超过扩大了的生产能力，经济就会走向持续高涨，两个增长率之间差距越来越大。其次，有保证的增长率必须等于自然增长率，因为只有这样，才能使社会全部劳动力和生产设备在既定的技术水平下得到了充分利用。再次，实际增长率必须与自然增长率相等。如果实际增长率低于自然增长率，说明投资的增长低于人口的增长和技术进步的速度，从而会造成失业；反之，如果高于自然增长率，就会造成劳动力短缺，机器设备不能充分利用，致使生产能力过剩。所以，实现长期的、理想的均衡增长的条件是：有保证的增长率＝实际增长率＝自然增长率。这时，既不会出现失业，也没有通货膨胀，而且，储蓄全部转换成投资，资本积累恰好与人口增长和技术进步的步调相协调。①

然而，在实际经济生活中，实现长期的、理想的均衡增长是非常困难的，因为三个增长率分别取决于不同的因素：实际增长率取决于有效需求，有保证的增长率取决于资本家的意向与预期，而自然增长率取决于人口增长与技术进步。三者之间没有必然联系，它们往往是不相等的，相等的情况只是一种"侥幸的偶然"，而且，这种偶然根本不可能稳定下来，一旦出现细微背离，与均衡状态的差距就会越来越大。因此，一些经济学家称这种经济长期稳定增长为"刀刃"上的增长。

哈罗德－多马模式虽然是针对发达国家经济增长问题提出的，但它对研究发展中国家仍然具有重要借鉴意义。比如，它所使用的宏观的、长期的、动

①王东京，张宝江，杨明宜.与官员谈西方经济学〔M〕.南宁：广西人民出版社，1998：273－274.

态的分析方法，同样适用于分析经济发展问题；它强调资本积累决定经济增长的观点，也适用于分析资本稀缺对经济发展的约束，说明资本积累对经济发展的决定性作用；它所提倡的国家干预、经济计划，正是发展中国家政府倡导的促进经济发展的手段和机制；它所提出的资本—产出比，可以用来作为投资标准，分析经济发展中的资本形成和投资效率问题。因此，这一模式被广泛应用于发展经济学之中。

11.3 新古典经济增长模型

哈罗德－多马模式的出现，在西方经济学界引起强烈反响。但是，正如我们在前面指出的，这一模式仍然存在不容忽视的缺陷。针对哈罗德－多马模式中存在的问题，罗伯特·索洛、斯旺等人提出"新古典经济增长模型"，即后凯恩斯主义新古典综合派的经济增长模型。1956 年年初，美国经济学家索洛发表了《经济增长的一种理论》一文，首先提出了"新古典模型"，同年11 月，斯旺在《经济增长与资本积累》一文中也提出了相似的模型，人们合称它们为"索洛－斯旺模型"。

与哈罗德、多马不同，索洛对长期经济增长持乐观态度，他认为，只要让市场机制充分发挥作用，经济长期稳定就是有保证的，而且是稳定在一个较高的水平上。基于此，新古典经济增长理论宣称："不要被哈罗德的结论和马尔萨斯的预言所吓倒，我们应该看好未来。"

索洛、斯旺首先认为，在生产中，资本与劳动的配合比例是可以改变的，因此，生产者可以根据资本与劳动的边际生产力或由此决定的利润率与工资率的相对变化，来调节资本与劳动的配合比例。在此基础上，他们以技术不变为假定，得出了这样的结论：经济增长是由资本和劳动的增长率及其边际生产力决定的，即经济增长率等于资本和劳动的增长率乘以资本和劳动的各自产出弹性。有了这一模型，人们可以通过调节生产要素投入的边际生产力，即调节资本—劳动的配合比例，来调节资本—产出比率，以实现理想的均衡增长。

索洛－斯旺模型通过资本—产出比率可变的新假定和给模型中引入市场机制，克服了哈罗德－多马模式中资本—产出比率不变所产生的"刃锋"问题，从而发展了哈罗德－多马模式。但这个模型以技术不变为假定，忽视了技术进步对经济增长的巨大贡献。索洛在研究 1909—1949 年期间美国的经济增长数据时发现，资本和劳动的投入只能解释 12.5% 左右的产出，另外 87.5% 的产出无法解释。针对这一问题，索洛在 1957 年发表了《技术变化和总量生产函数》一文，米德于 1961 年在出版的《一种新古典的经济增长理论》一书中，在索洛－斯旺模型中引入了技术进步和时间因素，首先提出技术进步对经济增长起决定性作用，从而将这一模型发展为"索洛－米德模型"。

索洛－米德模型表明：经济增长率不仅决定于资本和劳动的增长率、资本和劳动各自的产出弹性，更决定于随时间变化的技术变化。它与索洛－斯旺模型的区别正在于强调了技术进步对经济增长所起的作用，也就是说，技术进步能极大地提高资本的生产能力，遏制收益递减的规律。因而，索洛－米德模型是对索洛－斯旺模型的进一步发展。

综合新古典经济增长理论观点，我们不难看到，新古典经济增长模型在很大程度上补充、发展了哈罗德－多马模式，这一新的增长模型不仅体现了凯恩斯经济学原理，而且渗入了新古典经济学的精神，因而成为一种带有"新古典综合"色彩的经济增长理论，这一理论的意义在于：

第一，它重新假定生产要素具有相互替代性，使资本—产出比由固定不变成为可变。这样，增加了经济增长率的可调节性，克服了增长率只有一个唯一值即"刃锋"问题。另外，通过提高资本—劳动比，可以降低资本的收入，提高劳动收入，刺激劳动增长，使经济实现充分就业下的增长。

第二，它强调了市场机制（价格）对经济增长的调节作用。即当储蓄率既定而经济增长出现不稳定时，可以通过改变利润率（资本的收入或价格）或工资率（劳动的收入或价格）来调节资本与劳动的投入量，最终实现理想的经济增长。

第三，说明经济增长过程中的收入分配趋势。虽然可以通过加大资本投入量实现经济的稳定增长，但资本投入量的增加会使资本生产力递减从而利润率下降，而劳动投入的减少使过去边际生产力相对增加从而工资率上升，因而收入分配有利于工人。

第四，它第一次提出了"技术进步对经济增长具有最重要的贡献"的观点，并且把技术进步因素单独列项，作为经济增长因素中最有意义、贡献最大的一个因素独立出来，从而革命性地突破了经济增长理论中长期占统治地位的"资本积累是经济增长的决定性因素"的观点。[①]

新古典经济增长理论对研究经济发展问题有重大意义。它使人们重新认识资本积累的作用，开始重视技术进步、人力资源开发、企业家阶层的形成对经济发展的重要性；不仅如此，索洛等人的研究还启发和推动了人们对经济增长因素的实证分析，这种分析进而促使人们采用类似的方法来分析发展中国家的经济增长与发展的因素，研究哪些是阻碍经济发展的主要障碍，怎样克服它以获得尽快的经济发展，等等。

11.4 收入分配决定论

作为凯恩斯"左派"的新剑桥学派，其代表人物是罗宾逊和卡尔多。他们以哈罗德－多马模式为基础，以李嘉图－马克思阶级分析为依据和方法，提出了新剑桥增长模式。新剑桥模式同样认为，哈罗德－多马模式中存在"刃锋"问题，但与新古典模型不同的是，新剑桥学派从收入分配入手研究经济增长，并认为收入的分配是调节经济增长的关键性因素。这一理论观点被称为"收入分配决定论"。

新剑桥学派认为，产品的价值来源于劳动，工资和利润都是对产品价值

---

①谭崇台.发展经济学〔M〕.上海：上海人民出版社，1989：73-74.

的分割，由于社会储蓄率是工资与利润在扣除消费之后的总和，因而工资和利润是此消彼长的关系，它们本身是对立的，而这种对立，也就是工人与资本家的对立。

他们认为，要实现稳定的经济增长，就要调节储蓄率，对于工人工资而言，由于收入量小，而其中大部分都必须用于维持基本的生活，因而储蓄率相对较低。对于资本家而言，虽然其所获利润中用于生活花费的开支总量可能会比工人多，但从相对数来看，其支出在收入中所占比例却比工人要低得多，因此，其储蓄率较高。那么，从全社会角度来看，如果分配的天平向资本家倾斜，让资本家以利润形式拿走较多的国民收入，全社会储蓄率就会增加。这种增加，在市场供求规律作用下，意味着资金供给的相对宽裕，那么资金价格也就是利息率必然下降，这就会刺激投资，提高经济增长速度。因此，国民收入分配向资本家的倾斜对于刺激经济增长无疑具有积极意义。相反，将较多的国民收入分配给工人，资本家的利润减少了，工人工资增加了，但由于工人工资中的储蓄率仍然相对低于资本家的储蓄率，因此，这种分配的结果必须是全社会储蓄的减少。它所造成的结果就是利息率升高，抑制资本家投资，从而达到减缓经济增长速度的目的。这就是新剑桥经济增长理论的基本内容。

在新剑桥学派看来，要保证经济稳定、均衡地增长，根本的办法不是调节资本—产出比或促进技术进步，而是调节储蓄率，即调整资本收入（利润）和劳动收入（工资）在国民收入分配中的比例，利润增加会带来经济的高涨，而工资增加则会减缓经济增长的步伐。

把这一结论落实到政策层面上，新剑桥学派认为，要保持经济长期稳定增长，政府就必须使用分配杠杆，调整利润和工资在国民收入中所占比例。这种积极干预的主张，与凯恩斯的见解一脉相承。举例来说，如果经济增长出现缓步不前，那么，对政府而言，就必须采取措施，增大资本家利润率，降低工人实际工资水平，使资本家有足够的资本投入生产，既可以扩大就业，又可以达到刺激经济快速增长的目的。但是，如果由于种种原因，情况刚好相反，经济增长速度过快，出现通货膨胀，工人生活水平下降，社会不稳定，政府就必须及时采取措施，减少资本家的利润，增加工人的工资，从而抑制资本家投资的继续扩大，减缓经济增长速度，使经济稳定均衡地增长。

在新剑桥学派看来，似乎靠政府积极干预，调整分配格局可以维护经济的稳定增长。但问题在于，如果出现这种情况，经济增长速度在不断下滑，社会收入分配已经严重不均，政府到底该如何选择？是选择经济的持续萧条，稳定工人的生活水平，以保持社会稳定，还是选择继续加剧工人生活的恶化，以刺激经济的增长？这似乎是一个两难的选择。事实上，新剑桥学派的理论主张不可避免地会使政府面临这一选择。

11.5 多因素决定论

"多因素决定论"最早来源于古典经济学代表人物亚当·斯密和大卫·李嘉图。他们认为，经济增长是由多种因素共同决定的，这些因素包括劳动、资本、土地、技术进步和社会经济制度等。到 20 世纪 50—60 年代，西方经济学界关于经济增长理论的研究开始由一般的经济增长理论转向具体的经验统计论证、国别分类研究和详细的因素分析。与前述单因素决定论相并列的，是库兹涅茨、丹尼森、肯德里克等人提出的多因素决定论。

库兹涅茨认为："一个国家的经济增长，可以定义为给居民提供种类日益繁多的经济产品的能力长期上升，这种不断增长的能力是建立在先进技术以及所需要的制度和思想意识的相应调整基础上的。"[1] 这一定义规定了经济增长的内容、基础和条件，不仅包含量的因素，而且包含质的因素，尤其是把制度、思想意识等社会条件的改变作为经济增长的重要方面，这已经很接近"经济发展"的定义。

在此基础上，库兹涅茨根据其国民收入核算理论，将经济增长的衡量指

---

[1]库兹涅茨.现代经济的增长：发现和反映〔D〕//现代国外经济学论文选：第 2 辑.北京：商务印书馆，1981：21.

标规定为国民收入的增长，包括国民生产总值、国内生产总值、国民收入、人均国民生产总值和人均国民收入等指标体系。其后，各国普遍采用国民收入指标体系来度量经济增长，发展中国家也一度使用这个指标来度量经济发展。

库兹涅茨认为，18世纪后期以来的经济增长的主要特征是人均国民生产总值的加速提高，在这一过程中，知识存量的增长发挥着至关重要的作用。如人类有关能源、原材料和技术工艺方面的知识扩展，能使相同的投入带来更大的产出，或者为经济增长提供强有力的支撑。不过，知识本身只是潜在的生产力，要转化为现实生产力，还必须经过一系列中间环节，包括对人力资本进行投资，以便去发现新的知识并用它们武装人们的头脑，由目光敏锐的企业家去发现知识的商业价值，并把它们应用于生产，等等。否则，知识的作用无从谈起。

库兹涅茨认为，在现代经济增长中，不是投入量的增加，而是效率的提高发挥着主导作用。通过对英、法、美等14个国家近百年的经济增长统计分析研究，他得出结论：在人均国民生产总值增长的结构中，25%归因于生产资源投入的增长，75%归因于投入生产要素的生产率（效率）的提高，因此，经济增长主要是靠生产效率的提高（而不是资源投入数量的增加）推动的，而生产效率的提高又是由技术不断进步引起的。所以，科学技术进步是现代经济增长的"源泉"。[1]

在库兹涅茨看来，产业结构的调整也是推动经济增长的一个重要因素。这一结论后来被系统理论的发展所证实。对一国的经济增长来说，产业结构的调整，资源的重新配置，会释放出巨大的能量，提高资源的利用效率，从而成为推动经济快速增长的强大动力。

库兹涅茨在对经济增长的研究中，创立了统计分析的方法，成为现代经济增长理论的一个重要分支。为了表彰他在国民收入核算和经济增长方面的创造性研究，1971年，库兹涅茨被授予诺贝尔经济学奖。

我们知道，用索洛－斯旺模型可以分析计量各种要素对经济增长所做的

---

①库兹涅茨.现代经济的增长：英文版〔M〕.1966：826.

贡献的大小，比如，已知一国的年经济增长率是 5%，已知资本投入的贡献份额是 2%，那么劳动投入贡献的大小就是 3%。但是，这种计量方法在 20 世纪 50 年代后期以后被证明已经不足以能完全说明是经济增长的源泉了。1957 年，索洛发现："技术变化"对经济增长起着更大的作用。

循着索洛的思路，丹尼森在 1962 年出版的《美国经济增长的源泉和面临的选择》一书中，明确指出：在美国的经济增长中，除去要素投入增加的贡献外，还有更大一部分增长率无法用要素投入本身解释。具体来看，1929—1948 年的 20 年间，美国国民收入的年平均增长率是 2.9%，其中，只有 48% 是资本和劳动增长的贡献，其他 52% 如何产生的，似乎无从说起，因而被称为"丹尼森残差"。丹尼森认为，在这个 52% 的残差的背后，有三个因素，即规模经济、资源配置和知识进展。这三个因素作用的结果，是提高劳动和资本的生产率，使原来相同的投入，能够带来更多的产出，从而推动经济的增长。

丹尼森认为，规模经济的效益是经济增长的一个重要因素。根据测算，他指出，在美国历史上总产量的增长中，规模经济的贡献约占到 10% ～ 15%。

资源配置效率的改进，是指资源从低效率行业转入高效率的行业。在《经济增长的因素》一书中，丹尼森指出，关税和进口限额都保护落后的行业，少受外来竞争的威胁，使得本来应当转移的资源无法流动，得不到有效的利用。这会影响资源的配置效率，进而降低经济增长的速度。[①]

丹尼森所说的知识进展既包括技术的进步，又包括管理的改进。据丹尼森测算，在 1948—1969 年期间，美国国民收入年均增长率为 4.02%，从要素投入贡献来看，占 47.5%，在要素生产率中，知识进展的贡献最大，占到要素生产率对国民收入贡献的 62.6%，而规模经济和资源配置的贡献仅占 37.4%。从对美国 1929—1969 年这 41 年间经济增长的分析可以看出，知识进展的作用在明显增强，资本等其他因素也发挥着重要作用，但要素总投入所起的作用在趋于下降。根据这一分析，丹尼森得出结论：知识进步是对经济增长影响最大、最重要的因素。因此，要促进经济高速增长，必须大力发展教育，开发新技术，

①王东京，张宝江，杨明宜.与官员谈西方经济学〔M〕.南宁：广西上海人民出版社，1998：286-287.

提高管理水平。

与此同时，肯德里克对美国经济的增长做了全部要素生产率的分析。全部要素生产率分析就是把总产量的增长率分解为各个投入要素的生产率进行单项分析。1961 年，肯德里克出版了《美国生产率发展趋势》一书。

肯德里克将生产中的投入要素分为劳动和资本（包括土地在内）两项，再把劳动和资本的生产性服务的报酬分为工资和资本收益（包括利润、利息和地租），然后将产量与投入要素量之比定义为"要素生产率"，其中，产量与全部投入要素量之比称为"全部要素生产率"。做此规定后，肯德里克研究了1889—1957 年间美国私人经济增长过程中全部要素的生产率。

分析结果表明：这期间美国私人经济增长率是 3.5%，其中 1.7% 归因于资本和劳动投入量的增加，其余 1.8% 是要素生产率提高的结果。1971 年，肯德里克又分析了 1948—1966 年美国私人经济增长率，计算出这期间经济增长率是 4%，其中 1.5% 归因于要素投入量的增加，2.5% 则归因于要素生产率的提高，说明要素生产率提高对经济增长的贡献逐年增大。

肯德里克的分析证明：在现代经济增长中，要素生产率的提高起着越来越重要的作用；而要素生产率的提高主要来自技术进步。因此，技术进步在现代经济增长中起着关键作用，是经济增长的重要动力和源泉。[1]

经济增长"多因素决定"的研究，对经济增长理论研究的深入和各国实际经济增长的推进都具有重要意义：首先，它把技术进步因素提高到前所未有的地位，认为技术进步已成为促进经济增长最重要的因素，从而突破了"资本积累是经济增长的关键因素"这一长期在经济增长理论中占统治地位的观点。其次，它分析了影响经济增长的各种因素及其作用大小，使经济增长理论更加实证化、数据化，为各国政府分析经济增长问题、制定促进经济增长的战略与政策提供了依据和方法。再次，它为人们提供了一套分析和计量多个经济增长因素对经济增长所做的贡献大小的理论与方法，使我们能够借助简便的公式、数据来考察经济增长问题，分析阻碍或促进经济增长的原因，以便采

①谭崇台.发展经济学〔M〕.上海：上海人民出版社，1989：93-94.

取相应对策。最后,它所提供的基本原理和方法完全可以被运用于发展经济学,帮助人们分析发展中国家的经济增长因素以及经济发展问题。

11.6 增长的极限

前述单因素决定论和多因素决定论有一个共同的特点,这就是,有意无意地遵循了如下假定:①凡是产出都是有益的,即都计入收益;②生产除了消耗成本外,不付出任何代价。这就是说,要素的投入效果都是正向的。事实上,这个假定前提仍然是脱离实际的。因为影响经济增长的诸要素,如劳动力、土地、资本、技术进步、人力资本以及知识因素,对经济增长的作用从来都不是单向的。它们既能增加物质财富,促进经济增长,又会产生一些负面效应,如浪费资源、破坏生态环境,造成大量的不良品损失、人为事故损失以及社会问题等。

在第二次世界大战以后,工业化国家在发展经济过程中有两句名言:"增长不等于发展,富裕不等于幸福。"这是一条深刻的教训。因为他们都把经济增长摆在第一位,忽略了社会的全面发展,结果是经济增长了,社会问题却增多了,其中最严重的问题是伴随着高经济增长带来了高人口增长率,同时,高经济增长率带来了环境严重污染、生态失衡、资源浪费和耗竭、人的精神危机加重等等问题。

在工业化的发源地英国,工业化使经济飞速增长的同时,还带来了沉重代价,包括自然资源浪费、生态环境的破坏以及由此对国民健康造成的危害,道德沦丧与社会风气败坏,等等。

美国在经济增长进程中付出的代价也是非常沉重的。其中之一是由于对资源的不合理开发,而使美国的自然资源遭到极大破坏。另一个代价是造成了严重的环境污染。美国的环境污染伴随迅速的经济增长而产生,到 20 世纪 60

年代，发展到极其严重的程度。到了七八十年代，美国才开始汲取惨痛教训，采取了一系列行动，以遏制其环境急剧恶化的势头。但是，时至今日，美国仍是环境污染的"大户"。

第二次世界大战后的日本经济得到迅猛发展。但是，在这段时间内，由于忽视了经济增长的负面效应，致使在一些地区的空气、水和土壤中出现了超标准的污染物，对人体健康构成严重危害。由于公害严重，日本列岛一度响起了一片声讨公害的呼声，并把经济高速增长作为公害的根源，出现了"见鬼去吧！GNP"的口号。

其他发达国家在工业化经济增长时期，也都无一例外地付出了沉重代价。进入20世纪后半叶，一批发展中国家的经济呈现出高速增长的态势。不幸的是，发达国家的悲剧也正在这些国家重演。

针对这些问题，一些西方经济学家对经济增长的价值产生了怀疑，提出了"经济增长可取吗？"的疑问。

1967年，米香出版了《经济增长的代价》一书。书中认为，物质财富的享受不是人类快乐的唯一源泉和目标，人类还需要有闲暇、文化娱乐、美丽的自然风光、悠静整洁的环境等等，但经济增长却片面追求国民生产总值指标的增加，忽视了社会福利指标，使人类的居住环境、生存条件、社会福利遭到破坏，从而为经济增长付出了巨大代价。米香指出：单纯的经济增长不能使人们享受美好生活，反而造成了生活质量下降，因而这种经济增长是不值得的、令人怀疑的。

1968年，在意大利成立了由30位知名学者组成的专门探讨发展、资源与生态环境的研究机构——"罗马俱乐部"。1971年，美国麻省理工学院福雷斯特尔出版了《世界动态学》一书。他指出：人类经济发展会由于资源的枯竭而陷入停顿。受"罗马俱乐部"的委托，美国麻省理工学院另一位教授梅多斯于1972年出版了《增长的极限》一书，他认为：在以往发展模式的基础上，

"只要人口增长和经济增长的正反馈回路继续产生更多的人和更高的人均资源需求，这系统就被推向它的极限——耗尽地球上不可再生的资源"。[①] 人们把梅多斯理论与福雷斯特尔的分析称为"福雷斯特尔 – 梅多斯模型"。

福雷斯特尔 – 梅多斯模型把人口增长、粮食供给、资本投资、环境污染和能源消耗看作是影响经济增长的五大因素，而且这些因素都呈指数增长，其计算方法和计算复利的方法是一样的。梅多斯认为，由于人口增长引起粮食需要的增长，经济增长引起不可再生资源耗竭速度的加快和环境污染程度的加深，都属于指数增长的性质，因此人类迟早必然会耗尽资源。

梅多斯等人将五大因素联结为一个"反馈回路"，综合考察了这五大因素，并经过计算机的数据运算，建立起一个"世界模型"。得出的结论是：1970 年后，人口和工业将保持指数增长，但资源（特别是非再生性资源）储量有限并日趋枯竭，逐渐成为增长的约束条件，从而使工业增长速度减慢；与此同时，环境污染也将严重阻碍经济增长；人口虽然也在增长，但由于食物的短缺和医疗卫生条件恶化，死亡率将上升，使人口也停止增长。这样，在 2010 年之前，世界体系就将面临崩溃。因此，这个模型被称为"世界末日模型"。

为避免"世界末日"的来临，梅多斯等人提出，应该采取全球性的措施来改善人类目前的处境，主要是：到 1975 年停止人口增长；1980 年停止工业资本增长；工业品的单位物质消耗降到 1970 年的 1/4；经济增长的重点由生产物质产品转向服务设施；污染降到 1970 年的 1/4；增加粮食生产，提高人均食物量；延长工业资本寿命；等等。总之，使主要的增长因素实现"零值"增长，这样，就可以实现全球的均衡状态。[②]

诚然，梅多斯等人对经济增长的态度是极其悲观的，多数经济学家对其"世界模型"也是持反对意见的。但是，在经济增长进程中必须控制人口增长、保障食物供给、合理利用不可再生资源、保护环境等基本观点，对广大发展中

① 张东辉 . 发展经济学与中国经济发展〔M〕. 济南：山东人民出版社，1999：28.

② 谭崇台 . 发展经济学〔M〕. 上海：上海人民出版社，1989：103.

国家而言仍然是有巨大价值的。对于发展中国家而言,有发达国家的前车之鉴,不能再走人口膨胀、拼资源、粗放经营、污染环境的老路子,必须把几方面的要素有机结合起来,稳定健康地推进经济增长。如果继续实施只求增长不顾代价,只计眼前利益不为未来着想的经济政策,必定会使经济增长付出沉重代价。

现代经济发展的实践已经证明:要实现真正的经济增长、经济发展,就要为其寻找真正的动力和坚实的基础。这个基础就是提高劳动生产率,提高科技贡献率,提高管理效率,实现高质量的经济增长。要做到这一点,只能依靠科技、教育、文化、卫生、社会整体素质的提高。实践证明,高投入、高消耗、拼资源可以实现一个时期经济的高增长,但这不能持久。因为长期过度地消耗资源必然导致生态失衡、环境污染,为将来的发展设置障碍。事实上,人类在单纯追求经济增长过程中对环境造成的破坏几乎是全方位的。据统计,目前全球每天造成的环境影响是:6400万吨的表土流失,100平方千米的土地沙漠化,向空中排放1750万吨的二氧化碳,4.7万公顷的森林遭到破坏,100～300个物种被灭绝。环境恶化造成的气候异常、灾害频繁、作物减产和疾病流行更成为困扰人类社会的恶魔。因此,必须尽快实现由追求经济短期的高速发展向长期可持续发展的转变,否则,人类社会将会走到发展的极限。

11.7 可持续发展的提出

可持续发展,最早是由环境学家和生态学家提出来的。1972年联合国大会决定每年6月5日为世界环境日。1978年,国际环境和发展委员会首次在有关文件中正式使用了"可持续发展"概念。可持续发展在这份文件中被定义为:在不牺牲未来几代人需要的情况下,满足我们这代人的需要。从其产生的历史背景来看,可持续发展是作为对以往经济发展所带来的一系列生态环境问题和面临的人口、能源、资源等一系列难题的反思而提出来的。它是对过去单纯追求产量、产值增长的发展观的一种历史反思。人类长期牺牲环境追求产量增长的发展观已经造成严重的环境问题。

面对日益严峻的环境问题，世界各国都意识到传统发展模式如果不能得到纠正，人类将面临灭顶之灾。1987 年世界环境与发展委员会在其题为《我们共同的未来》报告中将"可持续发展"作为关键性概念使用。1989 年 5 月联合国环境署第 15 届理事会认为，可持续发展系指满足当前需要而又不削弱子孙后代满足其需要之能力的发展。1992 年，世界环境与发展大会以"可持续发展"为指导方针，最后制定并通过了《21 世纪行动议程》和《里约热内卢宣言》等重要文件。

概括起来，可持续发展战略的基本思路是：①改变单纯追求经济增长，忽视生态环境保护的传统发展模式；②由资源型经济过渡到知识技术型经济，综合考虑社会、经济、资源与环境效益；③通过产业结构调整与合理布局、开发应用高新技术、实行清洁生产和文明消费、提高资源和能源的使用效率、减少废物排放等措施，协调环境与发展之间的关系，使社会经济的发展既能满足当代人的需要，又不至对后代人的需求构成危害，最终达到社会、经济、资源与环境的持续稳定发展。①

按照可持续发展的思想，应当制订可持续发展的具体实施措施：①将生态环境目标纳入社会经济发展目标，将可持续发展作为发展的主要内容。建立可实施的环境与发展综合决策机制，将环境与发展综合决策推向科学化和民主化，建立综合的经济与环境资源核算体系，谋求可持续发展。②明确环境资源及其产品的各种权属关系，建立健全环保法规体系。在法制的基础上，划清环境权、所有权、使用权和经营权之间的界限，从而加大环保力度，使环保外部成本内部化。建立健全环保法规体系，明确承担后果的法规，保证使生态环境外部后果的制造者对给他人造成的任何损害都承担法律责任。③强化政

---

①张东辉.发展经济学与中国经济发展〔M〕.济南：山东人民出版社，1999：39-40.

府对环境的管理职能。在市场经济与自由企业制度下，自然环境保护是市场失灵的领域之一，因而必须加强政府法规的控制，由政府使用直接控制的方法，命令厂商减少污染或其他外部经济效果。同时，征收环境污染税，减少或取消对生态环境有害的政府补贴，引入市场机制解决发展生产与环境保护问题。④加强国际协调，开展环境问题上的南北对话和东西方协商制度。发展中国家在改善环境时通常会遇到资金、技术、设备和人才等方面的短缺，而由于环境治理的基点不同，在发展中国家环保投资的边际收益明显高于发达国家，因而发达国家应当加强对发展中国家的援助，在环保中承担更多的责任和义务。为进一步确保世界环境的安全，应建立环境保护的仲裁机构，并采取切实可行的措施，控制人口增长，提高人口素质。

11.8　中国经济增长背后的尴尬

长期以来，中国作为经济文化比较落后基础上追求现代化的后发工业化国家，主要沿用以大量消耗资源和粗放经营为特征的传统发展战略，重发展速度和数量，轻发展效益和质量，对自然资源重开发轻保护。其结果是，伴随着经济的高速度增长，人口数量也在不断增加，国家同时面临着资源匮乏、环境恶化和生态破坏的严峻挑战。改革开放后，我国经济发展速度突飞猛进，人口、资源和环境问题愈益尖锐地摆在了我国的面前。虽然我们这些年也在计划生育、治理环境污染、保护生态平衡等方面做了许多工作，并取得了较大成绩。比如，我国人口自然增长率低于世界平均增长率，在减轻资源消耗和人口对环境的压力方面取得了一定成效。但是，从总体来看，人口、资源、环境与经济社会发展的矛盾并没有得到彻底的缓解，甚至在某些方面、在某种程度上更加突出、更加严峻。

人口增长过快仍是实现经济社会协调发展的重大障碍。1949 年中国大陆总人口为 5.4 亿人，现在已达 13 亿人。由于基数过大，目前中国每年净增人口数仍然高达 1300 万人以上。预计 2030 年左右中国总人口可能达 15 亿人左右，2040 年中国老年人口将达到 3.2 亿人。这一人口增长趋势将给中国社会经济带来巨大的负担。问题的严重性还在于，我国人口众多而素质普遍不高，难以适应现代经济社会发展的需要。统计资料显示：截至 1994 年，我国受过大专以上教育的人口仅占总人口数的 1.4%，1995 年，全国 15 岁以上文盲人口仍有近 1.5 亿人，在农村，农民的文盲率高达 24%。目前我国正在用占世界 7% 的耕地养活占世界 22% 的人口，这既是伟大的成就，又说明我国人口数量的沉重负担。从 1980—1996 年，我国粮食产量增长 52.9%，但由于人口增长 24%，人均占有粮食只增长 23%。由于人口增长太快，对各种资源的需求迅速膨胀。首先，植被大量减少，造成水土严重流失。据统计，我国的沙漠化正以每年 2100 平方千米的速度扩展，受沙漠化影响的人口已达 1.5 亿人，每年因沙漠化造成的直接损失近 200 亿元。据有关部门调查分析，我国土地沙漠化扩大的原因属于自然因素的只占 5.5%，94% 的沙漠化土地是人为因素造成的。事实上，水土流失和荒漠化与贫困互为因果，凡是水土流失的地方，凡是被沙漠吞没的地方，没有不是贫穷落后的。其次，大批湖泊消失。仅洞庭湖的面积就从 1949 年的 4350 平方千米缩减到 1984 年的 2145 平方千米，缩减一半以上。再次，地下水开采过量。目前全国有近 200 个城市取用地下水，有 1/4 的农田靠地下水浇灌。无限制地开采地下水，导致深层地下水面临枯竭，超常规的采水，造成地面下沉，河床变形，分流过水能力降低，水上交通受阻，同时，削弱了防洪能力，一旦遇到洪水、地震等自然灾害，后果不堪设想。另外，由于过度放牧、重用轻养、盲目开垦，我国草原退化现象也呈加速发展趋势，草原退化面积已经高达 9000 多万公顷。

伴随着经济和人口的增长，我国大气环境污染日趋严重。我国的能源消费以煤炭为主，受此影响，我国的大气污染主要是煤烟型污染，以烟尘和酸雨的污染危害最大。我国城市大气污染相当严重，农村局部地区受乡镇工业原始操作方式的影响也存在一定的污染。1995 年全国城市大气中总悬浮微粒年日均值浓度已远远超过世界卫生组织规定的标准；全国 600 多个城市中，大气环境质量符合国家一级标准的城市不到 1%。1995 年我国工业烟尘排放量 845 万吨，工业粉尘排放量 630 万吨，二氧化硫排放量 1369 万吨，呈逐年上升趋势。中国以煤为主的能源结构和煤炭消耗量的增加，使得燃煤产生的大量二氧化硫进入大气，造成区域性大面积酸雨污染。我国酸雨降水面积已经超过 280 万平方千米，污染范围已经从西南、华南地区向长江以南的大部分城市和农村扩展，并与东部邻国和地区之间存在大气致酸污染物相互输送的问题。我国已经成为与欧洲、北美并列的世界三大酸雨区之一。酸雨对房屋、桥梁、公路和金属等的腐蚀相当严重，迫使有些建筑要经常进行维修。酸雨对农业生产也有较大影响，使农作物大幅度减产。有关研究表明，仅江苏、浙江等 7 省便因酸雨而造成农田减产约 1.5 亿亩，年经济损失 37 亿元；森林受害面积 128.1 万公顷，年木材损失 6 亿元，森林生态效益损失约 54 亿元。近年来，随着机动车辆的增多，汽车尾气造成的污染呈上升趋势，许多大中城市中车辆尾气有害物质排放大多超标，已经使大气中的氮氧化物和臭氧的浓度增加。此外，农业污染也越来越严重。为提高产量，农田过量使用化肥和农药，土壤结构遭破坏，河流、湖泊和地下水被污染，地表水富营养化，地下饮用水源硝酸盐含量严重超标，农产品中农药残留也很严重。

伴随着经济和人口的增长，我国水资源匮乏和水污染问题愈益严重。我国水资源总量 2.8 万亿立方米，居世界第 4 位，河川年径流总量为 2.7 亿立方米，居世界第 6 位，但人均径流量为 2600 立方米，仅为世界人均水平的 1/4，居世界第 88 位。全国 570 个城市中，有 300 多个城市缺水，日缺水量达到 2000 万吨，每年因供水不足而影响工业产值达数百亿元以上；全国七大水系中，松花江、辽河、淮河、海河、黄河 40% ~ 70% 的水体已降至最差的五类标准。淮河流域 191 条支流中 80% 的水呈黑绿色，1998 年，虽然进行了对淮河水污染的集中治理，但淮河水质的恢复仍然任重而道远。长江水体的污染近年来发展很快。

据调查，由于大量工业、生活污水的排放，长江干流 21 个主要城市江段的污染带已超过 500 千米，占城市江段长度的 60%。由于长江中上游植被破坏严重，造成大量水土流失，长江水中的泥沙含量正在向黄河靠拢，长江正在变成第二条黄河。

伴随着经济和人口的增长，生态环境严重失衡。近年来，在环境生态资源的开发上，无节制地乱开滥采现象越来越突出，不仅导致资源浪费，加剧稀缺和生态失衡，而且自然界对人类的惩罚也越来越严重。近年来，频频出现的洪涝、干旱、山体滑坡等自然灾害在很大程度上是与过度开采资源紧密相关的。我国目前是世界上水土流失最严重的国家之一。目前全国水土流失总面积已达 179 万平方千米，每年流失土壤总量达 50 亿吨，相当于耕作层为 33 厘米厚的耕地 1750 万亩。近年来我国沙漠化面积几乎扩大 31 倍，总面积已占国土面积的 15.9%。而目前我国每年仅仅因为洪涝干旱造成的经济损失就高达数百亿元。耕地的减少也正呈加速上升趋势发展。从 1949—1991 年，我国人均耕地由 2.7 亩减少到 1.5 亩。20 世纪 90 年代以来，耕地减少更快，1991 年减少 54 万亩，1992 年 437 减少万亩，1993 减少 484 万亩，1994 减少近 500 万亩，而 1995—2000 年这六年中还将减少耕地 1800 万亩。环境退化和人为滥占耕地，使我国 13 亿人口赖以生存的沃土和耕地不断减少，形势已经到了非常严峻的地步。[①]

11.9 转变经济发展方式是"必经之途"

经济发展方式的转变，就是要由粗放型增长方式向集约型经济发展方式转变。

---

① 尹继佐.可持续发展战略〔M〕.上海：上海人民出版社，1998.
　张东辉.发展经济学与中国经济发展〔M〕.济南：山东人民出版社，1999.

近十几年来，我国经济出现了高速增长的态势，但是，在经济发展的同时，由于增长方式、管理方式、法制体制等方面的原因，同样在短短的二三十年的时间里，我们的环境污染、生态破坏问题集中表现出来，与发达国家相比，我国每增加单位 GDP 的废水排放量要高出 4 倍，单位工业产值产生的固体废弃物要高出 10 倍以上；与此同时，我国资源利用效率低，资源、能源消耗量大。这种高投入、高消耗、高排放、低效率的粗放型扩张的经济发展方式已难以为继。经济增长的粗放方式，也导致建设规模过大、投资需求膨胀、煤电油运紧张、价格水平上涨、经济结构失衡等一系列问题，特别是带来了十分尖锐的资源环境矛盾。为此，转变经济发展方式，将是当前和未来一段时间内，我国经济发展面临的一项长期任务。

如何推进经济发展方式的转变呢？

（1）提高企业自主创新能力，依靠科技进步，推动产业结构优化升级。加快开发对经济集约化增长有重大带动作用的关键技术。大力发展高新技术产业。有区别、有重点地继续加强基础产业和基础设施建设。积极发展第三产业特别是现代服务业。

（2）促进企业技术改造和重组。立足于现有基础，注重盘活用好存量资产，鼓励企业自主创新，把提高企业技术水平与优化现有资源配置结合起来，走出一条集约化发展经济的新路子。鼓励东部地区的资金、技术和人才对中西部企业重组改造投资参股，促进各种资源在竞争中合理流动。

（3）以信息化带动工业化，以工业化促进信息化，走新型工业化道路。充分发挥信息对物质、能源的节约和增值作用，降低经济发展对资源和环境的压力。通过信息技术改造传统产业，实现产业结构的优化升级。大力推进国民经济和社会信息化，在政务、商务和国民经济其他领域广泛应用信息化技术。

（4）注重能源资源节约和合理利用。鼓励开发和应用节能降耗的新技术，制定专项规划，明确各行业节能降耗的标准、目标和政策措施，用制度和价格机制来约束企业的资源使用。发展循环经济。倡导节约能源资源的生产方式和消费方式，在全社会形成节约意识和风气，加快建设节约型社会。

（5）转变出口增长模式，从建立在低级劳动密集型产业基础上的，以静态比较优势为基础，以量的扩张为特征的粗放式的出口增长模式，向以动态比较优势的挖掘培育为基础，以质的改善及出口产业结构的提升为本质的现代出口增长模式转变。今后出口贸易要更多地兼顾增长效益，更多地兼顾贸易条件及国民福利。

（6）转变政府职能，改变政府职能错位、越位、不到位的状态，建设有限政府和有效政府。深化财政改革和价格改革，改革干部政绩考核和提拔任用体制。

（7）加强环境保护和生态建设，促进人与自然和谐相处。粗放型的经济发展方式导致了严重的环境污染和生态破坏。转变经济发展方式，要尽快扭转高排放、高污染的状况，抓紧解决严重威胁人民群众健康安全的环境污染问题，进一步加强环境保护和生态建设。

对于企业而言，可以从体制、技术、管理、信息、结构、人员素质六个方面采取措施，可供选择的发展战略包括扩大内需战略、自主创新战略、资源节约战略、金融改革战略、技术升级战略、信息化战略。

对于政府而言，要切实转变政府职能，提高效率，提供公共服务，深化财税改革、价格改革，保持物价总水平基本稳定，完善市场体系和市场秩序，改善对外贸易条件。

参 考 文 献

[1] 谭崇台 . 发展经济学 [M]. 上海：上海人民出版社，2000:73–103.

[2] 胡代光 . 西方经济学说的演变及其影响 [M]. 北京：北京大学出版社，
   1999:364–365.

[3] 杨玉生 . 西方经济理论及经济改革与发展研究 [M]. 北京：中国经济出版社，
   1999:1.

[4] 魏埙 . 现代经济学论纲 [M]. 济南：山东人民出版社，1997:336–341.

[5] 伍佰麟 . 中国市场化改革理论 20 年 [M]. 太原：山西经济出版社，1999:272–
   273.

[6] 吉尔伯特·罗兹曼 . 中国的现代化 [M]. 国家社会科学基金"比较现代化"
   课题组，译 . 南京：江苏人民出版社，2010:1.

[7] 马寅初 . 新人口论 [M]. 广州：广东经济出版社，1998:50–67.

[8] 北京大学经济系编辑组 . 国外经济学评介 [M]. 上海：上海人民出版社，
   1982:5–8.

[9] 厉以宁 . 简明西方经济学 [M]. 北京：经济科学出版社，1985:140–185.

[10] 梁小民 . 西方经济学导论 [M]. 北京：北京大学出版社，l998:1.

[11] 宋承先 . 西方经济学名著提要 [M]. 南昌：江西人民出版社，1989:401–439.

[12] 贺卫 . 寻租经济学 [M]. 北京：中国发展出版社，1999:100–101.

[13] 鲁友章，李宗正 . 经济学说史 [M]. 北京：人民出版社，1997:1.

[14] 傅殷才.制度经济学派 [M].武汉：武汉出版社，1996:28–29.

[15] 张文贤.人口经济学 [M].上海：上海人民出版社，1987:28–29.

[16] 袁志刚.失业经济学 [M].上海：上海三联出版社，1997:1.

[17] 王东京.与官员谈西方经济学 [M].南宁：广西人民出版社，1998:212–242.

[18] 胡鞍钢.中国发展前景 [M].杭州：浙江人民出版社，1999:35.

[19] 张积玉,杨发民.中国西北经济社会发展研究 [M].西安：陕西人民出版社，
1998:1.

[20] 白永秀.中国现代企业制度研究 [M].西安：陕西科技出版社，1994:132.

[21] 邓海潮.现代西方经济学教程 [M].西安：陕西师范大学出版社，1996:1.

[22] 李玉刚.激活中小企业 [M].北京：民主与建设出版社，1999:66–77.

[23] 朱方明.私有经济在中国 [M].北京：中国城市出版社，1998:1.

[24][法] 让·雅克拉丰,让·泰勒尔.电信竞争 [M].胡汉辉，译.北京：人民
邮电出版社，2001:1.